教育部人文社会科学研究一般项目（12YJA880040）资助

Research on the Development of
Less Teaching and More Learning Model in the Information Age

信息化时代少教多学模式的发展研究

郝琦蕾　著

科学出版社
北京

内 容 简 介

探索建立符合素质教育要求且高效的课堂教学新模式，已成为深化教学改革的焦点，受到中小学教师及研究者的普遍关注。一类体现素质教育精神、切实提高教学质量的新型课堂教学模式应运而生，其表现形式多种多样，但有共同特点，即“先学后教”和“少教多学”。本书在充分进行文献分析和实地调研的基础上，根据少教多学模式的理论分析，研究其实践构建与区域化推进，重点对学案导学模式（少教多学模式的重要类型）的理论与实践问题、基于“双平台”的学案导学模式、“双平台”问题导学模式课堂教学文化等进行了研究。此外，还深入探讨了少教多学模式的新类型、基于少教多学模式的学校变革与发展路径等，为中小学课堂教学改革的深入发展提供参考和借鉴。

本书对中小学教师、基础教育研究者和管理者有着重要的参考价值。

图书在版编目（CIP）数据

信息化时代少教多学模式的发展研究 / 郝琦蕾著 .—北京：科学出版社，2017.7

ISBN 978-7-03-054099-7

I.①信… II.①郝… III.①课堂教学-教学研究 IV.①G424.21

中国版本图书馆CIP数据核字（2017）第190172号

责任编辑：付 艳 崔文燕 / 责任校对：韩 杨

责任印制：张欣秀 / 封面设计：铭轩堂

编辑部电话：010-64033934

E-mail：edu_psy@mail.sciencep.com

科学出版社 出版

北京东黄城根北街16号

邮政编码：100717

http：//www.sciencep.com

北京京华虎彩印刷有限公司印刷

科学出版社发行 各地新华书店经销

*

2017年7月第 一 版 开本：720×1000 B5

2017年7月第一次印刷 印张：16 3/4

字数：301 000

定价：79.00元

（如有印装质量问题，我社负责调换）

前　言

目前，探索建立符合素质教育要求和高效的课堂教学新模式已经成为深化教学改革的一个焦点，受到中小学教师、研究者和管理者的普遍关注。在“以人为本”教育思想的指导下，课堂教学改革进入了崭新的阶段。一类体现素质教育精神、切实提高教学质量的新的课堂教学模式应运而生。这类模式的表现形式多种多样，但有共同的特点，即“先学后教”和“少教多学”。“少教多学”并非是让教师投入得更少，而是要求教师教得更好，它强调教学重点从教学内容的数量转向教学质量的提高。它注重的是学生可持续发展能力的培养，更多地关注学生的自主学习、差异化教学和终身技能的培养，重视学生思维、态度、性格和价值观的培养和形成，力图通过创新并且有效的教学方法和策略来全面塑造学生，促进学生的发展。

其中，洋思中学、杜郎口中学、东庐中学的教学模式影响比较大。这三所学校改革成功的关键在于教学理念的转变，都践行了“以学定教”“少教多学”的理念。余文森教授在“深化课程教学改革深度调研报告”中指出：“以学论教，少教多学”是我们国家具有原创性的课堂教学改革实践行动，它类似于经济体制改革中的家庭联产承包责任制，是教学领域的一场具有实质性的变革，是我国具有草根性质的教育创新。其实质就是把学习的主动权还给学生，这是调整教学关系、改变“人才培养模式”的“支点”，是学习观的根本变革，引发了课堂教学的实质性进步。在这类模式中，学案导学（或学案教学）模式集中体现了“以学论教，少教多学”的教学思想，它核心的价值诉求是提高课堂教学质量，是典型的“先学后教，少教多学”模式。该模式的实施逐渐改变了以教为主的课堂教学模式，构建了以学为本的课堂，改变了教师的教学行为和学生的学习方式，较大幅度地提高了教学质量。因此，一段时期以来，它成为主流的教学模式，在很多地区推广开来。

研究者在充分进行文献分析和实地调研的基础上，对当前我国中部地区多所高中所采用的少教多学模式进行系统的理论与实践研究，探索符合区域教育教学实际的丰富多彩的少教多学模式的变式，以期进一步优化发展该教学模式，促进教师专业发展，促进学校发展，促进区域教育均衡发展。本书是2012年度教育部人文社科研究规划项目（基于“伙伴合作共同体”的农村高中少教多学模式的发展研究，12YJA880040）的重要研究成果之一，是在深入调研基础上开展的较为有效的课题研究的成果。

本书的理论价值在于：其有助于丰富区域性和本土化的教育教学理论；有助于丰富学校发展的理论；为教师的专业发展提供一定的理论支持。本书的实际应用价值在于：①有助于发现和解决区域内高中课堂教学改革中存在的突出问题，对我国中部地区各级高中学校的课堂教学改革具有一定的实践指导意义；②有助于推进区域课堂教学改革，促进区域教育教学质量的提升，对东、西部地区高中课堂教学改革的深入与发展，具有一定的借鉴意义；③“伙伴合作共同体”的研究有利于促进教师专业发展和学校的内涵发展。

本书分为六章。第一章为少教多学模式的概念、内涵与类型。内容包括：少教多学模式的核心概念与内涵，少教多学模式的实践构建，少教多学模式的主要类型——学案导学模式的理论与实践研究，少教多学模式的案例研究——学教并重的五步新型课堂教学模式，以及合作学习理论与实践研究的回顾与反思。教学模式区域化推进在取得很大进展的同时也存在着不少问题。在文献研究和实地调研的基础上，笔者从教师和学生的角度，分析研究了少教多学模式的主要类型——学案导学模式实施中存在的问题，包括学案的设计和模式的使用等方面，指出基于网络和课堂“双平台”的学习环境，有利于学生个性化的学习，将学案导学模式与翻转课堂相结合，是该模式发展和研究的重要方向。

少教多学模式的案例研究——对一所农村学校学教并重的五步课堂教学模式的内容、实施环节、学习评价、实施成效等进行研究，以期为更多农村学校的课堂教学改革提供借鉴和帮助。学案导学模式实施中，合作学习作为重要的教学方式和策略被教师广泛采用，因而教学效率得以提高。但是，合作学习在理论和实践层面仍存在一些问题：合作学习泛化和形式化的问题，小组内分工不均，学生不能充分参与其中，教师对小组合作学习指导不到位或调控过多，不能兼顾个体评价和小组评价等。在研究的基础上，笔者提出相关建议。

第二章为信息化背景下的少教多学模式。内容包括：信息技术与学案教学模式整合研究、信息技术与教学模式的有效整合——基于“双平台”的学案导学模式、“双平台”问题导学模式课堂教学文化研究、少教多学模式的新类型——翻转课堂教学模式研究，以及少教多学模式的新类型——基于电子书包的教学模式研究。本章以课堂教学改革先进学校为例，研究了传统学案教学模式的实施环节、实施中存在的问题；现代信息技术条件下，学案教学模式的探索与发展，特别是云教学平台下学案教学模式的实施环节，以及优势之处。基于“双平台”的学案导学模式是现代信息技术与教学模式有效整合的结果，模式着力于解决学生“学”的信息化问题。模式的实施丰富了学生的学习资源，充分实现了学生有效的自主学习和个性化学习。基于“双平台”的学案导学模式为教育信息化条件下，更多中小学校的课堂教学改革提供借鉴和参考。

教学与文化之间有着千丝万缕的联系，教学文化是教学的灵魂所在，囊括着教学的理念与价值诉求。基于“双平台”的问题导学模式的教学文化主要体现为：创生型课改文化、主体性教学文化、开放性信息技术文化；它表现于“双平台”独特的教学物质、教学制度与教学行为文化层面。在教学文化变革的过程中存在教师教学观念与行为变革的困境，可以采取加大文化环境影响、优秀教学案例引导、对师生进行信息技术技能培训及逐渐变革教学实践等方式实现教学文化的转变。

对翻转课堂教学模式进行了系统深入的研究，主要研究了翻转课堂教学模式的理论和实践方面的问题。基于不同学科、不同内容的翻转课堂模式的实践构建，翻转课堂教学模式的实施策略等，并对以往翻转课堂研究进行反思总结。电子书包是整合了电子课本阅读器、虚拟学具及连通无缝学习服务的个人学习环境。电子书包集优秀的师资、教学、海量教学资源于一体，依据电子书包特性构建新的教学模式，将实现教与学方式的转变。电子书包便携性、移动性的特点，有力地支持了个性化、泛在化的学习方式。梳理研究了电子书包环境下基于不同学科、不同教学内容的教学模式，如基于电子书包的学案导学模式，云环境下基于电子书包的“双课堂”教学模式等。以某学校基于电子书包的“三三四”高效课堂模式为例，研究了基于电子书包的学案导学模式的内涵，自主学习环节师生的教与学活动、展示交流环节师生的教与学活动等。

第三章为基于少教多学模式的学校变革与发展路径研究，对基于少教多学模式的学校变革的两个典型案例进行研究。“互联网 +”呼唤互联网对教育教学的革命性作用，这从根本上改变着学校的发展路径。一些学校为了在新时期求得生存与发展，以课堂教学模式改革为中心，将信息技术与课程教学深度融合，推进教育教学综合改革。学校聚全力进行改革，从理念、教学、管理、文化等层面进行全面的革新，涌现出一批改革成功的典型学校。采用观察法、访谈法、文本分析法、个案研究法等实证研究方法，重点剖析两所典型学校变革历程，深入考察学校变革内涵，探索了学校变革成功的影响因素。为更多基础教育阶段学校的变革发展提供借鉴与建议。

第四章为信息技术与课程教学整合研究。内容包括：信息技术与课程教学整合的理论研究、信息技术与课程教学整合的实践研究，以及信息技术与课程教学整合的误区分析与方法反思。本章梳理、分析了信息技术与课程教学整合的内涵、整合的层次、整合的模式、整合的新理念等。采用课堂观察、访谈，以及案例研究等实证研究方法，研究了信息技术与课程教学整合的实践，揭示了信息技术与课程教学整合的五个误区，并对整合进行了四方面的方法反思。在教育信息化背景下，“互联网 + 教育”深刻影响着教育教学的内容、手段、方式等，推动了信息技术与课程教学的整合。采用课堂观察和访谈等实证研究方法，立足于“双平台”学案导学模式、电子书包环境下的教学模式，研究了信息技术与课程教学整合的实践，总结出整合过程中存在的问题，并依据存在的问题，提出思考和建议。

第五章为少教多学模式发展的外部条件研究——教育信息化发展研究。内容包括：中小学教育信息化发展现状的调查研究、新世纪网络教研研究的回顾与反思、中小学教师信息技术应用能力现状研究，以及教师TPACK现状的调查研究。了解不同地区教育信息化发展现状，有助于促进教育资源的均衡配置，提高中小学教育教学质量。信息化时代，网络教研在促进教师专业发展，促进学校教学质量提高方面发挥着重要作用。对网络教研概念、网络教研平台构建、团队建设、网络教研形式和内容、实施模式、网络教研影响因素、存在的问题与策略探讨等方面的研究进行梳理分析。信息技术应用能力是中小学教师专业素质的必要组成部分，采用问卷调查法、访谈法，对中小学教师的信息技术应用能力现状进行研究，旨在为更有效地开展教师信息技术培训提供研究依据。TPACK（technological pedagogical and content knowledge）即整合技术的学科教学知识。教师TPACK知识框架有利于深入了解教师信息化教学的情况，发现教师知识结构中的问题，对促进信息化教学背景下的教师专业发展具有重要意义。笔者对近500名教师TPACK现状进行问卷调查，旨在了解教师基于技术的学科知识现状，探索提高教师教育技术及学科教学能力，以及技术与学科教学整合能力的对策与方法。

第六章为对科学课教师的研究。内容包括：东部发达地区科学课教师教育观念的调查研究——基于上海和杭州科学课教师的调查比较、中学教师教学反思现状的质性研究——基于某示范高中生物组教师的调查、综合科学课教师队伍建设研究、农村中学教师培训现状的调查研究——以山西农村中学为例，以及高中生物实验教学现状的调查研究。

目　录

第一章

少教多学模式的概念、内涵与类型

本章主要介绍少教多学模式的概念、内涵与类型。包括：少教多学模式的核心概念与内涵、少教多学模式的实践构建、少教多学模式的主要类型——学案导学模式的理论与实践研究、少教多学模式的案例研究——学教并重的五步新型课堂教学模式，以及合作学习理论与实践研究的回顾与反思。从教师和学生的角度，分析研究了少教多学模式的主要类型——学案导学模式实施中存在的问题，包括学案的设计和模式的使用等方面，指出基于网络和课堂“双平台”的学习环境，有利于学生个性化的学习，将学案导学模式与翻转课堂相结合，是该模式发展和研究的重要方向。少教多学模式的案例研究——对一所农村学校学教并重的五步课堂教学模式的内容、实施环节、学习评价、实施成效等进行研究，以期为更多农村学校的课堂教学改革提供借鉴和帮助。

第一节　少教多学模式的核心概念与内涵

一、教学模式的概念与内涵

模式一般指“可以作为范本、模本、变本的样式”。[①] 乔伊斯、韦尔指出“教学模式是构成课程和课业、选择教材、提示教师活动的一种范型或计划”。[②] 国内有学者认为：“从静态看，教学模式是一种教学理论结构，它揭示了某一教学活动所赖以建立的理论基础；从教学过程的角度看，教学模式是一种教学活动结构或教学程序，它揭示了某一教学活动各环节之间的内在联系；从教学实践角度看，教学模式是一种教学方法系统，它揭示了与某一教学活动相适应的基本的教学策略或方法。”[③] 有学者将教学模式的概念归类为“教学结构说”“策略体系说”和“教学方法说”；[④] 还有学者将其概念归类为“行为规范说”“结构程序说”“系统要素说”和“层次中介说”[⑤]。综合以上观点，对教学模式概念的论述大体归为：①“方法策略说”认为教学模式是“在某一教学思想和教学原理的指导下，围绕某一主题，为实现教学目标而形成的相对稳定的规范化教学程序和操作体系”。[⑥] 教学模式是“在一定教学思想指导下所建立起来的完成所提出教学任务的比较稳固的教学程序及其实施方法的策略体系”[⑦]。②“结构要素说”，认为教学模式是在一定教学思想或教学理论指导下建立起来的比较稳定的

---

① 夏征农 . 2002. 辞海（缩印版）. 上海：上海辞书出版社：1185.

② 丁证霖，赵中健，等 . 1992. 当代西方教学模式 . 太原：山西教育出版社 .

③ 张志勇 . 1996. 对教学模式的若干理论思考 . 中国教育学刊，(8)：35-38.

④ 郝志军，徐继存 . 2003. 教学模式研究 20 年：历程、问题与方向 . 教育理论与实践，(12)：51-55.

⑤ 万伟 . 2015. 三十年来教学模式研究的现状、问题与发展趋势 . 中国教育学刊，(1)：60-67.

⑥ 黄甫全，王本陆 . 2003. 现代教学论学程（修订版）. 北京：教育科学出版社：443.

⑦ 甄德山 . 1984. 教学模式及其管理浅议 . 天津师范大学学报（社科版），(5)：35-40.

教学结构框架和活动程序[①];"教学模式是在教学实践基础上建立起来的一整套设计和调控教学活动的方法论体系，它由教育（哲学）主题、功能目标、结构程序及操作要领构成"[②]。③"中介说"认为教学模式是"向上沟通着教学理论，向下沟通着教学方法和教学策略的重要中介，它总是某种教学理论在特定条件下的一种表现形式，它的层次比教学理论低，但又比教学经验的层次高"[③]。也有学者认为"教学模式是规范性教育理论和情境性教育实践之间的中介与桥梁，它包含一些基本的要素，即教学指导思想、功能目标、教学结构与运行程序、实现条件和效果评价等"[④]。

二、少教多学模式的内涵

（一）追溯"少教多学"

捷克教育家夸美纽斯在其所著的《大教学论》中对"少教多学"进行了论述。他提及教育的主要目的在于：寻求并找到一种教学方式，使教员因此可以少教，学生可以多学；使学校因此可以少些喧嚣、厌恶和无益的劳苦，多些闲暇快乐与坚实的进步。[⑤]此外，中外教育史上还有其他教育家提及了"少教多学"的思想。[⑥]"少教多学"被当作正式的教学理念付诸实施则始于新加坡。20世纪80—90年代，新加坡教育出现了一些问题，即教育模式的"应试性"很强，教育重视学生的学习成绩却忽视了学生身心全面发展及创造力的发展，学生墨守成规而缺乏冒险精神，这不利于国家未来的发展。在2004年的新加坡国庆大会上，李显龙总理演讲时谈到"我们少教一点，学生就能多学一点"。从此，"少教多学"便成了新加坡教育界的热点话题，并与"思考的学校，学习的民族""创新与改革精神"的理念共同构成新加坡教育改革的重要指导思想。新加坡教育部为"少教多学"教学理念的践行提供了诸多助力。[⑦]"少教多学"内涵与我国新课改的理念与要求不谋而合，因而值得我们借鉴与学习。

① 吕渭源．2000. 教学模式·教学个性·教学艺术．中国教育学刊，（1）：29-32.
② 杨小微．1990. 中小学教学模式．武汉：湖北教育出版社：4.
③ 万伟．2015. 三十年来教学模式研究的现状、问题与发展趋势．中国教育学刊，（1）：60-67.
④ 余清臣，徐苹．2014. 当代课堂教学模式改革的实践内涵：一种反思的视角．教育科学研究，（1）：15-18.
⑤ 夸美纽斯．1999. 大教学论．傅任敢译，北京：人民教育出版社．
⑥ 丁文龙．2016."少教多学"课堂教学模式的现实困境及其破解之道．中小学教师培训，（8）：37.
⑦ 张小菊．2008. 新加坡"少教多学"教学理念的启示．中国成人教育，（16）：120-121.

（二）“少教多学”的内涵

新加坡教育理论界在提倡“少教多学”时指出：“少教多学”并非是让教师投入得更少，而是要求教师教得更好，教学重点要从教学内容的数量转移到教学的质量。“教师要精选课题，缩减冗余，进而更加深入地剖析每一个课题，以便使学生能够更加全面与深刻地理解自己所学的知识，构建一个扎实稳定的知识基础。”[①] 有学者指出，“少教多学”强调教学重点从教学内容数量向质量的转移，并且“少教多学”触动了教学活动的核心问题，即为了学生的发展、满足学生的需求、激发学习者的学习动机与兴趣而教，而非面面俱到地传授教学内容；教学要教给学生有益于构建完整人生的知识；在怎样教的问题上强调教学方式与学习方式的变革。[②] 比如，新加坡教育部为少教多学而实施的举措有：①在教师方面，自上而下给予教师支持，鼓励教师独创模式而没有权威固定的少教多学模式，解放教师的教学时间，成立卓越教师专业发展中心来加强教师专业发展，培养优秀的学校领导，给各学校更多的权利等；②在学生方面，在普通课程的设置上增加选择性，鼓励水平考试增设科目，与理工学院合作增设技术类选修课等。[②] 张荣伟把“少教多学”作为“教”与“学”的五种关系范型之一进行论述，他认为“少教”追求的是效率，注重的是教的质量而非数量；而“多学”追求的是效果，注重的是对知识理解的深度以及由此所形成的想象力、创造力与解决问题的实际能力。[③] 何传杰等在探讨“少教多学”理念与策略时指出：“少教多学”是指减少教师“教”的时间，增加学生“学”的时间，强调把学生看成学习的独立个体。教师的“教”应该以促进学生“学”为着力点。其教学目的是激发学生对学习的兴趣，为学生学习提供更具有弹性的发挥空间，从而培养学生积极主动的学习态度与习惯。[④]

由此可知，“少教多学”作为一种教学理念，追求教学质量，以学生自主全面发展为目标，以教学方式与学习方式的改进为途径；在重新审视“教”与“学”的关系的同时，追求更高效的课堂。

---

① 陈曦. 2008.“少教多学”新加坡教育改革新视角. 外国中小学教育，(7)：39-40.

② 刘冬岩，魏为燚. 2010. 新加坡“少教多学”教育改革及其启示. 全球教育展望，(5)：31-35.

③ 张荣伟. 2012. 论“教”与“学”的五种关系范型. 教育发展研究，(5)：50-56.

④ 何传杰，刘栋梁. 2013. 少教多学：理念与策略. 教育理论与实践，(1)：7-8.

（三）“少教多学”的特点

从教学内容来看，“少教多学”强调精简课程内容，教学不要求教师面面俱到地把内容讲给学生，而是提供给学生更核心扼要的知识内容，使得学生掌握最基本的理论基础，拥有知识建构的能力，并要求教学内容与学生的经验相结合。

从教学方式来看，“少教多学”提倡建构主义知识观，即相信知识是学生积极探究、自主发现的结果。因此，“少教多学”课堂以探究为最基本的方式，强调问题解决式教学。由此而施行的教学策略见仁见智，比如，有人提出营造真实而有趣的问题情境，为学生的多学提供动力支持；设计使学生“多学”的学习活动；建立展示交流机制以为学生的“多学”提供交流平台；创建多元评价，积极反馈学生“多学”等。[①] 从教学目标来看，“少教多学”追求高效课堂，致力于学生乐学、善学、学得好。其教学的目的是使学生全面发展，重视培养学生的自主学习能力、创造力与解决问题的能力。

（四）“少教多学”的研究

查阅“少教多学”的相关文献发现，关于“少教多学”的研究大致可以分为三类。一是对“少教多学”理论的探讨与借鉴，介绍了少教多学理念的基本内涵，新加坡践行“少教多学”的一些做法以及这些理念做法对我国教育的启示。[①②③] 二是对少教多学理念指导下教学策略的探讨，提出了诸多“少教多学”教学策略。[①④] 三是一线教育工作者对“少教多学”策略与模式的探索，并多与具体学科相结合。虽提为“少教多学模式”，只是概要介绍了“少教多学”理论思想，提出了一些经验性的教学策略，并没有相对统一的教学程序可供参考，这类研究经验总结性较强。[⑤⑥⑦⑧⑨⑩]

---

① 陈曦 . 2008.“少教多学”——新加坡教育改革新视角 . 外国中小学教育，（7）：39-42.

② 张荣伟 . 2012. 论“教”与“学”的五种关系范型 . 教育发展研究，（10）：50-56.

③ 张小菊 . 2008. 新加坡“少教多学”教学理念的启示 . 中国成人教育，（16）：120-121.

④ 黄晓学，张海涛 .2013.“少教多学”理念下的教学策略探究 . 江苏师范大学学报，（3）：76-79.

⑤ 杨殿清 . 2016. 初中语文阅读教学“少教多学”模式的构建 . 中国校外教育，（7）：76.

⑥ 吴琳婕 . 2012. 浅谈少教多学模式在小学英语教学中的应用 . 教学实践与研究，（5）：39-40.

⑦ 陶静 . 2011-06-07. 浅析初中语文教学中的少教多学模式 . 湛江日报，（第 8 版）.

⑧ 谢彩云 . 2015. 小学教学中“少教多学”教学模式分析 . 学周刊，（6）：63.

⑨ 朱亚南 . 2013. 语文课堂教学需要少教多学的教学理念 . 学周刊，（11）：67.

⑩ 苏亚平 . 2014. 构建初中语文阅读教学中的“少教多学”模式 . 中国校外教育，（11）：23-24.

第二节　少教多学模式的实践构建

课堂教学模式改革成为教育教学研究的热点问题之一。在学习借鉴洋思中学、杜郎口中学、东庐中学等典型教学模式的基础上，国内掀起了教学模式改革的浪潮，教学模式进入区域发展阶段，呈现区域推进的态势，各地纷纷涌现出带有地域特点和学校特色的少教多学模式。①

一、典型的少教多学模式

1. 洋思中学课堂教学模式

洋思中学主要采用的是“先学后教，当堂训练”的教学模式。“先学”是在课堂上学生按照教师提供的学习目标及学前指导看书、练习，是学生课前独立学习，尝试练习，解决现有发展区的问题；“后教”就是根据学生自学中暴露出来的问题及练习中的错误，教师引导学生讨论，学生之间互帮互学，教师只做评定、补充修改；“当堂训练”就是让学生独立完成作业，进行严格的训练，形成能力，这样课堂教学过程就变成了学生自学、探究、实践的过程。② 这种教学模式的教学环节为，出示学习目标与自学要求—学生自学、教师巡视并发现学生自学中的问题—学生汇报自学结果（学困生优先）—纠正、讨论、指导自学结果—学生当堂训练，完成作业。②

2. 东庐中学教学合一的“讲学稿”课堂教学模式

东庐中学实施的是以“讲学稿”为载体的课堂教学模式，其教学流程为：寒暑假备课—主备人备课—备课组备课—课前备课—学生预习—课堂教学—课

① 万伟. 2015. 三十年来教学模式研究的现状、问题与发展趋势. 中国教育学刊，(1)：60-67.

② 屠锦红，李如密. 2013.“先学后教”教学模式：学理分析、价值透视及实践反思. 课程•教材•教法，(3)：24-29.

后反思。[①]“讲学稿”的设计具有严格的要求[②]：①“讲学稿”应该具备明确的学习目标；②应注意帮助学生梳理知识结构体系；③ 要对学生提供适当的学习方法和学习策略的指导；④要提供检测学习效果的适当材料；⑤应注意“教学合一”，更应注重学生的学习。“讲学稿”的核心内涵是“教学合一”，即以合作的方式培养学生，实现教学相长，成果共享。[③] 以“讲学稿”为载体的教学模式有效地将师生的静态研习转化为集体的合作研讨，激发了师生的自主性与能动性，大大提高了教学质量。

3. 杜郎口中学的“三三六”自主学习模式

“三三六”课堂教学模式中，前“三”为该模式的三个特点，即立体式、大容量、快节奏；后“三”为预习、展示、反馈三大模块；“六”为展示模块六大环节，分别是预习交流、明确目标、分组合作、展现提升、穿插巩固、达标测评。[③] 这一教学模式以学生在课堂上的自主参与为特色，课堂的绝大部分时间留给学生，教师仅用极少的时间进行“点拨”，讲解少于 10 分钟，学生活动大于 35 分钟或者 40+0，教师基本不讲。[③]

除了以上三种典型的少教多学模式之外，我国实践领域比较有影响的教学模式还有卢仲衡的数学自学辅导教学模式、李吉林的情境教育模式、魏书生的中学语文教学的“六步教学法”模式、山东昌乐二中的“271”模式、山东兖州一中的“循环大课堂”模式等。以上教学模式在全国产生了较广泛的影响，先后被许多学校所效仿，掀起了 20 世纪以来的第二次课程改革的浪潮，推动了我国教学模式区域化推进的过程。[④] 教学模式的推进主要借助于两种方式：“一种是从已有的教学实践中提炼出具有典型性的教学模式，另一种是对被称为‘经典’的教学模式进行积极的效仿和借鉴。”[⑤] 以山西省为例，在学习借鉴杜郎口中学、洋思中学、东庐中学这三所学校典型教学模式的基础上，结合区域和学校的教育教学实践，一些学校创建了有自身特色的少教多学教学模式。高中少教多学模式主要有泽州一中的“学导螺旋发展大课堂”、新绛中学的“问题解决式课堂”、

① 陈康金 . 2010. 从“讲学稿”到“合融教育——江苏东庐中学提升学校特色建设水平的经验与反思 . 中小学管理，(8)：14-16.

② 郑向荣 . 2008. 构建“教学合一”模式探索“改薄创优”之路——东庐中学教学改革经验述评 . 教育导刊，(8)：19-21.

③ 许爱红，刘延梅，刘吉林 . 2005. 农村中学课堂教学模式的重大变革——解读杜郎口中学“三三六”自主学习模式 . 当代教育科学，(6)：18-26.

④ 万伟 . 2015. 三十年来教学模式研究的现状、问题与发展趋势 . 中国教育学刊，(1)：60-67.

⑤ 余清臣，徐苹 . 2014. 当代课堂教学模式改革的实践内涵：一种反思的视角 . 教育科学研究，(1)：15-18.

垣曲中学的“两段六步教学模式”、太谷二中的“三五三学导型课堂”、怀仁一中的“三三五学案课堂”等；初中少教多学模式有灵石二中的“四环节学案课堂”、清徐二中的“四环节活动教学”、横水中学的“学案教学”、原平实验中学的“问题教学”等。[①]

二、少教多学教学模式的区域化推进

1. 新绛中学的“问题解决式课堂”教学模式

这种教学模式有一个大目标——面向全体，全面发展；有三个大前提——不增加学生负担，不延长学习时间，不牺牲应开课程；有四个环节——集体编写学案，自主合作探究，展示互动感悟，归纳反思提升。[②] 其精髓在于学生在教师编制的学案引导下，开始真正意义上的学习，并写出学习报告；展示课上，教师把“表演舞台”让给学生，并创设课堂情景，使学生充分展示自我。教师根据学情将班级分组，教师的关注点由原来的学生个体转变为学习小组；课堂上，教师认真验收学生学习报告，并鼓励学生大胆质疑，充分调动学生的主观能动性。[②] 这种“问题解决式课堂”教学模式的流程为：学案编写—自主课—展示课—反思与训练，同时这种教学模式创设了四种课型，即自主课、展示课、反思课、训练课。[②] 该教学模式的实施有利于调动学生的积极性，培养学生的合作意识和探究能力，同时可以促进教师的专业发展。

2. 泽州一中的“学导螺旋发展大课堂”教学模式

大课堂是指课前、课中、课后都是课堂范畴。螺旋发展是指一节课的结束也是另一节课的开始，在整个过程中学生的学习处于螺旋上升的发展状态。[③] 学导螺旋发展大课堂，又叫“一三七”课堂模式。“一”就是以“学道”（即学案）为一条主线，是教师集体备课、教研、辅导及学生自学的行动路线图，是教学的桥梁。“三”是“X+30+10”三个阶段，X 是课前、课后的自主学习，是学生保证 30 分钟高效学习的前提；30 指的是 40 分钟课堂的前 30 分钟时间，是学生进行合作学习、互动探究，完成学习目标的重要时段；10 指的是课堂的最后 10

① 薛红霞 . 2011. 山西课堂教学模式改革：课堂中的教育革命 . 中小学管理，(6)：15-19.
② 马玉玺 . 2012.“问题导学”教学模式实践操作指南 . 太原：山西教育出版社：11-12.
③ 李海勇 . 2012. 我们的课改向太阳 . 中小学管理，(3)：20-22.

分钟，该阶段的任务是：①教师释疑小结；②收发“学道”；③指导下节课的“学—习—悟”。“七”就是七个教学环节，独立自学—相互检查—学簇（即学习小组）展示—学室（即全班）展示—评价反馈—释疑小结—“学道”导学。[①] 这种教学模式的操作流程为：学道导学—自主学习—学道点评—学簇展示—学室展示—评价反馈—小结、检测。这种教学模式共有四种课型，即自主课、展示课、反思课和演练课。[①] 该教学模式的实施解决了学生厌学的问题，使师生精神面貌焕然一新，学生综合素质全面提高，公民意识和社会责任感明显增强。

3. 灵石二中的“四环节学案”教学模式

“四环节学案”教学模式是以学生自主探究为主要学习方式的一种民主开放的教学模式。它以学案为依托，体现为自主学习—小组学习—展示反馈—拓展提升四个板块。整个课堂的任务交给学生，时间留给学生，方法告诉学生，让学生亲历过程，让学生自己总结结论，让学生自己发现规律，让学生的认知过程充分展示出来，让体验过程中的问题充分暴露出来，课堂呈现为一种开放、积极、全体参与的民主状态。[②] 这种教学模式的实施是根据课前学案预设的流程来进行的，即自主学习—小组学习—展示反馈—评价点拨，这种教学模式下共有五种课型，即自主探究课、实践课、检测课、复习课和展示课。[③] 该模式的实施能充分发挥教师的指导、启发、提示、点拨作用，促进师生、生生互相交流，为学生提供了自主学习的机会，架起学与教的桥梁，具有“导读、导思、导学、导做”的作用。[③]

4. 太谷二中的“三五三”学导型课堂教学模式

“三五三”学导型课堂教学模式中的第一个“三”指的是三种课型，即问题生成学导课、问题展示解决课、问题拓展提升课；“五”指五个环节，即情景设置、自主合作、展示交流、师生互导、拓展提升；最后一个“三”指三种工具单，即问题生成评价单、问题解决评价单、问题拓展评价单。[④] “问题生成学导课”的流程为：“①学生进行 20 分钟的结构化预习，学生自学后根据对文本的整体把握，对‘问题生成评价单’预设的目标进行思考，找出重点、难点及疑点；

---

① 马玉玺. 2012.“问题导学”教学模式实践操作指南. 太原：山西教育出版社：7-9.

② 马玉玺. 2012.“问题导学”教学模式实践操作指南. 太原：山西教育出版社：19-21.

③ 范永丽. 2011.“生本学案”四环节课堂教学模式构建的理性思考. 教育理论与实践，(11)：61-64.

④ 马玉玺. 2012.“问题导学”教学模式实践操作指南. 太原：山西教育出版社：14-17.

②自学完成后，学科组长组织组内成员围绕自学中尚未解决的问题展开讨论交流；③教师要参与到每个小组中，通过观察、倾听、提问的方式来了解每个小组预习中存在的问题；④通过学习小组组内合作交流，对个性问题进行有效评价、答疑解惑，二次生成小组共性问题，由学术助理将生成单反馈给老师，生成新的学习目标，为‘问题展示解决课’做准备。”① “问题展示解决课”的基本程序是“①教师通过对‘问题生成学导课’中生成的问题进行整理，以‘问题解决评价单’的形式下发学生；②学生以组为单位，合作讨论、合理分工，在课堂中进行展示交流；③各小组认真倾听、质疑、追问、争辩，展示各自的不同观点和见解”①。“问题拓展提升课”的流程为：“①教师发放‘问题拓展评价单’，引导学生对所学知识进行回顾、挖掘，对疑点进行拓展提升；②教师针对三维目标精选一些课外文本材料、典型事例或高考题，供学生进一步学习、理解和研究；③学生通过自主、合作及探究，学会分析、归纳、总结文本，建构知识树、形成知识网；④教师在课堂中积极引导学生思考，实现思维多向性、灵活性及深刻性。”① 这种教学模式主要有三种课型，即问题生成学导课、问题展示解决课和问题拓展提升课。

5. 怀仁一中的“三三五”课堂教学模式

“‘三三五’课堂教学模式可以概括为：目标引领‘三步骤’，即出示学习目标、围绕目标教学、当堂目标检测；学案导学‘三功能’，即导读、导思、导练；学习行为‘五体验’，即学生自己观察、学生自己思考、学生自己动手、学生自己表述、学生自己总结。”① 这种教学模式的操作流程为：“上节课解读学习目标，指导学生自主学习—课前学生自主学习—课上小组讨论解决组内问题—课上展示学习成果并解决组间质疑问题—课上学生小结—当堂检测—课上老师点评—课上解读下节课学习目标，指导下节自主学习。”① 这种教学模式包括自主生成问题课、展示质疑答疑课、知识归纳反思课和巩固提升训练课四种课型。

6. 太原市尖草坪一中“1+1”问题解决塔式课堂

自 2010 年开始，太原市尖草坪一中就开始积极探索适合自己的教学改革之路。2011 年 9 月，“1+1”问题解决课堂改革全面启动。2014 年 9 月，该学校开始探索实现“人人通”课堂，经过几年的教学改革探索与反思，已经形成了较

① 马玉玺 .2012.“问题导学”教学模式实践操作指南 . 太原：山西教育出版社：14-17.

为完善的课堂教学模式。“1+1”问题解决塔式课堂教学模式指的是在学案引领下，以问题解决为出发点，以学生自主学习为前提，以合作展示为关键，以小组建设为保障，以学习报告为成果，以实现自主学习与自主管理为目标的新型教学模式。其中，“1+1”指的是一个学习任务，即一个学案引领的学习内容用一节自主课和一节展示课两个课时完成；学案作为“1+1”课堂的主线和灵魂，包括学习目标、问题导学、思维导图、达标检测和反馈小结；“塔式”指的是学生的学习内容分层次进行，基础性的知识由学生自主学习完成（塔底），中等难度的知识由学生小组合作完成（塔中），学习难度大的知识通过学生展示、教师点拨完成（塔顶）。在学案导学、先学后展，以学定展、教学相长的原则的指导下，该模式一改过去“老师单纯地讲、学生被动地听”的“满堂灌”的教学方式，通过学生的自主、展示、反思、训练，促进学生合作能力、学习能力的提升，使学生养成良好的学习思维习惯，调动了学生自觉、主动学习的积极性，提高了学习效率。

少教多学模式区域推进为教学变革提供了具体的操作方式，推动了新课程实验，有利于素质教育的全面实施，同时表明教育发展的重点由学校硬件建设转移到学校内涵发展上来，回归了教育的本原。但要明确模式建构和使用的目标在于建设新型的教学文化，要正确处理区域化教学模式建构“自上而下”和“自下而上”两种推进方式的关系。在取得很大进展的同时，山西教学模式区域化推进也存在着不少问题，如学习导航缺乏系统设计、自主学习的时空资源严重不足、“互动”和“呈现”环节缺乏深度和广度、支持系统总体落后于模式推进的需要等。[①] 由于互联网技术的迅猛发展，信息技术、网络、远程技术环境下教学模式的建构成为教育实践界和理论界关注的热点。随着新课程改革的全面推进，新的教育理念在教学模式中得到体现。20 世纪末，计算机、多媒体技术就对教学模式产生了影响。进入 21 世纪后，随着互联网技术的发展与普及，教学形态随之发生了重大变化，在网络背景下构建教学模式成为热点研究话题。

在现代信息技术背景下，许多学校采用不同的网络教学平台进行教学。所谓网络教学平台是指通过网络技术，建立一个基于 Web 的支持和管理教学过程、提供共享学习资源和各种学习工具的虚拟学习环境，为网络教学的实施提供基础性通信与学习管理服务。[②] 传统网络平台一般包括：课程、传送、评价、教师

① 肖增英，薛红霞 . 2012. 山西“问题导学”教学模式：系统审视与精细建构 . 中小学管理，(7)：4-8.

② 谢幼如，柯清超 . 2005. 网络课程的开发与应用 . 北京：电子工业出版社 .

支持、交流和跟踪这几个基本要素。[①] 例如，北京东城区采用“学习 e 网通”网络平台，该网络平台的优势在于集教师研修、学生学习、家校沟通、教育管理等为一体，为学习者提供全时空、多功能、无障碍的学习资源，实现教育资源整合。[②] 还有的学校将“好看薄”网络平台应用于教学，“好看簿”是一个基于 Web 2.0 的以图片、文字、语音为基本元素，以图片故事为基本单元，以日记为文字工具，以评论、活动、小组等为互动方式的图片分享社会性网络服务网站。[①] 与以往的网络平台相比，“好看簿”平台具有一些独特的功能，如独特的“图片 + 语音 + 文字”的内容创建方式、PPT 图片批量导入功能、私信与图片标等形式独特的交互工具等。[①] 另外，一些学校采用 black board 网络教学平台，这种教学平台是以课程为核心，包括课程通知、教师介绍、课程文档、交流互动、课程小组、作业习题、课程工具 7 个模块，教师可根据课程需要，将这 7 个模块有机结合在一起，实现资源管理、交流互动、绩效考评三大功能；其教学设计包括：课前分析准备、课堂辅助教学和课后延续教学，在此基础上构建多元化的综合评价体系 4 个部分。[③] 这种教学模式的优势在于可以充分发挥“网络平台＋课堂教学”的优势，更好地实现信息技术与教学之间的融合，其不仅有利于发挥学生参与教学过程的主动性，提高课程学习效果，还有利于形成平等互助、教学相长的新型师生关系。

近年来，在构建新型教学模式的同时，我们也在借鉴、学习国外的教学模式，如翻转课堂教学模式。“‘翻转课堂’也称‘颠倒课堂’，是相对于传统的课堂上讲授知识、课后完成作业的教学模式而言的，它是指学生在课前观看教师事先录制好的或者从网上下载的教学微视频以及拓展学习资料，而课堂时间则用来解答学生问题、订正学生作业，帮助学生进一步掌握和运用所学知识。”[④]“在翻转的模式下，学生课前先自学基于教学目标和内容制作的微视频，完成进阶作业，课堂上师生一起共同完成作业，解决疑难。”[⑤]“翻转课堂以发挥学生参与性、主动性为目标；充分尊重学生各方面的差异，注重学生个性发展；推动课堂教学从‘知识导向’向‘综合素质导向’转变”。[⑥]“翻转课堂包含三个基本构

① 王军，散国伟 . 2011.“好看簿”网络平台的教学功能与教学应用分析 . 中国电化教育，(3)：92-95.

② 晓莎 . 2010.e 网融通力促均衡——北京东城区开通“学习 e 网通”网络平台 . 中小学管理，(6)：48.

③ 王磊，王晨晨，林炜斌，等 .2014.Blackboard 网络平台支持下混合教学模式探索 . 实验技术与管理，(11)：195-197.

④ 陈玉琨，田爱丽 .2014. 慕课与翻转课堂导论 . 上海：华东师范大学出版社：13-14.

⑤ 陈玉琨，田爱丽 .2014. 慕课与翻转课堂导论 . 上海：华东师范大学出版社：23.

⑥ 陈玉琨，田爱丽 .2014. 慕课与翻转课堂导论 . 上海：华东师范大学出版社：108.

成要素：①技术要素，主要为微视频；②流程要素，主要为“课前—课中—课后”的教学活动；③环境要素，主要为带有智能诊断功能的学习分析系统。”[①] 翻转课堂教学模式的设计包括三个层面：从宏观层面来看，翻转课堂的教学设计包括学校课程的整体设计、微视频、课堂教学资源、学校教师培训及学校支撑环境五方面的设计；从中观层面上看，翻转课堂的全过程一般由引导环节、观看视频环节和问题解决环节三部分组成；从微观层面来看，翻转课堂教学设计包括课型选择、学情分析、教学策略设计三个方面。[①] 重庆聚奎中学根据自己的教学实践总结出了翻转课堂教学设计的“课前四步”和“课中五环节”。课前四步包括：设计学生使用的导学案、录制学生自主学习的教学视频、学生自主学习或合作学习、针对学生的个别差异制订个别辅导计划。课中五环节包括：学生遇到问题合作探索、教师指导释疑拓展、学生练习巩固、学生和小组之间自主纠错、教师和学生一起反思总结。[②] 有学者指出“翻转课堂”的教学程序包括课前设计和课堂活动两个环节，其中课前设计主要包括教学视频的制作、课前针对性练习两部分，课堂活动环节包括确定问题、独立探索、协作学习、成果交流和反馈评价几部分。[③] 深圳南山实验教育集团提出“三步五环”的翻转课堂教学模式，即课前三步骤和课后五环节。“课前三步骤是指学生课前观看微视频、完成进阶练习、进行学情分析；课中五环节是指梳理知识、聚焦问题、合作学习、综合练习、评价反馈。”[④] 翻转课堂是利用当前信息技术条件和大数据分析的优势，为改变学生学习方式和教师教学方式所做的教学改革尝试[①]。它是一种先学后教的模式，是自主性、互助式、个性化的教学模式，有利于提升教学质量和学习质量。[⑤]

“导学案和微视频都是先学后教的载体，其背后的原理是一样的。”[⑤] 微视频主导和网络学习条件下的先学后教，相对于以往导学案或讲学稿主导下的先学后教模式，具有以下优势：“①讲解生动。视频上，优秀教师生动形象地讲解，显然比一张纸的导学案让学生更加喜欢；②反馈及时。无论是课前学习后的作业反馈，还是课堂学习过程中的学习反馈，在网络背景下，都比纸质的导学案要来的及时、迅速，而且还节省了老师大量的机械批改作业的时间；③易保存

① 赵兴龙 . 2014. 翻转课堂中知识内化过程及教学模式设计 . 现代远程教育研究，(2)：55-61.

② 付兰敏 . 2014. 基于翻转课堂理念的初中信息技术教学模式的应用研究 . 山东师范大学硕士论文 .

③ 张金磊，王颖，张宝辉 .2012. 翻转课堂教学模式研究 . 远程教育杂志，(4)：46-51.

④ 陈玉琨，田爱丽 . 2014. 慕课与翻转课堂导论 . 上海：华东师范大学出版社：23.

⑤ 陈玉琨，田爱丽 . 2014. 慕课与翻转课堂导论 . 上海：华东师范大学出版社：24.

检索。电子资料比起导学案来，更加易于学生的复习，易于学校的保存与检索。”①

第三节　少教多学模式的主要类型——学案导学模式的理论与实践研究

在大力推行素质教育、实施新课程的背景下，为了改变课堂教学的低效现象，提高教学质量，学校都在探寻新的教学方法、建立新的教学模式。其中洋思中学、杜郎口中学、东庐中学的教学模式影响比较大。这些教学改革实验起步比较早，参与改革的学校原来的基础都很薄弱，而改革成功的关键在于教学理念的转变。这三所学校都践行了“以学定教”“少教多学”的理念。余文森教授在“深化课程教学改革深度调研报告”中指出：“以学论教，少教多学”是我们国家具有原创性的课堂教学改革实践行动，它类似于经济体制改革中的家庭联产承包责任制，是教学领域的一场具有实质性的变革，是我国具有草根性质的教育创新。其实质就是把学习的主动权还给学生，这是调整教学关系、改变“人才培养模式”的“支点”，是学习观的根本变革，引发了课堂教学的实质性进步。② 学案导学（或学案教学）模式集中体现了“以学论教，少教多学”的教学思想，它的核心价值诉求是提高课堂教学质量。因学案导学模式的实施有助于贯彻新课改理念，一段时期以来，它成为主流的教学模式，在全国很多地区得到推广。该模式的实施逐渐改变了以教为主的课堂，建构了以学为本的课堂，改变了课堂教学结构，改变了教师教学行为，改变了学生的学习方式。许多学校采用该模式进行课堂教学改革后，较大幅度地提高了教学质量。然而，近年来随着学案导学模式的推广应用，实践中也出现了一些问题。其中，既有认识方面的问题，又有模式实施的问题。因此，从理论和实践两方面对学案导学模式进行研究十分必要。

① 陈玉琨，田爱丽. 2014. 慕课与翻转课堂导论. 上海：华东师范大学出版社：24.

② 刘坚，余文森，徐友礼. 2010. 深化课程教学改革深度调研报告. 人民教育，(17)：19-22.

一、“学案导学”模式的提出与发展

学案导学在课堂教学中以导学案为统领，以自学、分小组的学习方式，突出强调学生的自主、合作、探究的学习理念，遵循主体间性、民主性、开放性、发展性、指导性、创新性、探究性、激励性、活动性原则，最大限度地把学习的主动权还给学生。[①] 简言之，学案导学是指以导学案为载体，通过学生自主学习与教师适时指导以完成教学任务的一种教学模式。[②]《中国教育报》1999 年 5 月 25 日曾报道了金华一中开展“学案导学”的情况，这种教学方法倡导从培养学生的自主人格和主动学习能力的角度开展教学工作，在全国引起极大的反响。“学案是一种以学定教、集教师的教与学生的学为一体的学习活动方案。”[③] 相对于教师的教案，学案是学生的学习方案，以学生为中心，着眼于学，侧重学生“探究”和“会学”。[④] 学案即导学方案，是一类学习导航材料，在教学实践中有许多称谓，如导学稿、讲学稿、预习稿、前置性学习、学习单、学道等。关于学案的共性认识，它是教师根据学科课程标准要求，在充分把握学情的基础上，结合教材等文本信息，通过集体备课，汇集学科教师群体智慧设计而成的学生学习活动的方案。学案充分尊重了学生对学习内容、过程、方法的知情权和参与权，成为沟通学生与教材，教与学的一座桥梁。在实施理念上，学案导学把教学的重心从研究“教师如何教”转变到研究“学生如何学”，促使教师进行角色转换，其核心是教“学法”，培养学生自主学习与探究学习的能力，从而实现课堂的能力培养。学案导学模式能够产生与发展，源于以杜郎口中学为首的众多学校对高效课堂的价值诉求。20 世纪末，杜郎口中学濒临绝境，教师机械灌输，学生死记硬背，面对课堂教学的低效甚至无效的现实，杜郎口中学全方位地进行改革，其借鉴洋思中学的讲学稿，创造出对中国学校产生较大影响的导学案，试图通过课堂教学从“教中心”向“学中心”的过渡来实现高效课堂的价值诉求。这种价值诉求所面对的现实困境在当时中国的基础教育中具有普遍性，其改革和实践以草根的方式与国家倡导的新课改在某些理念上不谋而合。借鉴杜郎口中学的导学案教学，催生出了“高效课堂九大教学范式”，而且，以学案导学为基础的教学改革被许多学校借鉴和学习，成为克服课堂低效的教学改革实践方

① 张海晨，李炳亭 . 2010. 高效课堂导学案设计 . 济南：山东文艺出版社 .

② 容中逵 . 2014. 学案导学的三重判读 . 课程 · 教材 · 教法，34（8）：92-97.

③ 魏本亚 . 2011. 语文学案教学实验的教育学阐释 . 课程 · 教材 · 教法，31（2）：46-50.

④ 关士伟，臧淑梅 . 2005. 学案设计的理论研究 . 教育探索，（8）：28-30.

式。[①] 以山西省为例，以学案为依托，许多课堂教学改革实验的先进学校不断涌现，如山西新绛中学、泽州一中、太谷二中、怀仁一中、灵石二中等。这些学校的课堂教学改革又辐射带动了很多学校，出现了欣欣向荣的课堂教学改革新气象。

二、“学案导学”模式的理论探讨

（一）自主学习理论

自主学习是与传统的接受学习相对应的一种学习方式。Holec 在 1981 年就提出自主学习能力，并定义为“负责自身学习的能力”，这种能力具体表现为确定学习目标、决定学习内容和进度、选择学习方法和策略、监控学习过程、评估学习效果等。[②] 国内学者指出，自主学习，又称自我调节学习，一般是指个体自觉确定学习目标、选择学习方法、监控学习过程、评价学习结果的过程。[③] 自主学习强调学习者作为学习的主体，体现了“以学习为本”的价值观念。自主学习是学习者为自己的学习负责而主动建构的过程，自主学习的构成包括：制定目标、运用有效策略组织学习、监管学习表现、自我察觉、动机，以及对能力持有积极的信念等。[④] 学生的自主学习水平对其一生的学习、发展和成才具有特殊意义。有学者将自主学习定义为主动地、有主见地学习，并认为自主学习由四要素组成：自我识别、自我选择、自我培养和自我控制（控制含评价与调节）。[⑤] 学案导学模式的重要特征是：“所有活动均以学生的自主活动为中心展开。教学目标的设定、教材教法的选择、班级的集体交互作用等，所有的构成要素都为形成学生的自主学习而加以整合，所有的构成要素都服从于学生自主学习的组织。”[⑥] 该模式要求学生对学习什么、如何学习等问题有明确的认识和反应，它突出表现在学生对学习的自我计划与调整、自我指导与强化上，即在学习活动之前，学生能够自己确定学习目标、制订学习计划、选择学习方法、做好学习准备；在学习活动之中，学生能够对自己的学习过程、学习状态、学习行为进行自我

① 张旸，蒙泽察 . 2013.“导学案教学”与“翻转课堂”的价值、限度与共生 . 全球教育展望，（7）：10-17，94.

② 转引自：何基生 . 2009. 学生自主学习能力的内涵、构成及动态分析 . 教育评论，（2）：81-83.

③ 庞维国，薛庆国 . 2001. 中国古代的自主学习思想探析 . 心理科学，（1）：59-62，127.

④ 霍秉坤，徐慧璇，黄显华 . 2012. 学生自主学习的概念及其培养 . 全球教育展望，（7）：18-25.

⑤ 林毓锜 . 2006. 学生自主学习与相关教学思想 . 高等教育研究，（12）：71-75.

⑥ 林良富 . 2012. 学教模式的理论与实践 . 课程 · 教材 · 教法，（4）：32-36.

观察、自我审视与调节；在学习活动之后，能够对自己的学习结果进行自我检查、自我总结与评价。培养学生对学习的自我意识和自我监控，并养成习惯，这正是促进学生自主学习的重要因素。

（二）建构主义理论

建构主义的核心思想是强调以学生为中心，人的认识本质是主体的“建构”。建构主义的学习观认为“学习不应该被看成是对于教师授予知识的被动接受，而是学习者以自身已有的知识和经验为基础的主动建构活动”①。学生学习过程是在教师创设的情境下，借助已有的知识和经验，主动探索，积极交流，从而建立新的认知结构的过程，是通过新经验与原有知识经验的相互作用而不断充实、丰富和改造自己已有知识经验的过程。建构主义学习观强调学习的主动性、实践性、创造性和社会性。学案导学模式要求教师不能把知识作为“绝对的客观真理”强加给学生，要充分认识到学生学习知识的过程是主动建构的过程，突出强调转变学生学习方式，使学生通过自主学习、合作学习和探究学习，在头脑中主动建构知识意义，并在学习过程中培养能力。这一教学模式充分体现了建构主义的学习观。

（三）人本主义教育理论

人本主义教育理论认为，学习是个人自主发起的、使个人整体投入其中并产生全面变化的活动。罗杰斯提出“以学生为中心”的非指导性教学理论，主张教学以学生为主体，教师应该以学生的学习为中心来组织教学，认为：①学习具有全人参与的性质，即整个人（包括情感和认知两方面）都投入学习活动。因此，要求学生在教学中“全部沉浸”。②学习是自我发起的。③学习是渗透性的，它会使学生的行为、态度，乃至个性都发生变化。④学习是由学生自我评价的。学案导学模式提倡教师指导下的学生自主学习、合作学习、探究学习，就是要求学生全身心地投入学习过程中，并通过学生的自评、同学之间的互评、师评，使学生获得知识、情感、能力三方面的进步和发展。② 马斯洛认为：教育的本质

---

① 张建伟，陈琦．1996．从认知主义到建构主义．北京师范大学学报（社会科学版），（4）：75-82，108.

② 转引自：施良方．1994．学习论——学习心理学的理论与原理．北京：人民教育出版社．

是发展人的潜能，尤其是那种成为一个真正人的潜能，教育要满足人的基本需要，强调向自我实现的需要发展。[①] 从“教学”走向“学教”，洋溢着丰富的人性，体现了重视人、尊重人、发展人的指导思想，能将学生的学习动力与潜能释放出来，促使师生“自我实现”。[②] 学案导学模式的出发点正是为了凸显“以生为本”的教育理念，它遵循“以学定教，先学后教”的思想，最终目的是让学生学会学习。该模式的价值在于强调学生主动学习，重视学生自主学习和探究的过程，这对于培养创新型人才具有重要意义。

（四）“发现学习”理论

美国心理学家和教育家、结构主义教育思想的代表人物布鲁纳指出，“用自己的头脑亲自获得知识的一切形式都可以称为发现学习”[①]。在布鲁纳看来，发现学习就是在学校条件下，引导儿童从所见事物的表面现象去探索具有规律性的潜在结构的一种学习途径。在教学过程中，学生是探究者，教师的作用是创设适合学生学习探究的情境，激发学生的学习兴趣与动机，使学生产生认知需要，产生需要学习的心理倾向，而不是提供现成的知识。这就要求教师不仅要让学生“知其然”“知其所以然”，而且要让学生“知其所用”。学案导学模式的实质内涵是培养学生自主发现与探究的能力，学案设计的关键是问题的设计。学习过程就是学生围绕教师学案中设计的问题进行学习，同时鼓励学生生成新的问题，最终解决全部问题的过程。教师根据学生自主学习存在的疑难问题，组织问题讨论，精讲点拨，指导学生解决重点、难点、疑点和三易点（易错、易漏、易混的知识点）。师生共同总结，梳理知识结构，强化训练，完成教学目标。

（五）“有意义学习”理论

美国教育心理学家奥苏贝尔认为，有意义学习有两个先决条件：①学生表现出一种意义学习的心向，即表现出一种在新的学习内容与自己已有的知识之间建立联系的倾向；②学习内容对学生具有潜在意义，即能够与学生已有的知识结构联系起来。任何学习只要符合以上两个条件，都是有意义学习。[③] 认知

① 马斯洛．2007. 动机与人格．许金声等译．北京：中国人民大学出版社．

② 林良富．2012. 学教模式的理论与实践．课程·教材·教法，(4)：32-36.

③ 转引自：施良方．1994. 学习论——学习心理学的理论与原理．北京：人民教育出版社．

结构是指学习者已有知识的数量、清晰度和组成情况，由学习者能够立即回想出来的事实、概念、命题、理论等构成。因此，要促进学习者对新知识的学习，关键是要增强学习者的认知结构中与新知识有关的概念。[①] 学案导学模式的学习导航材料（学案）中问题设计是核心，而问题设计的关联性原则，就是要求设计的问题之间要有内在逻辑关联，同时问题的设计要建立在学生已有认知结构的基础上，提出的问题要与学生已有的知识建立联系，确保新旧知识间建立实质性的、非人为性的联系。奥苏贝尔明确提出了学习者的主观能动性，要求施教者重视学生的学习动机及学习的主动性、积极性。他提倡有意义的接受学习和有指导的发现学习，认为只有确立教师在教学过程中的主体地位和充分发挥教师的主导作用，才能更好地突出学生的主体地位，发挥学生学习的自主性。[②] 学案导学模式注重发挥学生学习的主动性，提倡自主学习，先学后教，以学定教，但是同时强调发挥教师在学生学习过程中的主导作用，体现了教学过程双主体的教学理念，这与奥苏贝尔的观点相吻合。

三、“学案导学”模式的实践研究

（一）学案的设计

1．学案的设计原则

要构建高效的课堂，编写学案是基础和前提。“学案”在编写的过程中有几个原则[③]：①面向全体学生的基础性原则，即本着为了一切学生的思想来编写学案。②差异性原则，学生之间是存在差异的，如智力差异、人格差异和认知方式的差异等，这些因素在“学案”编制过程中都需要考虑到。③主体性原则，学生的学习应是主动的。新课程改革特别重视学生的主体地位。④探究性原则，在“学案”中可以多提供探究性的素材以更好地引导学生的探究性学习。⑤让学生主动学习、自主探究的开放性原则，在学习过程中，尽量让学生有更多的空间和时间来展开他们的思维、发挥他们的想象力。⑥参与性原则，对于学案的编写，学生有提出建议的权力，“横看成岭侧成峰”从不同的角度去看会有不

① D. P. 奥苏伯尔等 . 1994. 教育心理学——认知观点 . 余星南，宋钧译 . 北京：人民教育出版社 .

② 王惠来 . 2011. 奥苏伯尔的有意义学习理论对教学的指导意义 . 天津师范大学学报（社科版），(2)：67-70.

③ 周茜 . 2009.“动物和人体生命活动的调节”一章学案教学的点滴思考 . 生物学通报，(4)：41-43.

同的收获。有研究者提出学案设计的原则：主导性与主体性原则、问题性与活动性原则、个性化与层次性原则、模式化与格式化。[①] 一份好的学案要体现“六化”：目标具体化、知识问题化、问题探究化、探究层次化、过程目标化，问题知识化。[②] 学习过程要始终以目标为核心。学生在自主学习时要结合目标，在合作研讨时要抓住重点目标，在展示讲解时要突破难点目标。课堂上学生学习的过程就是目标达成的过程。目标是核心，问题是关键，训练是保障，相辅相成，环环相扣。

2．学案的组成部分

学案主要包括学习目标、学习重点难点、问题导学、学法指导、学习内容、学习探索过程、巩固练习、课后作业等环节。实际操作中，学案的格式与条目内容是灵活多变的和有所侧重的，完全由教学需要来决定。学习内容，即学习的知识点、知识结构等，是该堂课学生应学习和探究的主要内容。学习目标即学生应达到的知识、能力、情感态度与价值观等方面的目标。学习探索过程即学习和研究本节课知识的过程。习题要注意层次性，由易到难，并注意结合当今社会现实和密切联系学生的生活经验，培养学生理论联系实际的能力。课后作业旨在培养学生的能力和激发兴趣。

3．学案设计中存在的问题

有研究者指出学案编写时存在的问题：①学案习题化；②学案教材化；③学案问题化；④学案整齐化。[③] 有学者提出学案设计：①目标：确定容易分层难；②知识：习题容易问题难；③学案：编写容易价值难。[④] 有研究者认为：①课前学案内容复杂，加重了学生的预习负担；②学案问题设计照搬教参，学生预习时大都将文本放在一边，直接抄录教材解析答案。[⑤] 当下的学案导学，因理论指导的匮乏，导致行为的盲目性，具体表现为[⑥]：①对学情预设不够充分，难以激发学生积极的情感投入。忽视学生的学习经验和生活经验，对学生先备学习能力预测不足；②不重视学习体验的设计，难以引导学生的行为投入。③学习内容偏重于陈述性知识，难以调动学生的认知投入。学案导学缺少对认知策略的

---

① 周茜．2009．“动物和人体生命活动的调节”一章学案教学的点滴思考．生物学通报，（4）：41-43.

② 马玉玺．2012．“问题导学”教学模式实践操作指南．太原：山西教育出版社．

③ 张松元．2011．初中语文学案教学的问题与策略．教学与管理，（4）：62-64.

④ 原林生．2012．“自己选择的路，跪着也要走完”：“深水区”课改的难与惑．中小学管理，（7）：18-19.

⑤ 袁爱国．2013．深度学习：提升基于学案的阅读教学品质．教学与管理，（8）：49-51.

⑥ 具春林，贾楠．2013．投入学习理论视域下学案导学的问题和对策．教育理论与实践，（3）：47-49.

指导，缺少培养元认知能力的措施。

综上所述，学案设计需要关注以下几方面：①对教材的处理，既不能把教材教参上的相关内容照搬到学案上，也不能简单地用学案代替教材，以至于脱离教材。②对学案内容的设计，既要关注学生个体差异，又要避免加重学生负担，同时不能忽视学生兴趣和经验。③学生练习必须在充分学习教材相关内容的基础上进行，引导学生不急于做题。④尊重学科特点设计出适合学科特点的学案。如语文学科强调文本教学，让学生重视朗读，以读助解；数学学科要强化训练，英语学科要注重听说读写，理化要注重实验教学等。[①] ⑤“学案”设计的共性与个性之间的关系。“学案”是由备课组集体设计的，它集中了备课组的集体智慧，体现的是“共性”的特征。实施“大一统”的学案就会存在教师的个性如何体现的问题。[②]

（二）学案在教学中的运用

1. 学案的正确使用

在教学过程中，“学案”对于学生的学习有很大的帮助，让传统意义上随机而低效的预习变成理性而高质的自主学习。学案的重要作用和价值在于它是提高教育质量的抓手，编制好的学案只有得到合理的使用才能起到导学的效果。山西泽州一中使用的类似学案的材料称为“学道”，它是在教师集体备课的基础上，依据课标和学生的认知规律，为学生自主和主动进行知识建构而设计的导航图，是学与导的媒介。该校采用的教学模式包括七个环节[③]：自主学习（依托学道进行自主学习）—学道点评（教师点评学道的数量和质量，点评学生态度，进行等级评价）—学簇展示（学生占领本簇黑板，全员参与，人人展示，教师了解督导，聚焦问题）—学室展示（全体学生聚集学簇问题黑板前，环形围聚，簇间争抢解决问题，教师适时引导点拨）—评价反馈（以学簇为评价单元，教师适时进行引导性评价）—小结检测（教师抽学生完成检测和以学簇为单位进行课堂小结）—学道导学（每节课最后两分钟，用最快的速度收发学道，“点火”启动下一节课）。教师使用“学道”的问题：有些教师不能很好地进行学法指导，

---

① 马玉玺. 2012.“问题导学”教学模式实践操作指南. 太原：山西教育出版社.

② 魏本亚. 2011. 语文“学案”教学实验的教育学阐释. 课程·教材·教法，31（2）：46-50.

③ 马玉玺. 2010. 走进山西高中新课堂. 太原：山西人民出版社.

没有很好地提出学习要求和课堂组织、展示要求；教师挤占配套自习讲课，没有留给学生足够的自学时间。学案导学模式若想实施好，教师要给予学生空间、时间，放手让学生自己探索，教师只需要在适当的时间给予指导和帮助。山西新绛中学的学案是根据年级、学科、课题来安排学时单位的。对于高一、高二年级，一个学案是以一节课为单位的，而高三试行的项目学习是一种专题学习，用的是大学案。不同学科或不同课题的学案有两课时、四课时，甚至是一周等不同的安排，这种设计基于一种科学的认识，学案只是一种思想，不一定每个学案都有一套完整的形式。对于不同学科、不同内容，要区别对待。山西泽州一中的英语就取消了文字学案，经历了从“有案”到“无案”的变迁。山西新绛中学“学案课堂”的内涵为编好学案是前提，完成报告是基础，课堂展示是提升，自主学习是灵魂，综合提高是目的。它包括：学生三部曲（探究、展示、总结）、教师三部曲（组织、引导、反思）、四种课型（自主课、展示课、反思课、训练课）。[①]“学案课堂”的实施过程为：学生在教师编制的学案引导下，自主课就开始真正意义的学习，学生写出学习报告；展示课上，教师把表演舞台让给学生，并创设课堂情境，使学生充分展示自我。这种课堂模式下，教师的关注点由原来的学生个体转变为学习小组，教师认真验收学生的学习报告，并鼓励学生大胆质疑，充分调动学生主观能动性。学生在学案的引领下学习、做学习报告、去展示。课堂变成学生探究、展示的舞台，教师指导、点评、引导的场所，课堂不再是机械、枯燥的说教，而是师生真正的乐园。

2. 学案导学模式课堂实施中存在的问题

教师在情景研讨时缺乏切入点，造成两个极端：①事无巨细型，即学生不会的要讲，学生会的还要讲，形成学生继课堂教学之后的“二次负担”；②放任自流型，即整个课堂主要以学生的自主讨论、交流、探讨为主，而缺乏教师必要的及时的指导。[②]有研究者提出了教师虚设化，与上述放任自流型吻合，还提出了学案程式化[③]这一问题。有研究者指出，①学案：完成容易问题难；②合作：表面容易真实难；③展示：泛展容易探究难。[④]有研究者认为，①学生受到事先设计好的探究程序的束缚，而使得整个探究活动缺乏创新性和生成性；②

① 马玉玺. 2010. 走进山西高中新课堂. 太原：山西人民出版社.

② 唐筱玲. 2011.“学案教学法”存在的问题及应对的策略. 思想战线，(37)：390-392.

③ 张松元. 2011. 初中语文学案教学的问题与策略. 教学与管理，(4)：62-64.

④ 原林生. 2012.“自己选择的路，跪着也要走完”：“深水区”课改的难与惑. 中小学管理，(7)：18-19.

因学生缺乏自主探究的习惯和能力，在小组讨论中，时常出现要么一言不发，要么言不对题的现象，且教师缺乏必要的引导和点拨。③学案变成学生的练习册。[①] 学案教学模式课堂存在着自主度、自由度、个性化不足问题，以及学案共性化和学科个性化兼顾问题。[②] 学案教学课堂活动方式单一，阅读教学的立体对话过程简化为师生校对答案的过程；机械训练过多，工具性异化，人文性淡化，脱离了语文学科的本质属性。[③] 学案导学模式教学必须摒弃那种"预习课本做填空""复读教材知识点""指导学生做习题"的僵化程序的教学模式。[④] 有些教师使用学案导学模式时把学案当成习题篇，用学案代替课堂教学，造成课堂形式单一死板，学生进入题海战术，学习兴趣低落，学习能力无显著提高的现象。有些教师认为学案导学模式中的许多内容是安排学生自学的。因此，课堂上多数时间采取放羊式，该讲的不讲，让学生去死啃，重学生的学，轻教师的导，从而导致课堂效率低，并出现了一些知识漏洞，"生米做成了夹生饭"。[⑤] 有研究者提出，注重学生主体性≠取消教师的主导性；学案导学≠学案教学；学生活动时间多、课堂气氛热闹≠体现了学生的主体性。[⑥] 语文学习中有形式主义的合作探究、过多过滥的现代技术、华而不实的活动体验的现象。[⑦] 运用导学案要处理好学和导的关系，学和教的关系，点和面的关系。[⑧] 有研究者指出[⑨]：①一些教师为了追求实效，把学案导学模式课上成了练习课，学案成了练习的代名词。正确区别学习活动与练习成了学案教学实验的一个难题。②学案导学教学与常态教学之间的关系。学案导学作为一种学习方式，具有明显的教学效果。但是，它是否就是课堂教学的唯一形式，要求教师把每节课都上成学案导学课是否合适？如何认识学案导学教学范式成了一大难题。还有研究者指出，学案导学模式在中小学课堂教学实践中运用时，存在一些问题：①对学生而言，存在着困学难学、无学非学的现象；存在着强者越强、弱者越弱的现象；②对教师而言，存在着弱教少教、懒教惰教的现象。[⑩] 有研究者提出，使用学案教学模式会出现：

① 付海燕．2009. 关于学案教学的一点思考．山西师大学报（社会科学版）研究生专刊，(11)．
② 梁素清．2012. 破茧：课改攻坚中的"问题"与"问题解决"．中小学管理，(7)：15-17.
③ 袁爱国．2013. 深度学习：提升基于学案的阅读教学品质．教学与管理，(8)：49-51.
④ 谭瑞军．2013. 数学"导学案"教学的再思考．教学与管理，(1)：49-51.
⑤ 吴殿更．2009. 新课程背景下学案导学教学模式研究．当代教育科学，(18)：10-11，46.
⑥ 李国．2009. 语文课堂教学中的三个不等式．当代教育科学，(2)：60.
⑦ 邓木辉．2013. 真语文应摒弃的四种教学形式．语文建设，(7)：31-32.
⑧ 刘同萍．2010. 高中化学导学案的编写和运用．教学与管理，(5)：56-57.
⑨ 魏本亚．2011. 语文"学案"教学实验的教育学阐释．课程·教材·教法，31（2）：46-50.
⑩ 容中逵．2014. 学案导学的三重判读．课程·教材·教法，34（8）：92-97.

学案的价值取向“异化”；学生成绩两极分化；学案导学的“文案化”倾向。[①]

分析上述研究可看出，关于学案导学模式的课堂实施问题，从浅表层次来看：①教师主导性的把握，教师只关注形式上的热闹，却忽视了自己在教学中的指导作用；②学生主体性的把握，教师不够重视学生问题的生成，对学情的预设不足，无法真正让学生参与到课堂活动中；③教师欠缺对学科性质的把握。每个学科都有自己独特的学习方法，文、理科之间的差异更加明显，教师不能忽视学科性质，死板地根据学案导学模式推进教学而要重视学科差异，如文科重阅读背诵，理科重计算实践等。从更深层次来看，学案导学模式在长期固化使用后将限制师生成长。具体表现为[②]：①单调性。教师单方面设计学案，学案上的问题都是教师预设和生成，忽视学生学习需要和问题生成，学生成了新型学习方式下的新机械学习者，最严重的问题依然是忽视学生发现问题、生成问题和解决问题的能力。②封闭性。教师往往依自己喜欢的思维方式和行为习惯来设计学案模块，有的教师形成固定模块，如课前检查、自主学习、合作探究、当堂训练、课后作业等。时间一长，课堂变成了一个封闭的系统，新课程教学理念体现得极其有限，点到而已，收效甚微。③局限性。在以教师设计的封闭学案和教师主导的封闭课堂中，学习又成为一种新的被动学习。学生学习兴趣和热情受到抑制和影响，束缚和限制了学生日益生长的自主学习、合作学习、探究学习能力的提升。从教师角度来看，教师从讲授者变成了管理者、控制者和指导者，教学工作在固定模式中又成为新的机械劳动，在一定程度上，限制了教师专业成长。

四、研究反思

梳理“学案导学”模式理论和实践方面的研究，可以清楚地了解其研究现状和未来的研究方向，并继续深入开展研究。从获得的文献可看出“学案导学”无论是理论研究方面、还是学案的设计和使用等实施方面的研究都有涉及。理论研究方面较为薄弱，主要侧重于学案的概念体系的界定和解释，以及对学案教学价值的研究等。在实践研究方面，论文发表虽较多但研究深度不够，这可能与研究者采用的方法有关。多数研究者采用经验总结法，有的采用调查研究

① 关士伟，臧淑梅. 2005. 学案设计的理论研究. 教育探索，(8)：28-30.

② 韩立福. 2012. 论学案教学的利弊及改进建议. 教学与管理，(10)：7-8.

的方法，但多局限于问卷调查等，研究方法单一，研究缺乏深度，缺少对课堂教学的深入考察研究。我们应注意到，十多年来在“学案热”的推动下，越来越多的学校或地区借鉴学案导学模式，立足本土、立足本校的教学实际情况，进行了深入的教育综合改革试验，出现了各具特色的学案导学模式的变式，目前对这些试验的总结研究还较薄弱。21 世纪信息技术迅速发展并引发了教育的深刻变革。学案导学模式进一步发展将走向信息化和个性化。① 有些采用学案导学模式的先进学校，如山西灵石二中、新绛中学等，努力建设基于网络和课堂“双平台”的学生学习环境，创建服务于学生个性化学习的环境。课堂平台与网络平台相结合，可以实现学习的个别化、个性化，可以丰富学习资源，提高学习与交流的效率。网络平台可以成为学习导航发布与接收平台，学生自主学习、小组学习的资源平台，理科课程学生在线实验、制作平台，师生在线问答平台，学生在线交流平台，学生学习成果展示平台，教师教研平台等。基于网络的学习环境，有利于学生个性化学习。同时，实行导师制有利于学生个性化学习。近年来，随着翻转课堂的引入，在导学案的基础上，翻转课堂的教学视频作为一种教学材料，以学案作为学习的导航，创设问题情景，促使学生自主地选择教学视频，对新知识进行同化或顺应，形成新的认知结构。在时间和空间上对课堂进行重构，建立以网络信息技术为支撑以导学案为指导的视频平台，实现学生、教师和家长之间的有效互动，同时实现课堂与课外在时间和空间上的有效延伸和衔接。② 这是学案导学模式未来发展和研究的重要方向。今后应注重总结试验地区或学校的经验，并考察其推广价值，促进新课程改革的深化发展。

第四节　少教多学模式的案例研究——学教并重的五步新型课堂教学模式

课程改革如一缕春风吹醒了沉闷的旧课堂，学生渴望民主、平等、和谐的

① 马玉玺 . 2012.“问题导学”教学模式实践操作指南 . 太原：山西教育出版社 .

② 张旸，蒙泽察 . 2013.“导学案教学”与“翻转课堂”的价值、限度与共生 . 全球教育展望，(7)：10-17，94.

课堂氛围已是信息时代的发展趋势。而新型课堂模式呈现了学习的科学思维和人文过程，预设的师道尊严被动态生成的尊重生命冲击。尊重教育、以人为本、素质教育成了新时代教育的主旋律。农村中小学承载着基础教育的重任，因此，农村中小学的课堂教学改革尤为重要，农村学校课堂教学的质量直接影响着基础教育的质量。新时代的农村教师应积极投身新课程改革，创新自己的课堂，形成知识交流、生命对话、思维碰撞，智慧火花四射的开放课堂。

山西昔阳县地处山西东北部，以大寨艰苦奋斗的精神而闻名。昔阳县的基础教育课改走过了十多年风风雨雨的历程。在全县的新型课堂推进中，乐平一中就是一所典型的课改先进农村学校，它位于县城北端，处于城郊接合部，生源多为农村孩子。该校是六轨制单办初中，现有在校学生1200名，专任教师80多名，教师学历达标率100%。学校正在努力创建“高质量、有特色、创品牌”的标准化校园，极力打造县城名校。校长王海青提出德育治校、科研兴校的办学理念，提倡养成教育推动课堂模式的办学思路。校教研室主任陈志如老师，有30多年的教学经历，2003年被评为山西省骨干教师，2008年被评为山西晋中市学科带头人，他有9年的课改学习与实践经历，实验过问题探究教学模式。他结合学校实际，在人本主义教育理论、建构主义教育理论、有意义学习理论的基础上，确立了“问题导学”下的“探究性学习与有意义的接受性学习有机结合”的研究课题，实验创建了“情境—问题—探究—反思—提高”学教并重五步课堂教学新模式。该模式集中体现了少教多学的思想，重视学生自主学习、探究学习、合作学习能力的提高。

一、新型课堂教学模式的内容

“情境—问题—探究—反思—提高”的学教并重的五步式课堂教学模式，即创设情境—提出问题—探究问题—反思体验—提高拓展。此模式使学生初步体验到学习是一个充满着观察、实验、归纳、类比和猜测的探索过程。课堂由单纯传授知识的殿堂转变为学生主动从事学习活动，构建自己有效的学习理解的场所。教师由单纯的知识传递者转变为学生学习的组织者、引导者和合作者。让学生的兴趣在了解探究任务中产生；让学生的思考在分析真实中形成；让学生的理解在集体讨论中加深。此课堂教学模式体现了新课标“以人为本”的教育教学理念，符合“自主、合作、探究”的学习方式要求。它强调尊重学生的理解、张扬学生的个性，注重培养学生独立思考、独立阅读的能力，与新课改内容和要求相适应。实施该模式的好处有三：①有利于学生学会自主合作探究学习，提高学习能力，短时间内提高学业成绩；②有利于缩小全班学生的学习差异，大面积提高全班学业成绩，促进全体学生全面发展；③有利于教师学会学习、学会研究，感受成功教师的快乐和幸福，促进教师专业化成长。

二、新型课堂教学模式的实施环节

思路：创设情境，从生活中引入，提出问题，进入文本，通过探究，反思实践，提高拓展到生活中去。准备：学生课前依据教师预习要求，学生充分地自主学习和预习；教师设计教学方案，主要预设五步教学环节的内容，力求预设课堂生成的内容，根据教学目标设计调控方案。上课：学生根据教师情境创设，发现问题、提出问题；自主进入文本探究问题，小组合作、交流、探究问题，班内展示分享；反思提高总结、探索规律并延伸到课外生活；教师科学及时调控、点拨、释疑、拓展。模式的具体操作环节如下。

1）创设情境（3～5 分钟）。泛指一切作用于学习主体，并能引起学生产生一定情感反应的客观环境。在教学设计与实施过程中，要尽可能创设真实、完整的教学情境。

2）提出问题(2～3 分钟)。通过情境创设，适时提出本节课探究的主要问题。

3）探究问题（20～25 分钟）。提倡多样化的学习方式相互促进，注重探究式学习，面向全体学生并关照个别差异，探究中要辩证地处理学生自主与教师指导之间的关系，教师充分地倾听学生，珍视探究中学生独特的感受、体验和理解，强调学生之间的合作与交流，体验挫折与成功。

4）反思体验（8～10 分钟）。教师在师生教学互动过程之中或者过程之后，对其教学行为重新进行评估的过程。通过反思有利于学生进行深层次的建构，课堂教学中进行反思的目的就是课堂给学生以总结、探索、发现、发展的空间。

5）提高拓展（3～5 分钟）。教师基本完成教学任务，总结本堂教学目的、重点、难点等后，对本节课的教学要求作适度的提高，并提出更高要求的问题，引发学生深入思考，可谓“带着问题来，带着问题回”，把课堂延伸到课外，培养学生不断探索的科学精神。

三、对学生的学习评价

乐平一中的教师制定了《学生课堂表现评价量表》《新课堂教师常用语》，大大推进了新课堂教学模式的实施。《学生课堂表现评价量表》，操作主要通过自评、他评、师评进行，以平时上课表现印象，集中到每周周会进行。《新课堂教师常用语》张贴在各教研组并散发到每个实验教师，提倡教师使用新课堂教师常用语激励评价学生，通过这两项举措有效促进了学生上课的积极主动性。如表 1-1 所示，学生课堂表现评价由学生个人评价、同学评价、教师评价组成，分别从认真、积极、自信、与人合作、思维的条理性、思维的创造性六个方面考察评价学生，根据考察结果分为 A 级、B 级、C 级。对学生课堂表现情况的评价分为定性评价部分和定量评价部分，定量评价部分总分为 100 分，最后取值为教师评、同学评和自评分数按比例取均值；定性评价部分分为“我这样评价自己”“伙伴眼里的我”“老师的话”，都是针对被评者做概括性的描述和建议，以帮助被评学生的改进与提高。

表 1-1　学生课堂表现评价量表

项目	A 级	B 级	C 级	个人评价	同学评价	教师评价
认真	上课认真听讲，作业认真，参与讨论态度认真	上课能认真听讲，作业按时完成，有参与讨论	上课无心听讲，经常欠交作业，极少参与讨论			
积极	积极举手发言，积极参与讨论与交流，大量阅读课外读物	能举手发言，有参与讨论与交流，有阅读课外读物	很少举手，极少参与讨论与交流，没有阅读课外读物			
自信	大胆提出和别人不同的问题，大胆尝试并表达自己的想法	有提出自己的不同看法，并做出尝试	不敢提出和别人不同的问题，不敢尝试和表达自己的想法			
善于与人合作	善于与人合作，虚心听取别人的意见	能与人合作，能接受别人的意见	缺乏与人合作的精神，难以听进别人的意见			
思维的条理性	能有条理表达自己的意见，解决问题的过程清楚，做事有计划	能表达自己的意见，有解决问题的能力，但条理性差些	不能准确表达自己的意思，做事缺乏计划性、条理性，不能独立解决问题			
思维的创造性	具有创造性思维，能用不同的方法解决问题，独立思考	能用老师提供的方法解决问题，有一定的思考能力和创造性	思考能力差，缺乏创造性，不能独立解决问题			

续表

项目	A级	B级	C级	个人评价	同学评价	教师评价
我这样评价自己：						
伙伴眼里的我：						
老师的话：						

四、新型课堂教学模式的实施成效

自“情境—问题—探究—反思—提高”学教并重五步课堂教学模式确立，并在乐平一中实施以来，该校教学质量稳步提升。尽管乐平一中因乡下几所中学撤并到该校的学生底子薄、成绩差，使教学质量提升遇到了冲击，但全校多数教师坚持采用新型课堂教学模式进行课堂教学改革。在大家的辛勤努力下，学校总体成绩并未受到较大影响，仍位居全县前列。一些撤并回来的学生，在中考中也取得了优异的成绩。从教师方面来看，乐平一中两位数学教师参加山西省晋中市青年教师课堂大赛，采用乐平一中的课堂模式参赛皆获得了市级一等奖，而且其中一位教师参加了省青年教师课堂大赛，获得了省级一等奖。当然，该校部分老师还处在转型发展阶段，依然难于摆脱标准化答案讲授，同时不自觉地限制了学生开放的思维。但变化正悄然而来，“春眠已觉晓”。行动源于思想，思想指导行动。实在不知“夜来风雨声”多大，但“处处闻啼”的花开花落正是孕育生命的艰难过程。

第五节　合作学习理论与实践研究的回顾与反思

合作学习是新课程改革所倡导的重要学习方式，《国家中长期教育改革和发展规划纲要（2010—2020年）》中指出："注重学思结合，倡导启发式、探究式、讨论式、参与式教学，帮助学生学会学习。"[①] 2001年，教育部印发的《基础教育课程改革纲要（试行）》中指出："倡导学生主动参与、乐于探究、勤于动手，培养学生搜集和处理信息的能力、获取新知识的能力、分析和解决问题的能力以及交流与合作的能力。"[②] 合作学习在活跃课堂气氛，发挥学生的主体性，培养和提高学生的合作交流能力，建立良好的师生关系等方面具有重要作用。在查阅资料的基础上，梳理分析了合作学习的内涵、合作学习实践中存在的问题及策略探讨等方面的研究，进而探寻合作学习的未来研究方向，为中小学教师合作学习教学实践提供参考和借鉴。

一、合作学习内涵研究

20世纪80年代末，合作学习作为一种富有成效的教学理论和策略体系被介绍到我国，20世纪90年代，一些学校开始采用。在基础教育课改启动之后，合作学习逐渐成为中小学教师在教学实践工作中广泛采用的教学方式之一。合作学习的内涵有几种不同的认识，可以归类为"形式说""方法说""策略说"和"管理说"四种类型。[③] "形式说"将合作学习看作是一种教学组织形式，它要求学生在由2～6人组成的异质小组中从事学习活动，共同完成教师分配的任务；[④]"方法说"认为合作学习是一系列促进学生学习的教学方法；[⑤] "策略说"认为"合作学习是极富创意与实效的教学理论与策略体系"；[⑥] "管理说"将合作学习上升为一种管理理念，认为"今天的学校需要采用以团队为基础的高绩效组织结构，具有该组织结构的学校称为'合作型学校'"[⑦]，其中包括学生之间、教师之间、师生之间、教师与学校行政人员、学校与家庭和社区、一般教育与特殊教育的全面合作。[⑧]

笔者从教学和学习两个视角上分析合作学习。从学习视角上看，美国学者

---

① 教育部．2010-7-30. 国家中长期教育改革和发展规划纲要（2010—2020年）．人民日报，（第13版）．

② 教育部．2001. 基础教育课程改革纲要（试行）．人民教育，（9）：6-8.

③ 刘吉林．2009. 从外显趋于内蕴——我国合作学习研究20年的回顾与反思．教育理论与实践，（16）：50-53.

④ 王坦．2002. 合作学习的理念与实施．北京：中国人事出版社：5.

⑤ S. 沙伦，王坦，高艳．1996. 合作学习论．山东教育科研．（5）：59-61.

⑥ 王坦．2002. 论合作学习的基本理念．教育研究，（2）：68-72.

⑦ 戴维·W. 约翰逊，罗杰·T. 约翰逊．2003. 领导合作型学校．唐宗清等译，上海：上海教育出版社：4.

⑧ 盛群力．1992. 小组互助合作学习革新评述．外国教育资料，（2）：1-7.

莱特和以色列学者梅瓦里克认为，合作学习是学生为达到一个共同目标在小组中共同学习的环境。[①] 从教学视角上看，合作学习既是一种教学模式，又是一种教学理念，是以异质小组为主，通过学生小组内自主、合作、探究的学习，共同实现学习目标，以小组的总成绩为奖励依据，促进学生全面发展的学习创新体系，合作学习小组为学习共同体。[②] 王鉴教授将合作学习分为三种类型：同伴之间的互助合作学习、小组合作学习、全员性的合作学习。小组合作学习是其中最基本、最有效的学习方式，他认为合作学习的实质为“积极互赖”和“个体责任”。[③] 有学者认为应将合作学习上升为一种价值观，注重的是学生合作品质的培养、合作精神的养成。真正的合作意味着彼此接纳欣赏、互相取长补短和共同携手进步，这是合作的本质，也是合作的最高境界；合作不只是师生交往，还是一种资源共享。[④]“合作学习不仅仅是技能更是态度，合作本质是一种文化”。[⑤]

二、合作学习实践问题的研究

作为重要的学习方式，合作学习在中小学被广泛采用，但是其效果不尽如人意。从合作学习氛围的创设，到合作学习问题的设计、合作小组的建立、小组成员个体与集体作用的发挥、教师指导和调控作用的发挥、合作学习的评价等方面都需要关注和研究。

（一）从教师的角度看存在的问题

1. 在合作学习过程中，有些教师具有盲目性

教师过多地关注合作学习的外在形式与基本程序，很少考虑学科特点、教学内容与学生基础等因素。[⑥] 教师对合作学习的内涵本质缺乏认识将合作学习应

---

① 转引自：丁敏. 2010. 小组合作学习的有效实施. 现代教育科学，（6）：72-73.

② 韩立福. 2009. 小组合作学习概念重构及其有效策略. 教学与管理，（10）：3-5.

③ 王鉴. 2004. 合作学习的形式、实质与问题反思——关于合作学习的课堂志研究. 课程·教材·教法，（8）：30-36.

④ 马兰. 2004. 合作学习的价值内涵. 课程·教材·教法，（4）：14-17.

⑤ 刘吉林. 2009. 从外显趋于内蕴——我国合作学习研究 20 年的回顾与反思. 教育理论与实践，（16）：50-53.

⑥ 蒋波. 2011. 合作学习低效性的多维因素分析. 教育学术月刊，（8）：98-99.

用到各种教学情境中，导致合作学习泛化；[1] 有些教师只重视合作学习的形式而忽视合作学习的方法，合作学习的方法需要教师在日常教学中培养。[2] 有些教师教学观念比较陈旧，表面上建构了小组合作的形式，依然采用一对多的提问方式与学生进行单向交流和对话，忽视小组的存在。[3] 有些教师对合作学习适用范围界定不清，合作学习有其适用的条件，并不是每种合作学习策略均适合于所有学科的学习任务。[4]

2. 教师在合作学习过程中角色定位错误、指导不到位

学生开始合作学习后，教师游离于合作学习之外，去做别的事情，[5] 对学生的合作学习缺乏及时有效的指导，仅仅针对特别明显的问题或个别小组进行指导。这样会降低合作学习的效率，造成合作学习目标的异化。[6]"还有一些教师对小组合作学习调控过多，忽视对小组团队的建设和自控能力的培养"。[7]

（二）从学生的角度看存在的问题

学生不清楚何谓合作、为何合作、如何合作，因而其合作也普遍缺乏内在动力。[8] 在合作学习过程中，常常会看到有些学生很积极，在小组中担任更多的工作，几乎成为整个小组的主角，而有的学生偶尔随声附和，或一言不发，或趁机打闹嬉戏，成为"不合作者"；[9] 这些"弱势群体"，不能正确地对自己进行定位，淡化自身在小组内的价值，游离于小组合作的边缘；[6] 讨论时不动脑筋，互动时游离于团队目标，或借机说闲话；汇报时随声附和、前言不搭后语。[10]

---

① 陈龙翔，张伟平 . 2014. 透视当前中小学的合作学习：异化与超越 . 教育理论与实践，(26)：6-8.

② 王鉴 . 2004. 合作学习的形式、实质与问题反思——关于合作学习的课堂志研究 . 课程 · 教材 · 教法，(8)：30-36.

③ 韩立福 . 2009. 小组合作学习概念重构及其有效策略 . 教学与管理，(10)：3-5.

④ 王凯 . 2003. 论合作学习的局限性 . 河北师范大学学报（教育科学版），(6)：100-103.

⑤ 曾妮，田晓红 . 2014. 国内课堂合作学习研究文献综述 . 教学与管理，(6)：20-24.

⑥ 郭学锐 . 2012. 对课堂小组合作学习中弱势群体现象的审视 . 现代中小学教育，(3)：19-22.

⑦ 顾长明 . 2011. 小学科学合作学习的困境与消解 . 教学与管理，(17)：39-40.

⑧ 蒋波，谭顶良 . 2011. 论合作学习理论的困惑 . 教育学刊，(11)：9-11.

⑨ 程永超 . 2009. 合作学习中的"不合作" . 教学与管理，(29)：20-21.

⑩ 李叶峰 . 2013. 小组合作学习中的"边缘人"现象探析 . 当代教育科学，(16)：29-31.

（三）合作学习运行机制存在的问题

1. 小组实力不均及小组内分工不均

合作学习分组比较随意，往往按照前后桌关系或学生自由组合的方式分组，这样分组导致小组实力不均。[①] 分组中存在着小组规模过大的问题，一些学者发现 6 ～ 8 人的小组，学生的参与度并不高。[②] 合作学习过程中还存在着小组内分工不明确的问题。教师提出问题后，让学生自由组合，也没有明确分工，学生直接开始合作学习。[③] 教师在分配学习任务时，重视个体，忽视群体，教师在小组反馈时，机会总是留给善于表达的学生，而思维慢、不善于表达的学生显然成为弱势群体。[④]

2. 合作学习的问题设计不恰当

问题太假，有些教师把没有思考价值的简单问题交给学生讨论；问题太大，教师经常交给学生一些笼统的问题，问题没有明确的指向性；问题太空，教师让学生讨论的问题脱离学生的生活实际；问题内容设计缺乏层次性和开放性。“教师提供的学习内容是趋向封闭性的，学生讨论的结果不是生成多元化的理解，而是接近所谓标准答案，一旦找到答案，也就失去了进一步合作的意义”。[⑤]

3. 合作学习缺乏合理的评价体系

①小组评价不到位，教师在评价过程中只稍加点评，不做深入指点。[⑥] ②偏重终结性评价，忽视过程评价，评价方式单一化。有些教师只根据最后的报告来评分，忽略学生的讨论过程和学习者之间的差异，挫伤了学生的积极性，不利于合作学习有效进行，不利于学生的全面发展。[⑦] ③过于偏重学生个体评价，

---

① 程永超 . 2009. 合作学习中的“不合作”. 教学与管理，(29)：20-21.

② 张素兰，李景龙 . 2009. 突破课堂合作学习四大瓶颈 . 中国教育学刊，(8)：66-68.

③ 陈建华 . 2011. 试论“合作学习的有效组织”. 教学与管理，(8)：19-20.

④ 陈惠芳 . 2012. 基于生态课堂的小组合作学习的意义、问题与对策 . 上海教育科研，(3)：70-72.

⑤ 李叶峰 . 2013. 小组合作学习中的“边缘人”现象探析 . 当代教育科学，(16)：29-31.

⑥ 韩永丽 . 2012. 合作学习在我国教学运用中的问题及对策研究 . 内蒙古师范大学学报(教育科学版)，(4)：79-81.

⑦ 李佳 . 2012. 合作学习在初级 EFL 学习中的问题及对策 . 西南民族大学学报（人文社会科学版），(S1)：269-272.

而忽视了小组整体评价，滋生个人骄傲情绪、英雄主义，小组内出现两极分化。①

三、合作学习的策略研究

（一）营造良好的合作学习环境

良好的环境是进行合作学习的重要前提条件，可以更好地激发学生的学习热情，提高学习效率。加强理论研究者与教学实践者、学校领导与教师、教师与教师、教师与学生家长之间的合作交流，为合作学习创造良好的外部环境。在实施课堂合作学习时，教师要为合作学习创设民主、和谐、宽松、自由的学习氛围，维持学生的参与热情，采用多种方式鼓励学生积极参与，使学生既团结友爱，又公平竞争。② 合作学习必须是学生经过充分的自主学习以后进行，合作学习必须有与自己水平相当的成员；合作学习的主题可以是个体存在的疑难问题，也可以是多元思维的问题。经过自主学习后，学生应该首先在层次相当的同学间进行初步合作探究，然后在组内不同层次的学生间进行帮扶，最后小组内无法解决的问题则到全班，通过学优生探究以及教师的引导，最终突破疑难问题。③ 学生进行合作学习时，教师应参与其中，及时了解并调控各小组的学习进程，为学生的合作学习提供必要的指导和帮助。

（二）合理分组，明确小组目标

科学合理的分组是小组合作的前提。首先要确定小组的规模，一般为 2 ～ 6 人；其次，教师要按照“同组异质、异组同质”的原则划分小组；④ 再次，教师要确定小组长，一般选择较有能力的学生，然后根据“组长—组员”的双向选择机制确定小组成员；⑤ 最后，进行小组成员角色定位，教师要使学生明确应承担的责任，使每个学生都能对自己的学习负责，并履行相应的职责。⑥ 小组形成

① 张莉 . 2013. 课堂中合作学习的误区 . 当代教育科学，（7）：18-19.
② 陈建华 . 2011. 试论“合作学习的有效组织”. 教学与管理，（8）：19-20.
③ 马玉玺 .2012.“问题导学”教学模式实践操作指南 . 太原：山西教育出版社：65-69.
④ 马玉玺 . 2013. 学案教学实践研究 . 太原：山西教育出版社：129.
⑤ 苏芮 . 2015. 小组合作学习中常见的八大心理效应 . 教学与管理，（1）：118-120.
⑥ 蒋波 . 2009. 谈合作学习小组的组建 . 教学与管理，（35）：17-20.

后教师还必须对学生进行小组技能的教学。[①] 学习小组形成后并不是不可变的，教师要适时地进行调整，可通过构建“小组制度”来加强小组的内聚力。[②] 在合作学习中，教师要使学生明确奖励评价是根据小组的集体成绩，小组成员之间是荣辱与共的关系，个体都要为同伴的学习负责，要想获取小组成功，必须互帮互助。[③] 对有害羞、不自信、性格孤僻、不善于交流、自我管理能力差、缺乏合作意识、学习信心不足等表现的学生，教师要关心和帮助他们，以激励性小组评价为主，不断给这些学生锻炼的机会，通过实践来改变他们。[①]

（三）选择恰当学习时机，合理设计学习任务

合作学习旨在通过小组活动，解决个体无法解决的疑难，因此，个体能够通过独立学习解决的问题就不必小组讨论。[④] 合作学习中的有利时机包括：依靠个人力量不能解决某个问题时，同一问题出现不同解法时，问题解决后，需要延伸拓展时。[⑤] 就开展小组合作学习的具体时间而言，“上课 20 分钟后的低沉期是小组合作学习的最佳时间”[⑥]。教师设计的学习任务应该包括个人独立完成与小组共同完成的部分，个体任务必须具有独特性，组员之间不能互相替代。只有在个体有困难时，才相互给予支持和帮助；小组内分工要明确，各司其职，个体独立接受考核，每个组员都有被抽选为小组发言人的可能；[⑦] 此外，必须保证学习任务与学生的生活实际相结合；应符合学生的最近发展区，既能激发学生的学习动机，又能增强自信心；学习任务要具有层次性和开放性。[⑧]“教师要保护和尊重学生的奇思妙想，善于把握、提炼、重组和调控学生合作交流中的生成性资源，提高课堂教学的有效性”。[⑨] 合作探究问题的来源：从课堂、教材的学习中提出问题；社会生活中迫切需要解决的问题；从日常事例中提出问题；通过类比借鉴的方式、以逆向思维的方式，或从别人的探究中提出质疑作为问题。

① 马玉玺 . 2012.“问题导学”教学模式实践操作指南 . 太原：山西教育出版社：71.
② 马玉玺 . 2013. 学案教学实践研究 . 太原：山西教育出版社：130.
③ 蒋波 . 2009. 谈合作学习小组的组建 . 教学与管理，(35)：17-20.
④ 余文森 . 2004. 论自主、合作、探究学习 . 教育研究，(11)：27-30.
⑤ 许多，孙荣丽 . 2014.“合作学习”切入点的恰当选择 . 现代中小学教育，(4)：123.
⑥ 郭要红 . 2009. 有效合作学习的学习任务设计策略 . 教育理论与实践，(23)：53-54.
⑦ 苏芮 . 2015. 小组合作学习中常见的八大心理效应 . 教学与管理，(1)：118-120.
⑧ 郭要红 . 2009. 有效合作学习的学习任务设计策略 . 教育理论与实践，(23)：53-54.
⑨ 马玉玺 . 2013. 学案教学实践研究 . 太原：山西教育出版社：132.

但是问题的难度太大，问题不能太广，不能让学生感到一片迷茫而引不起学生“究”的兴趣。[①]

（四）培养学生合作探究技能

教师要转变观念，明确组织者、参与者、帮助者、指导者和评价者的角色，在理论学习的基础上，掌握指导合作学习的技能。[②]教师应走入学生，加强师生、生生之间的互动，应放手于学生，让学生自主交流合作，而不是包办代替。[③]培养学生恰当的合作学习方法[④]：使学生学会倾听别人的意见，分析自己与他人意见的异同，找到发言的切入点，发言有理有据；敢于对他人的观点进行质疑反驳，敢于提出不同的意见和看法，学会以恰当的方式表达自己的观点，学会更正、补充观点；学会协作，以开放的心态学习，学会分享，学会博采众长。

（五）建立科学合理的评价机制

建立科学合理的评价机制要做到：①合作学习过程评价与结果评价相结合，偏重于过程评价，具体包括：学生个体在合作学习中的积极性与主动性，时间精力投入情况与情绪表现，与各组员间的配合与依赖程度，对小组的归属感，个人职责完成情况等自我表现。[⑤]②整体评价与个人评价相结合，偏重于整体评价，具体包括：小组合作活动的秩序、各组员的参与情况、活动结果的汇报情况、对其他组不同意见的修正补充。[①]③兼顾导向性和激励性评价。在评价前教师要给出具体要求和导向性指导，使学生的讨论有明确的目标和方向，多鼓励合作意识淡薄、角色不到位，或学习能力不强、合作精神不够的学生积极参与，以避免参与度不均衡。[⑥]④评价内容要多元化，要包括合作学习中的知识目标、能力目标和情感目标。[⑤]⑤评价主体的多样化，教师和学生都可以作为评价的主体。从教师方面来看，合作学习的有效性取决于教师设计的探究问题有没有价值，

---

① 马玉玺.2012.“问题导学”教学模式实践操作指南.太原：山西教育出版社：67-68.
② 马玉玺.2012.“问题导学”教学模式实践操作指南.太原：山西教育出版社：73.
③ 顾长明.2011.小学科学合作学习的困境与消解.教学与管理，（17）：39-40.
④ 杨二兵.2012.学生合作学习中存在的问题及改进对策.教育理论与实践，（20）：63-64.
⑤ 赵永彬，曹金梅.2009.合作学习中的评价.中国成人教育，（16）：99.
⑥ 朱丹.2013.合作学习模式的理论视域及其教学实践.中国成人教育，（1）：134-136.

能不能激发学生合作探究的欲望；取决于教师主导作用的发挥。在合作学习中，教师应深入各小组了解学情，及时发现问题并做好调控。从学生方面来看，合作学习的有效性取决于组内科学、合理、明确的分工，例如，学案下发、知识展演、记录发言等都由不同的学生承担。合作学习的有效性取决于小组内每位成员能否真正地参与合作学习，要做到这一点，关键是学生在自主学习阶段能独立思考。

四、对合作学习研究的反思与展望

合作学习是课堂上常用的一种教学形式。从合作学习内涵的研究可看出，在教学中合作学习更多的是作为一种教学方法、教学策略和学习方法来使用。将合作学习引入课堂，改变了教师“满堂灌”、课堂气氛沉闷的状况，促进了师生互动，充分发挥了学生的主体性，提高了学生的合作交流能力。合作学习是一种价值观，合作不仅是学习方式，也是生活方式。“合作学习不仅仅是技能更是态度，合作本质是一种文化，要培养合作型人格，兼容并蓄、宽容大度，能正视自己的缺点，也能接受别人的意见，尊重他人的成果。”① 因此，在教学过程中，教师不能仅仅将合作学习视为一种方法策略，而应将其作为一种理念、价值观教给学生。

（一）研究方法角度

从研究方法的角度可发现，合作学习的实践研究多是中小学教师在实践中发现问题和来自实践的经验总结，这类研究普遍缺乏科学、规范的研究方法。因此，迫切需要教科研工作者指导中小学教师，立足各学科教学实践开展合作学习的规范研究，从而丰富合作学习的本土化理论。

（二）研究内容角度

从合作学习问题的探讨可看出，研究一般集中于课堂中具体的合作学习问题，问题探讨的视角从作为合作学习组织者、指导者的教师，到作为合作学习

① 余文森．2004．论自主、合作、探究学习．教育研究，（11）：27-30.

主体的学生，再到合作学习运行机制中存在的种种问题都有涉及。对合作学习实践中的问题，教师要注重从思想根源上寻求导致问题的原因，需要在实践研究的基础上，加强合作学习理论的学习，转变自身观念，不断提高指导学生合作学习的能力，更有效地开展合作学习的教学实践。从合作学习策略探讨可看出，要开展有效的合作学习，教师组织、指导、调控合作学习的能力要进一步提高。因此，应加强对教师组织、指导、调控合作学习能力的培训与研究。

从研究内容的角度，可发现结合具体学科教学的合作学习研究还是比较缺乏，而且对近年来得到广泛推广与应用的“以学为中心的”教学模式实施中的重要环节——合作学习的研究较少，这个环节的实施效果很大程度上决定了整个模式的实施效果。因此，它在一定程度上影响着课堂教学的效率。此外，对教师组织合作学习、指导合作学习、调控合作学习、评价合作学习等几方面的研究不够深入和细致。从学生方面来看，关于合作小组如何全员参与且充分深度参与其中，从而使合作学习真正有效的研究也比较欠缺。今后，应充分重视合作学习——这一富有成效的教学方式和教学策略在教学实践中的作用和意义，加强以上具体方面的研究，为广大中小学教师的合作学习教学实践提供指导和帮助，从而进一步提高课堂教学效率。

第二章

信息化背景下的少教多学模式

本章主要研究信息化背景下的少教多学模式，包括：信息技术与学案教学模式的整合研究；基于“双平台”的学案导学模式；“双平台”问题导学模式课堂教学文化研究；少教多学模式的新类型——翻转课堂教学模式研究；少教多学模式的新类型——基于电子书包的教学模式研究。其中，以课堂教学改革先进学校为例，研究了传统学案教学模式的实施环节、实施中存在的问题；现代信息技术条件下学案教学模式的新发展，特别是云教学平台下学案教学模式的实施环节及优势。教学文化是教学的灵魂所在，包括教学的理念与价值诉求。基于“双平台”的问题导学模式的教学文化主要体现为创生型课改文化、主体性教学文化、开放性信息技术文化。它表现于“双平台”独特的教学物质、教学制度与教学行为文化层面。

第一节　信息技术与学案教学模式整合研究

《国家中长期教育改革和发展规划纲要（2010—2020年）》指出，教育应以学生为主体，以教师为主导，充分发挥学生的主动性，把促进学生成长成才作为学校一切工作的出发点和落脚点。伴随着基础教育课程改革的全面开展，中小学课堂教学改革逐步深入。改变课堂教学的低效现象，提高课堂教学质量，成为各级各类学校教学改革的出发点和终极目标。洋思中学、杜郎口中学、东庐中学的教学改革实践影响较大，均体现了“先学后教”“少教多学”的思想，较大幅度地提高了课堂教学质量。在学习这三所学校经验的基础上，结合各地区和各校的实际，学案教学模式逐渐推广开来，并成为主流的教学模式。学案教学模式的核心目标是提高课堂教学质量，该模式的实施改变了教师的教学行为，改变了学生的学习方式，体现了“以人为本”的思想，建构了“以学为本”的课堂，践行了“以学定教，少教多学”的思想，学生的自主、合作、探究学习方式得到落实，一定程度上提高了课堂教学效率。从“教学”走向“学教”，学案教学模式洋溢着丰富的人性，体现了重视学生发展的指导思想，强调学生要主动学习，重视学习探究的过程，使学生在此过程中学会方法、培养能力、形成良好的情感态度价值观，这对于培养创新型人才具有重要价值。[①]

一、传统学案教学模式的实施与问题

学案是教师在课程标准指导下，在充分了解学情的基础上，通过集体备课而形成的学生学习的指导方案。它使学生清晰地了解学习内容、学习方法、学

① 林良富．2012．学教模式的理论与实践．课程·教材·教法，(4)：32-36.

习目标。因此，学案成为沟通教与学、学生与教材的桥梁。山西灵石二中是山西省课堂教学改革的先进学校之一，是较早开始教学改革实验的学校。从2003年，该校就开始了课堂教学改革的实践研究，实施学案教学模式，经过了十余年的探索实践，积累了丰富的经验。灵石二中四环节学案教学模式是以学案为载体，以“自主学习 — 小组学习 — 展示反馈 — 拓展提升”四环节为支撑的开放、民主的课堂教学模式。

（一）传统学案教学模式的实施环节

1. 学案引领下的自主学习

学生依据学案的学习要求，阅读教材，完成学案提出的学习任务。学案是引导，教材是学习的蓝本。在学生自主学习的过程中，教师巡回了解并及时调控学习活动，及时发现预设的教学与实际教学的差距，为小组合作学习与教师点拨评价环节做准备。

2. 教师指导下的小组合作学习

学习的困惑，以及学习检测中暴露的问题，都会使学生产生强烈的解决问题的欲望，教师组织学生小组合作学习，共同解决问题。同时，教师及时了解学情指导点拨，将自主学习和合作学习引向深入。

3. 展示反馈，张扬个性

此环节展示是手段，训练是主线，反馈落实是目的。学生自主学习、合作学习的效果如何？可采用多种展示方式进行反馈，如回答问题、表演、实验、板演等。小组问题可在小组内展示，共性问题则在全班展示。

4. 评价点拨，拓展深化

展示反馈的结果通过评价点拨落实，评价和点拨穿插着进行。教师一方面甄别对错，及时发现代表性问题及学生思维的亮点，对于生成性问题、共性问题及时点拨讲解，激励引导，并进行适度延伸，为下节课的学习埋下伏笔。

（二）传统学案教学模式实施中存在的问题

1. 教师方面

教师缺少统一的学案共享协作备课平台，纸质学案不方便协作共享维护和及时更新；教学资源形式单一，多是书本和纸质学案资源，黑白文字图片，缺少形象生动的教学形式，无法共享动画、视频、语音、彩色图、网页等丰富的教学资源；学生自学的收获、困惑、自学检测等情况只能隔日收集，老师很难在课前了解学生自学的整体效果，需要占用部分课堂教学时间来了解学生自学效果。缺少快捷地发现学生共性问题的方法，容易忽视个别学生的疑难处，导致课堂讲解针对性不够强等问题。

2. 学生方面

自学过程中遇有问题和难点时，学生没有较方便、快捷的途径及时获得老师或其他小组同学的帮助，无法判断自学检测效果；小组学习只能在课堂中进行，无法在课外进行；课堂学习过程中，自学存在的问题或困惑没有机会充分表达，老师讲解不能解决每个学生学习的疑问。

3. 教学管理方面

教学管理存在以下问题：无法动态积累学案资源，无法及时全面地了解教师备课质量和备课情况，没有很好的途径记录和掌握教学互动的情况及效果，只能采取现场听课和抽查的方式进行。信息技术设备利用率低，应用较少。

学案的质量是由学科组教师集体的知识水平、分析教材和驾驭教材的能力、教学研究能力等因素决定的。一份共同的学案面向不同层次、不同学习需求的学生。学生个性化的学习需求远不能得到满足，课堂出现“陪课”现象。[①] 如何解决学情个性化与学案共性化的深层矛盾？如何增强学生学习的自主度、自由度与个性化？如何进一步拓展学生自主学习的宽度与深度？如何实现优质资源共建共享？如何实现师生之间和生生之间最便捷、有效的互动？如何进一步提高课堂教学效率？实践证明，借助于信息技术，将学案教学模式与信息技术有效整合，是有益的探索。

信息技术深刻影响着教育方法与手段、教育模式及教育的未来发展，教育

① 梁素清. 2012. 破茧：课改攻坚战中的“问题”与“问题解决”. 中小学管理，(7)：15-17.

发展必须适应信息化时代的特征。教育信息化是衡量一个国家和地区教育发展水平的重要标志，教育部曾出台文件，要以建设好“三通两平台”为抓手，“三通”即宽带网络校校通、优质资源班班通、网络学习空间人人通；“两平台”即建设教育资源平台和教育管理公共服务平台。其目的在于通过教育信息化推动教育现代化。在传统的“以教师为中心”的教育思想影响下，信息技术更多的是为教师的教服务，相关设备和资源的利用率较低。在“主导－主体相结合”教育理念下，一些学校和教师开始重视以计算机及网络为核心的信息技术作为学生自主学习与合作交流的认知工具的重要作用。因此，一些课堂教学改革的先进学校充分利用教育信息化条件，转变教与学的方式，进行信息技术与课堂教学模式的整合研究与实践，旨在不断提高教育教学质量。在山西省内，灵石二中是较早开始这方面探索和实践的学校之一。

二、现代信息技术条件下，学案教学模式的新发展

山西一些课改先进学校进行了基于网络与课堂“双平台”的学案教学模式的实践研究，建立了“双平台”实验室，为每个学习小组（4 人组成）配备电脑，试行“组组通”模式。每天下午安排两节自习，用于学生在网络环境下的自主学习。在学习交流平台上教师提供学习资源与寻找资源的网址等，学生根据自己的学习需要和兴趣，进行个性化的学习，学生自学的宽度和深度得以拓展。学生可将学习的收获和困惑与大家共享，开阔了视野，激活了思维。笔记本与白板的互动展示，很大程度上提高了展示反馈的效率。经过了约三年时间的“组组通”学案教学模式的探索实践，灵石二中于 2013 年引入教学邦云教学平台，开始了“人人通”学案教学模式的实践研究。

在先进的云平台架构，学校不用投入任何软件、硬件设备，不需要安装任何插件，不依赖任何终端和运营商，只要有浏览器能上网，师生即可完成在线备课、上课。它具有以下优点：①没有时间、空间、容量、用户并发数使用限制，能够毫无限制地实现班班通、组组通、人人通、家校通。②真正实现了教育部要求的“三通两平台”。云教学平台具有非常灵活易用的教学管理功能，无论是共享备课，自主学习，互动教学，批改作业，100% 题型电子化，可进行成绩统计记录，并有强大的在线编辑工具，权限控制机制等功能。③能够为精品课资源积累提供无限的存储空间，无论教师走到那里资源都如影随行，为后续教师

二次备课，学生复习提供了永久的知识库。

（一）云平台下学案教学模式的实施环节

1. 网络环境下的自主学习

网络环境下的自主学习包括：①学案引领下的自主学习：教师将学案等上传（学生自主学习需要的资料和微课），学生根据自主学习的要求进行自主学习，在此过程中，可查阅教师备好的资料（包括文字、图片或音像），也可随时反复观看教师录制的微课。②网络环境下的自学检测：自主探究之后，学生在网上做客观题，提交后网络自动阅卷，学生即可明白对错，主观题既可以做在卷面上拍照后上传，也可以直接在网上做。教师可在第一时间了解学生的作业情况。③自学收获和问题归纳如下：通过自主学习、自学检测，把收获和不懂的问题上传，教师能及时了解学生的自学情况，为后续教学服务。

2. 没有时空限制的小组学习

小组可以共享自学收获，共同解决问题。自主学习后，小组可以在网络上共享本组和其他小组的自学收获，通过研究转换为自己的收获；也可以解决本组和其他小组的问题，使收获量更多，发现问题的面更大。交流互动，没有时空限制。云平台下小组学习没有时空限制，没有班级限制，课前老师抛出的讨论话题，课上意犹未尽的话题，学生在课下、在家都可以通过发帖，继续讨论解决，真正实现了无界课堂。[①]

3. 直观便捷的展示反馈

反馈可以包括：①收获与问题展示：学生通过 PPT，电子实验、几何画板、互动平台、板展等多种形式展示收获与困惑。小组解决不了的问题全班合作，寻求解决问题的办法，学生在辩论中不断进步。②题型展示：学生通过板展、实物投影、电脑发送答案或将作业拍照后直接上传等方式向全班展示自己的思维过程与学习成果，思维碰撞产生火花，形成规律，掌握新知。

---

① 任建登 . 2015.“人人通”助力学案教学升级版 . 山西电教，(5)：21-22.

4. 快捷准确的评价点拨

网络自动阅卷，客观题学生当堂提交，网络自动及时准确阅卷，既节省了时间，又能准确地对学生进行评估，通过统计图教师能及时了解学生掌握的情况，方便教师因材施教。

（二）云平台下学案教学模式的优势

云平台下学案教学模式充分实现了学生学习的自主性。学生可根据自己的学习需要，看教师准备的各种资料（包括文字资料和影像资料等）；也可观看教师录制的微课；还可上网查找学习资料。不同学习基础的学生在学习上有了很大的自主度和自由度；师生交流更加便捷。学生在线测试，上传学习小结；教师在家就可了解学生的学习情况，及时解决学生的问题，分享学生的收获，并可根据学情再进行备课。学生之间合作交流学习，解决学习疑难；给每个学生提供了充分展示的舞台。学生可将课本学到的、网络获取的知识采用不同的方式展示出来；学习可随时随处进行。云平台下小组学习没有时空限制和班级限制，课堂上没有解决的问题，学生课下可通过发帖，继续讨论，也可回家反复观看微课资料①，通过交流和自主学习解决；真正实现了资源共享。通过云平台，小组之间可交流个人收获和个性问题；还可分享其他小组的收获；并且可将学生的学习过程刻录下来①，将教师的教学资源保存下来，为学案的不断完善、为学生的发展积累资料。基于云平台的学案教学模式的实施对教师和学生的信息素养提出更高的要求，师生的信息素养在潜移默化中得到增强，学生处理与应用数字化信息的能力不断增强，为适应信息化社会生活打下了坚实的基础。

三、对信息技术与教学模式整合的反思

信息化是当前世界发展的大趋势，以多媒体和网络技术为核心的信息技术，已成为拓展人类能力的工具，世界各国都把教育信息化作为教育发展的重大举措。我国《教育信息化十年发展规划（2011—2020年）》中提出，在构建学习型社会和建设人力资源强国进程中充分发挥教育信息化支撑发展与引领创新的重

① 任建登．2015．“人人通”助力学案教学升级版．山西电教，（5）：21-22．

要作用。实现教育信息化的途径、方法是信息技术与教育的深度融合。[①]何克抗教授认为：深度融合实质上是要求实现教育系统的结构性变革。这种变革就是要根本改变课堂教学结构，即改变课堂教学系统四要素（教师、学生、教学内容和教学媒体）的地位和作用。[②]信息技术与课程整合绝不是信息技术与课程的简单相加，而是要以课程为出发点，让信息技术服务于课程。[③]这是将信息技术与教学系统中各要素有效地融合在一起，经过科学的教学设计，以改善各学科的教学过程，提高教学效果，进而达到促进学生发展的过程。[④]现代信息技术对教学改革和发展起到革命性的影响，现代信息技术与学科教学的整合，要求教师不断提高信息素养与教学水平，改变思维方式与教育教学观念，转变学习方式和工作方式；同时要求学生提高信息素养，改变学习方式，自主、合作、探究地学习，从而获得不断的发展。现代信息技术运用到教育教学中，改善了传统教学模式，有利于构建新型教学模式，极大地促进了教和学方式的转变，实现了高效教学。

英语学习往往缺乏现实语言环境，而网络技术为英语教学提供了更多模拟的语言环境。课前自主学习记忆单词时，学生利用诸如“百词斩”类的单词记忆工具或者用教师制作的图文并茂的幻灯片记单词，提高了记忆的效率。学生可通过网络熟悉西方文化，有利于理解英语中的词句；在网上观看英文电影，既练习了听力又了解了西方文化；用电子词典查生词方便快捷。教师经常用微课类的工具对教学的重难点进行录制。比如，在学 *Cloning and DNA* 一课时涉及的问题是克隆与基因，重点是了解克隆的四大优缺点，在学生理解文章的基础上，教师适时插入提前录好的微课，突破了教学难点，学生印象更加深刻。英语教学中利用思维导图工具对语法进行总结，使语法的学习更轻松，如对名词性从句的整理。用思维导图工具总结知识可以使学到的内容清晰明了。每个学生都可以把自己独创的思维导图上传互动平台，大家交流共享从而共同提高。网络资源的利用有助于创设英语学习情境，提高单词记忆，语句理解的效率。适时插入微课有助于难点突破。思维导图的运用有助于语法知识的总结和系统化。

---

① 教育部 . 2012-03-13. 教育部关于印发《教育信息化十年发展规划（2011－2020 年）》的通知 .http：//www.moe.edu.cn/publicfiles/business/htmlfiles/moe/s3342/201203/133322.htm.

② 何克抗 .2012. 学习“教育信息化十年发展规划”——对“信息技术与教育深度融合”的解读 . 电化教育研究，（12）：19-23.

③ 刘儒德 . 2004. 对信息技术与课程整合问题的思考 . 教育研究，（2）：71.

④ 李龙 . 2007. 信息技术与课程整合的理论与方法 . 电化教育研究，（5）：74.

四、结语

近年来在现代信息技术条件下，翻转课堂成为教育界关注的热点，是影响课堂教学的重大技术变革。翻转课堂是相对于教师课堂上讲授，学生听讲，课后完成作业的传统课堂教学模式而言的。在翻转模式下，学生课前先自学依据教学目标制作的微视频，完成相关学习任务，课堂上师生共同解决疑难。① 翻转课堂的教学更加重视学生的自主性、互动性和个性，有利于提升教学质量和学习质量。① 以学案为载体的学案教学模式体现了先学后教的教育理念，以微视频作为主要课程资源载体的翻转课堂教学模式，也体现了这一理念，且两种产生背景不同的教学模式，其价值追求却很相似，即提高课堂教学效益。以学案为指导，"翻转课堂"的教学视频作为一种教学材料，在信息技术条件下，实现学生、教师、家长之间的有效互动，从时间和空间的维度重构课堂，实现学习在课堂内外的有效延伸和衔接。② 在教育信息化条件下，灵石二中学案教学模式的探索与实践，正是将翻转课堂的教学思想很好地融合到学案教学模式中，实现了二者的优势互补，从而极大地提高了教学质量。任何事物都有两面性，都需要辩证地看待。基于云平台的学案教学模式在实施中也存在着一些问题：海量资源加重了师生负担，教师备课信息量大，工作量大，且网络资源良莠不齐，有些信息没有参考价值，而师生在筛选信息的过程中会浪费许多的时间；课堂纪律差，学生在课上随意用网而不受限制，教学管理存在问题面临挑战；网络问题影响教学流畅性等。如何在教育信息化条件下进一步优化教学模式，使学生得到更好的发展，还有很长的路要走，需要不断地探索。

第二节　信息技术与教学模式的有效整合
——基于"双平台"的学案导学模式

21世纪以来，培养学生的创新精神和实践能力成为学校教学活动的核心任

① 陈玉琨，田爱丽. 2014. 慕课与翻转课堂导论. 上海：华东师范大学出版社：23.

② 张旸，蒙泽察. 2013."导学案教学"与"翻转课堂"的价值、限度与共生. 全球教育展望，(7)：10-17.

务。课堂教学模式的变革研究成为基础教育课程改革研究的重点，教学模式逐步从“以教师为中心”向“以学生为中心”转变，从传递接受式向引导探究式转变，从单向独白式向互动合作交流式转变，从封闭式向开放式转变[①]。知识经济时代和信息化社会，多媒体技术和网络技术的发展推动教育思想和理念发生了深刻变化，从服务于教师“教”的信息化走向服务于学生“学”的信息化是教育信息化发展的趋势[②]。基于网络信息化平台的教学模式，把传统教学方式的优势和网络化教学的优势结合起来，既发挥教师引导、管理、监控教学过程的主导作用，又充分体现学生的主动性、积极性和创造性[③]，对培养学习者的基本技能、信息素养、创新能力等具有很大优势[④]。基于“双平台”（网络平台与现实教学平台）的学案导学模式正是教育信息化条件下课堂教学改革的新探索，其运用网络信息化平台进行课堂教学[⑤]，是现代信息技术与教学模式有效整合的实践探索。

一、学案导学模式的内涵及评价

（一）学案导学模式的内涵

学案导学模式是来自于一线教学实践的教育创新，它的核心价值诉求是提高课堂教学效率。学案导学模式是以学案作为教学载体，能充分发展学生自主学习能力的师生互动教学模式。学案是包含了学习目标、学习方法、问题情境设置与巩固练习等在内的指导学生学习的方案，其实施过程包括学案设计与教学实施两个阶段[⑥]。学案设计就是由教师个体先备课再进行集体备课，之后形成一份最优学案。教学实施的过程包括学生在学案引导下自主学习、小组合作学习、教师检查学生学习情况并进行二次备课、学生课堂展示学习、师生合作交流、当堂检测与巩固训练、拓展提升等。

---

① 段作章．2004. 课程改革与教学模式转变．教育研究，（6）：67-71.

② 安秀堂．2012. 山西“组组通”建设工作经验分享．中国电化教育，（11）：145.

③ 何克抗．2004. 从 Blending Learning 看教育技术理论的新发展（上）．电化教育研究，（3）：1-6.

④ 田富鹏，焦道利．2005. 信息化环境下高校混合教学模式的实践探索．电化教育研究，（4）：63-65.

⑤ 王继民．2013. 基于网络与课堂“双平台”教学模式实践探索．教育理论与实践，（5）：10-12.

⑥ 步进．2013. 学案教学：内涵、程序与成就．教育发展研究，（2）：64-67.

（二）对学案导学模式的评价

学案导学模式的实施有助于贯彻新课改理念，调动学生学习的积极性，改变教师"满堂灌"、学生被动学习的课堂教学形态，改变学生的学习方式，增强学生自主学习、合作学习、探究学习的能力；同时，学案导学模式的实施对教师提出了更高的要求，要求教师成为学生学习的指导者、帮助者、合作者，做到精讲、恰当指导与对学习内容的适度拓展提升，这有助于促进教师的专业发展。

但是，传统的学案导学模式也具有一定的局限性。①学案设计简单化与学习资源单一的问题。学案导学模式对学案的质量要求很高，设计出好的学案与教学效果紧密相关。学案的设计如果忽视学生学习的需要和问题的生成，学生就成了新学习方式下的机械学习者；在由固定模块组成的学案牵引下，很可能导致课堂变成一个封闭的系统[①]。②学案的共性化与学生学习的个性化存在矛盾。实践中学生的学习能力存在差异，部分学生学习基础好、自学能力强，部分学生学习基础差、自学能力相对较弱，存在学案的共性化与学生学习的个性化之间的矛盾，不利于进一步拓展学生自主学习的广度和深度。③学案的价值取向异化。部分学校在实施过程中把学案导学当作工业化流水作业，学案的"文案化"倾向，即形式主义倾向日益凸显[②]，导致学生成绩两极分化。

二、基于"双平台"的学案导学模式及其实施

（一）基于"双平台"的学案导学模式——传统学案导学模式的发展

现代社会是信息化社会，教育信息化带来了教育方法、手段、内容的改变。将信息技术与学案导学模式有效整合，目的是更好地服务于教师的教与学生的学，实现教学双赢。这个过程经历了由"组组通"到"人人通"的转变。组组通就是把班级的学生分成若干小组，每个小组配备电脑并接入互联网，构筑网络环境下的教与学平台，真正实现教学组织形式的变革，实现小组内学生远程学习、个性化学习、小组协同学习的全方位互通。[③]近年来，中小学教育信息化

---

① 韩立福．2012．论学案教学的利弊及改进建议．教学与管理，（10）：7-8.

② 关士伟，臧淑梅．2005．学案设计的理论研究．教育探索，（8）：28-30.

③ 朱文焕．2012．教育信息化"组组通"的探索与实践．教育理论与实践，（11）：20-22.

条件有了很大改善，在每人一台电脑的情况下，学生学习的自主性更强、自由度更大，且师生与生生之间的互动交流更加便捷有效。

基于“双平台”（网络平台与现实教学平台）的学案导学模式以一份电子学案为中心而展开，基于强大的网络与软硬件配置，学校配有校内网络平台，各个班级有自己的交流平台，这为师生提供了交流学习的平台。教学基本循着课前教师编制电子学案，学生依照学案进行自主学习、小组合作学习；课中学生依学案进行展示、讨论，教师指导评价；课后巩固练习与整理资料的形式展开。从教学环节来看，“双平台”学案导学模式的教和学发生了深刻变化。教师会在课前准备一些相关知识，通过集体备课编制电子学案并上传至平台，并在学案中提供相关网址，便于学生查询学习。同时，教师会录制一些微课或者在网上下载一些短视频等学习资料，以帮助学生更好地学习。课堂上，教师的电脑与学生的电脑互通，师生电脑与班级内的电子白板也互通。学生在小组展示之后，可以迅速地把自己想展示的内容上传至电子白板，并且可以随时上传自己不懂的问题，其他同学或教师都会及时给予解答与帮助。

（二）“双平台”学案导学模式的实施

“双平台”学案导学模式的实施主要基于以下两个方面：一方面是硬件基础，“双平台”模式下每个学生都有一台笔记本或平板电脑，教室内配备智能电子白板，师生的电脑与电子白板之间可互传资源。另一方面是软件基础，实施“双平台”教学的学校建设有丰富的网络资源，具体内容包括：①功能强大的互联网资源。在互联网上建立播客、QQ 等互动平台有利于师生教学、教研互动，为教学活动提供了便利。②校内网的建设与互动平台。学校设置了办公内网和各种网页（如学科交流网页、班级学生主页等），除了内网存储了各科教学资源以利于师生使用外，学校互动平台的功能强大，具有互动教学、分享学案、习题、课件、视频、动画等功能，有利于师生在互动平台上传并共享资源。③专业网站资源与校内的播客系统。专业网站资源十分丰富，如中国教考资源网、中国高考资源网、龙源电子期刊数字平台、新华课典慕课资源等。播客系统是为录制微课与短视频准备的，教师一般情况下会把重点难点讲解录制成微课，由学生根据自己的学习情况随时点击学习。

基于上述的软硬件基础设施，“双平台”学案导学模式的实施环节具体包括六个方面。

1）依托于电子学案与网络资源的自主学习。课前学生根据互动平台下发的学案进行自主学习与小组合作学习。教师编制学案时，有选择地将资源库中的资源链接过来，使学生获得针对性的学习资源，如视频录像、动画课件、文字资料、图片资料、相关网站推荐、课后练习等，以辅助学生自学。自主学习过程中学生可利用校内播客平台的微视频和新华课典等提前学习重点和难点知识，以及搜索信息并适时分类整理上传至小组的平台空间上，分享给本组成员。同时，可以把问题写到平台“留言板”上，师生会及时给予帮助。

2）网络平台上的学案点评。教师把学生自主学习完成的学案，通过平台进行审阅从而完成二次备课。这一环节中，教师梳理学生存在的问题并做成幻灯片或截图上传至互动平台。在点评环节，师生共同打开平台，利用每班的电子白板手写、绘制、图片放大等功能，进行针对性的评价。

3）小组讨论。班级的每个学生都带着自学成果参与到小组讨论中。课堂上，教师一般会随机指定一个小组围聚在电子白板前进行讨论展示，该小组学生会充分利用电子白板的互动功能，做一些与课堂教学内容相关的演示动画、互动小游戏等。其他小组主要利用电脑打开本小组平台空间进行讨论展示。在此过程中，学生如果遇到争执不下的问题就会依托电脑网络，搜索相关知识，及时与他人进行分享、讨论，以解决问题。

4）依托电子白板的课堂展示。课堂展示依旧采取学生主讲，教师补充讲解的方式，较好地发挥了电子白板的优势。小组成员可依托电子白板聚集全班同学、聚焦问题、合作展示、质疑对抗。讲解的小组利用互动网络平台，将要展示的内容切换到电子白板上，发挥计算机音、画、图、文的效果，提高展示的成效。如配乐朗诵、立体图形、模型实物、真实场景、动画演示、历史事件视频等的呈现。在此过程中，质疑对抗的小组可以到电子白板前，直接利用电子白板的书写功能，用手指直接对原有展示的内容进行批注、判阅；也可以利用互动网络平台的快速回复功能，用自己小组的笔记本电脑或平板电脑进行网上回复、质疑和补充。在展示过程中，教师只需在教师机上点开展示小组的空间，把该小组的展示内容在电子白板上呈现，或用传屏软件将学生平板电脑中的展示内容切换至电子白板即可。整个讲解过程的板书都会同步录像并自动上传至学校资源服务器，以方便学生日后的复习查阅。

5）网上检测与反馈。在学案导学模式中，检测小结这一环节要求学生做习题和画思维导图。在“人人通”的“双平台”环境下，学生可利用思维导图制作软件，画电子思维导图，或利用电脑的摄像功能，将小组提前整理好的“思维导图”拍照上传到互动平台上。这比之前在纸质学案上笔绘思维导图方便许多，并且上传思维导图有利于全班同学交流共享。在检测环节，师生只需在网上登录校内检测平台，即可实现对每个学生进行在线限时检测。检测平台可以对一些客观题进行判阅，并且可以迅速地将检测结果进行统计，以制成表格、柱状图等。这些表格、柱状图会把全班学生的测评成果直观地呈现出来并反馈给教师。此外，校内网络检测平台有错题收录的功能，在完成检测后，错题会被及时收录于电子“错题册”以便复习所用。检测完成后，学生可以互评成果。

6）课后交流与资源整理。学生可以利用互动平台上的留言板或者各科教师的空间发布学习过程中的问题、困惑、见解等，师生都可以对其问题进行解答补充。同时，每次课后学生都会以小组的形式整理课堂相关内容，包括课本知识与网上补充的各种资源，以达到复习知识的效果。

三、“双平台”学案导学模式的实施案例

1. 生物课上关于基因工程的课堂展示

某高二年级的一节生物课，学习内容是基因工程。上课伊始，教师在电子白板上展示了各小组上传的学案，并做了点评。接着教师就批阅学案时发现的共性问题——基因切割过程，运用电子白板进行直观演示。教师从资源包里提取了一段基因片段图示，然后用手指在正确的切割位置轻轻一划，基因就被切断了。然后，她以类似的方法展示了基因的连接。[①] 小组展示阶段，有的学生在电子白板上实际操作基因切割过程，直观而生动。（电子白板使展示更加直观，交流便捷高效。）

2. 化学课中的氧化还原反应测评反馈

化学课上，为了使学生加深对氧化还原反应中氧化剂、还原剂、氧化产物和还原产物等基本概念的理解，掌握它们之间的关系并巩固电荷守恒定律和电子守恒定律的应用，教师要求学生通过电脑进入网上检测平台，选取 10 个早已上传的客观试题，在 15 分钟内完成。完成之后，教师利用检测平台对学生做题情况进行统计，师生共同了解学习情况。之后各小组对高频错题进行讨论，对相关知识点进行再学习，最后由教师对学生存在的共性问题进行说明并讲解。（通

① 特别报道 . 2013-12-25. 教师眼中的泽州一中 . 中国教师报，（第 6 版）.

过网上检测平台，教师可以十分便捷、轻松地对学生进行学案导学的课堂检测，反馈及时，效果好。）

3. 基于电子学案与微课的《赤壁赋》教学

教师在《赤壁赋》教学中，提前筛选整合了与苏轼相关的资源，如“乌台诗案”的相关知识、余秋雨先生的《苏东坡突围》、《百家讲坛》有关苏轼的部分视频，以及百度百科中苏东坡的小故事等。把这些知识以资源链接的形式呈现于电子学案中，供学生自主学习使用。自学之后在展示的过程中，老师发现了学生的一些问题。例如，学生容易忽略第一段中“纵一苇之所如”的“纵”字的赏析，最后一段里有一句“不知东方之既白”的“不知”二字的含义。一个“纵”写出苏轼夜游赤壁极度放松的闲适心情；一个“不知”点明苏轼给客阐释完道理之后两人的放松状态。这样的细节往往容易被忽略，短暂的课堂时间不可能解决所有的细节问题。于是，教师就把这些问题的讲解录制成微课上传至互动平台。学生自觉进行观看学习并在留言板上留下问题，教师在互动平台上进行解答。（利用网络信息化平台，学生的学习资源形式多样且更加丰富，针对重点、难点或细节知识的微课，有助于课堂知识内容的补充学习，轻松实现学案引领的前置及后置学习。）

4. 基于网络平台的英语教学

英语学习往往缺乏现实语言环境，网络资源的利用有助于创设英语学习情境，提高单词记忆和语句理解的效率。适时插入微课有助于难点突破，思维导图的运用有助于语法知识的总结和系统化。

需要说明的是，不同课程具有不同的特点。因此，在信息技术与课程教学的整合方面，不同课程会有不同的侧重。如在物理、化学、生物的实验教学中，电子白板播放实验视频的功能有利于学生更好地理解实验；英语、语文的教学中，海量的资源是非常好的学习辅助工具；地理教学中电子白板的智能图绘功能使得画图与识图都十分方便；数学教学中，精品题库与智能检测平台则发挥更大的作用。

四、对“双平台”学案导学模式的评价与建议

（一）“双平台”学案导学模式的优势

1．丰富了教学资源，有助于学生对知识的理解

以往教师凭借教科书与教辅资料备课和编制学案，学生凭借学案与教材自习。而基于“双平台”的学案导学模式中，各种电子软件丰富了教学资源，师生可以获得更多的信息量。学生对某种知识理解的深度很大程度上取决于头脑中对该类信息存储的数量，信息量的增加有助于学生对知识的理解。

2．转变教学方式，突破教学时空界限

互动平台的构建使得师生可以随时随地进行交流互动，便于教师及时了解学生学习情况。学生可以随时提出问题，而教师与其他同学及时给予解答。教师登录检测平台，利用测评软件及时统计学生所做习题的情况从而清晰地了解学生的学习情况，方便快捷。利用微课或“新华课典”让学生在课前自习时就听知识讲解，实现翻转课堂。教学重难点也可以“微课”的形式录制，学生可以根据自己的学习情况进行学习，实现了兼顾每位学生的个别化教学。

3．深化课堂展示的智能化与可视化程度，提高学生的学习兴趣

在“双平台”教学的课堂上，学生可利用各种类型的软件让展示更清晰、让课堂更精彩，这极大地激发了学生学习的兴趣，调动了学生学习的积极性。以地理教学为例，在地球运动一节中，地球运动的各种图示在黑板上很难展现，而在电子白板上教师可以用色彩鲜明的各种动态图片来讲解；河流运动也可以直接在白板上用手画，从而呈现出动态河流侵蚀图。这样的教学更加生动，学生也更容易理解。各种音频和视频文件的使用调动了学生的视觉、听觉等感官，使课堂可视化程度加深。学生电脑与电子白板的互传功能极大地节省了板书的时间，从而在一定程度上提高了课堂效率。

（二）“双平台”学案导学模式存在的问题

1. 海量资源加重师生负担

在“双平台”教学实践中，面对海量的、良莠不齐的资源，师生在筛选信息的过程中会浪费许多时间，教师在备课过程中也要花费大量精力去选取资料，工作量加大，工作负担加重。

2. 教学管理面临严峻挑战

首先，学案教学中自由的课堂环境导致学生在课上可以随意上网而不受限制，如学生上网玩游戏、聊 QQ 等现象时有发生；其次，有些学生一遇到难题就上网查答案而不进行思考，这不利于学生发展。

3. 网络问题影响教学流畅性

由于教学的集中性，学生往往会在某一时间段内共同使用网络而引起网速慢的问题。在这种情况下，传送文件缓慢，影响教学的流畅性，甚至导致教学中断。

“双平台”学案导学模式是信息技术与教学模式的有效整合，是现代教学模式的新探索。该模式丰富了学习资源，创建了更便捷有效的自主学习、合作学习及师生互动交流的平台，从而极大地调动了学生学习的积极性。但该模式存在一些问题，需要在实践中不断地摸索改进，进一步构建和完善网络教学平台，从而完善和发展“双平台”学案导学模式。首先，在校内网上提前对信息进行过滤从而节省师生筛选信息的时间。其次，实现教师机对学生机的控制，如上课过程中教师可以操控所有电脑，在使用某一网页时可以指定学生机都在该网页而不能做其他与学习主体无关的事，便于课堂管理。再次，学校应针对性地、系统地培训师生现代信息技术的应用能力。教师应学会将教学与信息技术巧妙融合，恰当地使用两个教学平台，既不能把网络教学平台放置不用，又不过分依赖网络教学平台。

任何教学模式都离不开学生主体，任何教学改革都是为学生更好的发展服务，因此，必须将关注学生的身心发展置于重要地位。在“双平台”教学中，要关注师生之间的情感交流，信息技术只能是教学手段和工具，不能让其代替真正的课堂教学，不能用“人机对话”代替人与人之间的情感交流，否则不利于学生的全面发展。“双平台”学案导学模式亦不能流为一种形式，导致学生只获得某种碎片化的信息而不是真正获取系统化的知识，即“双平台”学案导学模式实施中，知识除了泛化，更要深化。如何在教育信息化条件下优化教学模式，使学生更好地发展，还有很长的路要走，需要不断探索。

第三节 “双平台”问题导学模式课堂教学文化研究

21世纪之初，山西一些中学就开始了对新型课堂教学模式的探索，在学习杜郎口、洋思等中学课堂教学模式的基础上，立足于各校的实际，创设与构建了一些新型课堂教学模式，这些模式各具特色，操作流程不尽相同，但它们之间有着共同性，均体现了“先学后教，少教多学”的特征，都可归纳为“成长为本—问题导引”（即“问题导学”模式）①。进入高中新课程实验以来，这些模式经过了第一阶段的探索期和第二阶段的发展期，逐步走向成熟。模式的实施调动了学生的学习积极性，改变了教师教的方式与学生学的方式，提高了课堂教学效率。然而，模式实施中也存在着共性问题，如学生自主学习资源单一化，学情个性化与学案共性化存在着矛盾，学生学习的自主度、自由度与个性化不足，师生的互动交流、探究展示、评价反馈难以及时、生动、直观的展现等。① 为解决这些问题，山西一些课堂教学改革的先进学校进行了有益的探索，这些学校尝试将网络平台与课堂平台相结合，创建了基于网络与课堂的“双平台”问题导学模式，将信息技术与课堂教学深度融合，这是少教多学模式的新发展。该模式的实施环节主要包括：依托于电子学案与网络资源的自主学习；网络平台上的学案点评；合作探究；依托电子白板等的课堂展示；网上检测与反馈；课后交流与资源整理。②“教学改革就是教学文化的变革，教学改革中暴露的问题更多的是文化层面的问题。”③ 课堂文化是课堂教学范型外显的高度浓缩，是课堂教学思想内涵的价值提升。随着山西中小学课堂教学改革的不断推进，基于以

① 薛红霞，肖增英. 2014. 创建基于“双平台”的“无界课堂”. 中小学管理，(12)：7-9.

② 郝琦蕾，李佳宁. 2016. 信息技术与教学模式的有效整合：基于“双平台”的学案导学模式. 教育评论，(4)：136-140.

③ 肖正德. 2012. 教学习惯的意蕴、特质与改变路向：教学文化变革的视角. 华东师范大学学报（教育科学版），30（3）：15.

教为中心的官本位、封闭性、经验型课堂文化逐步向基于以学为中心的民主化、科学化、开放性课堂文化转型。①

教学与文化之间关系密切。教学总是于特定的文化环境中开展，教学又在一定程度上传承与创新文化。“文化是一种极其复杂的社会现象，它既有物质的标志、制度的规范、精神的内涵，又有具体行为方式的鲜活体现，文化是由多个层面构成的综合体。”② 教学文化也是如此，既有物质、制度文化层，又有精神文化层，而理念精神文化又总是外显为教学行为，从而更加鲜活。“双平台”模式是基于现代信息技术而实施的以学生为本的教学模式，“双平台”教学文化是基于该模式实施而产生的文化，有其独特的文化环境、文化表现，也同样面临着现实的文化困境。

一、“双平台”问题导学模式的教学文化环境

（一）“双平台”问题导学模式扎根于创生型课改文化

新课改强调批判与创新，注重课堂教学过程的变革，“双平台”问题导学模式在新课改文化的熏陶下产生。在传统教学观念中，教学可以被排演，知识可以被灌输，教师即权威，因此常常产生“满堂灌”“一言堂”式的文化氛围。教师面对所有的学生，用同样的教学方法讲授同样的内容，教学任务便是把知识教给学生，希望学生能考出好成绩。这样的课堂上，教师是主宰，学生的参与度较低。因此，传统教学呈现着稳定、封闭与守成的文化特质。新课改则强调要以学生为本，竭力促进学生的全面发展；强调让学生参与到课堂中来，采用灵活多变的教学方式方法；强调科学评价机制的建立，注重过程性评价以及多元化评价。新课改呈现着开放、求变，创生的文化特质，“双平台”问题导学模式扎根于创生型课改文化，体现着创生型课改文化。

从教学目的来看，“双平台”问题导学模式更加注重学生的成长、关注学生的创新能力培养，致力于把学生培养为敢于质疑、乐于探究的创新型人才。从教学流程看，传统课堂教学流程是：教师讲－学生听－学生练－学生问。“双平台”问题导学模式的教学基本流程是：课前教师编制电子学案以及微课等－学

---

① 韩立福．2014．学本教育视野下的课堂文化特征及创建策略．教学与管理，（9）：1-4．

② 肖正德．2011．教师教学行为转变的文化学思考．课程·教材·教法，31（4）：35．

生利用电子学案等资源进行自主与小组合作学习一课堂上学生进行展示与教师点拨拓展一课后巩固练习与整理资料。“双平台”问题导学模式实现了翻转课堂，学生带着问题走进课堂，“先学后教，以学定教”是其特有的教学文化。从学习工具看，学生的学习工具发生了变化，主要有黑板、板擦、粉笔、导棒、学案夹、电子白板、笔记本电脑、课堂平台、网络平台、思维导图等。在教学内容方面，“双平台”教学也呈现着开放的特点。它不局限于教材内容，而是师生在教学目标的要求下进行自我选择，既包括教师组织教学内容中的自主选择，又包括学生进行自主学习时对学习内容的选择。教师将电子学案、PPT 文稿、图片资料、微课视频、学习资料链接等上传存储，学生利用上述资源，完成自主学习、成果共享、展示交流等学习环节，[①] 充分实现了学生学习的自主化和个性化。在教学方式方法上，“双平台”教学用教师教法的改变引领学生学法的变革，关注学法指导，多采用合作探究教学方式。学生在参与课堂教学的过程中，变成了课堂的主人、学习的主人。有了学生积极体验与参与的课堂教学焕发着勃勃生机，总会有意想不到的教学效果。在教学评价方面，“双平台”问题导学模式将过程性评价与终结性评价相结合，且注重形成性评价与多元主体评价，发挥教学评价在促进学生全面发展方面的功能。例如，有的学校制定学生课堂学习十二档晋档制，并进行月评价，学校每周开展展示之星、质疑之星、评价之星等星级评比。每节课对小组的课堂学习做出评价，逐月汇总，每学期每班评比一个最优学习小组，学部每月对班级进行评价。[②] 从“双平台”问题导学模式的教学目的到其评价机制无一不受到开放、创新、求变的课改文化的浸润。

（二）“双平台”问题导学模式生成于主体性教学文化

当今社会是一个文化多元价值多元的社会，“人的主体精神是多元文化时代精神中最核心的内容，无论是适应迅速变化的环境，还是在社会生活中做出正确的选择，都要富有主体精神的人才能实现”[③]。因此，培养主体意识、个人价值意识对于现代教学来说显得尤为重要。社会同样呼唤与实践着主体意识的觉醒与主体精神的确立。主体性教学文化彰显着主体精神与个人价值，不仅关注学生的成长也关注教师的发展。在学生观上，“双平台”问题导学模式充分尊重学

① 李海勇．2014．“人人通”让“新课堂”如虎添翼．中小学管理，（12）：10-12.

② 李海勇．2012．我们的课改向太阳．中小学管理，（3）：20-22.

③ 肖正德．2010．我国教学文化形态的历史嬗变及当代重建．教育研究，（8）：81-84.

生的主体地位，相信每个学生。一方面，“双平台”问题导学模式教学把课堂还给学生，让学生参与并“创造”课堂，鼓励学生自主动手实践，培养学生的自主学习意识进而唤醒学生的主体意识；另一方面，“双平台”问题导学模式教学相信每个学生都是与众不同的个体且都有能力自我发展。“双平台”问题导学模式关注每个学生，关注学生的内心，关注每个声音、每种思想。它并不致力于使每个学生成长为统一的标准化的人，而是立足于每个学生的个性化特点，给学生以足够的时间、空间，使之发展为更加完美的自己。在师生观上，“双平台”问题导学模式倡导民主、平等、和谐的师生关系：教师主导，学生主体，师生互动，尊师爱生，教学相长。根据学习任务和要求，师生互动交流，共同进步。该模式的实施对教师的专业素养提出了更高要求，如对教师组织和指导学生合作学习、处理学科知识以及点拨拓展的能力。教师在“双平台”问题导学模式的实施中需要不断学习、更新自己的教学理念，提高自身素质。“双平台”问题导学模式生成于主体性教学文化环境，并彰显着主体性教学文化。

（三）“双平台”问题导学模式立足于现代信息技术文化

当代信息技术的发展与应用已经渗透社会的各个领域。一方面，人与人之间的交流方式、手段发生了巨大的变化。通过网络而搭建的交流平台以速度快、范围广、跨时空、互动性强等特点迅速渗透到人们的生活之中。教学是一种人与人之间相互交流沟通的活动。在学校中，师生由最开始的“非正规”的偶然性网上交流互动发展到后来的专门搭建网络交流平台，进行有组织、有目的的互动。信息技术影响了学校内部的交流方式，更新了学校内部的交流手段。另一方面，身处大数据时代，各种信息资讯日新月异，教育因此受到深刻影响。人们需要各种资讯来增长知识，开阔眼界，网上资源库以及互联网功能就为大数据时代的需求提供了便利。此外，信息技术设备具有动态可视化的功能，为教学活动提供新的可能，它可以使许多抽象的难以理解的概念、原理等知识很生动形象地展现出来，从而使学生更容易理解与接受。信息化、智能化、交互式信息技术教学文化为“双平台”问题导学模式的教学提供了支点。

“双平台”问题导学模式基于时代的需求与特色，基于学生的需求与自主选择，对学生信息技术能力的培养起着重要作用。该模式利用信息技术设备更新了教学方式与手段，电子交互白板的使用实现了智能化、可视化教学；利用校内网络平台，实现跨时空的交流互动。基于信息技术的“双平台”问题导学模式在跨越传统课堂教学与虚拟网络空间教学的同时，还承载了大额的信息量，而这些信息都是可以通过校方网络平台免费获取的。从更深层次来看，“双平台”问题导学模式的教学是一种交互式教学，网络信息技术平台为各种思想跨越时空的交流提供了可能，实现了教学与学习方式的变革，真正达到了信息共享，资源的充分利用，实现了“交换苹果”后的“大丰收”。“双平台”问题导学模式立足于现代信息技术，彰显着现代信息技术文化，彰显着现代化的课堂文化。

二、“双平台”问题导学模式教学文化的表现

（一）物质文化层面

在物质文化层面，“双平台”教学文化体现于信息技术环境下的网络教学平台，以及突破传统的现实课堂教学平台两个方面。这两个平台又相互依托、相互影响。“双平台”教学是以先进的信息技术设备，高速的网络环境、多样的网络互动平台以及海量的网络学习资源作为依托的。校园内部设有录播教室、微课制作室、校园电视台、可寻址广播系统，数字探究实验室、电子图书室、多媒体微机室，此外，每间教室都配备有多媒体设备、录课摄像头以及智能互动电子白板，师生人手一台笔记本或平板电脑。在校园网络全面覆盖的基础上，校内建设有各种服务于教学与管理的网络互动平台。例如，满足师生互动学习的互动 e 平台、可供储存与点播微课的视频播客平台、存放与搜索校内相关学科教学资源的 e 道云平台等。这些平台中又包含许多智能系统，如教师备课系统、资源库系统、自主学习系统以及检测系统等。① 各种专业网站资源以及搜索引擎的利用是特有教学文化的体现。在现实的课堂内部也有许多改变与突破，教室拆掉讲台，白板（黑板）占据四壁，传统秧田式的课桌排列被多中心的课桌簇拥排列而取代，六人或八人的桌子两两相对，组成一个学习小组。这也代表了合作与探究，代表了学习方式的变革。

（二）规章制度文化层面

在规章制度层面，教学组织管理制度、备课教研制度、评价制度以及授课

① 马红霞 . 2015. 泽州一中教师信息技术应用能力现状及策略研究，山西师范大学硕士学位论文 .

制度都彰显着独特的教学文化。首先，学校与班级管理实现人人参与、责任到组，并极力推进信息化管理。[①] 一个小组由 6 ~ 8 人组成，小组成员之间根据自己感兴趣或擅长的方面，选择自己负责管理的领域。小组成员间形成明确的分工，对自己职责之内的事物进行管理。小组还合作建设属于自己的网络平台互动空间，形成与众不同的小组文化特色。小组之上还有班级、学科组、学部、学导处、学校，在“双平台”问题导学模式下，不采取严格的科层化管理方式而是奉行了“全员参与管理”的理念，将学校管理细化到了小组管理。此外，学校内网及各种网络平台的创建为实现信息化管理提供保障。在备课教研方面，学科组教师都要经历一个独自备课、相互备课、共同研讨备课、反思备课及再次备课最终产生学案的过程。学科组除了定期的教研会议之外，特别注重日常的网络教研交流，通过对网络互动平台的利用，实现教学交流、反思以及资源共享。此外，学校还开展多种形式的研修活动，教师联席会议、备课组长联席会议、学科代言人联席会议、学科主任联席会议等，整体联动，推进课改，形成特有的教改文化。[①] 其评价制度也别具一格，“双平台”问题导学模式教学注重过程性评价与终结性评价相结合，多元主体参与评价过程，注重评价的公正合理性；且把信息技术手段应用于评价过程，通过网上平台学习成果检测以及电子档案的建设，实现智能化评价。“双平台”问题导学模式依托信息技术实现了翻转课堂。其授课制度规定，课前学生根据电子学案及微课等资源进行个性化自主学习，合作探究，课堂上学生展示交流，教师点拨、释疑、拓展深化。“双平台”问题导学模式着力关注学生学习方式的变革，教学制度文化体现着创新性、灵活性、协作性、共享性、科学性等特点。

（三）行为方式文化层面

教学观念总是外显为某些行为方式从而更加鲜活可感。教师行为方式在“双平台”问题导学模式的教学中有着独特表现。教师经常使用网络搜索引擎与各类型的专业网站进行教学资源的收集与整合，利用网络平台建设专属的教学空间与学生进行交流互动。在教学准备阶段，教师通过校内网络平台实现集体备课，并最终生成电子学案，下发至教学平台。学生完成学案并上传至平台，教师根据学生学情进行二次备课，教师向学生推荐相关网站资源。课堂教学阶段，师

---

① 李海勇 . 2012. 我们的课改向太阳 . 中小学管理，(3)：20-22.

生利用数字资源、多媒体技术手段等辅助于教学过程，比如，利用电子白板实现某些知识重难点的可视化与动态化展现，利用网络搜索引擎与专业网站实现知识面的扩展等。学生可以根据老师提供和自己搜索的资源以及现成的技术手段，开展有效的自主学习与合作学习。此外，教师还可以利用电子评价工具实现及时的课堂反馈与评价。在教学评价与追踪学生学情方面，教师会经常关注学生的交流平台，发现学生的问题并及时解决。教师可以利用评价技术手段对学生的学习情况进行评价并建设好电子评价档案，做好过程性评价。课后反思阶段，教师使用博客等工具写教学反思，并与其他教师在教学互动平台上进行课后交流。“双平台”问题导学模式的信息化特征使得教与学的行为可以突破时间与空间的局限，促成师生教学行为的转变。教师角色转变为学生学习的引导者与合作者，传统的死记硬背、机械训练的学习方式，转变为自主、合作、探究、展示、讨论、质疑、评价等多元化的学习方式。师生教学活动方式的转变是“双平台”问题导学模式教学文化的最佳彰显。

三、“双平台”问题导学模式教学文化变革的现实困境与对策

（一）“双平台”问题导学模式教学文化转变的困境

教学文化转变的过程并非是一帆风顺的，往往会遇到许多困难。“文化变迁是以物质文化的变革为先兆，以价值取向的变化为实质的一种极为复杂的过程。”[①] 而在现实状况下，常常会出现只满足于规章制度的建立，方法手段的翻新以及技术的改造等表面物质文化的改变，而忽视了核心价值观念文化的变革。教师的观念、价值取向又常常通过教学行为习惯表现出来，教师教学行为习惯的转变是教学观念转变的外在表现，教学行为习惯决定了教学效能，但教学行为习惯的转变不是轻而易举的，常常需要很长的时间。要想实现教学文化的彻底变革，就必须实现教学观念及教学行为的彻底变革。

教学文化变革的过程中，物质、制度之类往往容易变革，但教学观念关涉每位教师的教学价值观而不易改变。其一表现为教师受传统教学价值观的影响较深，无法短时间内变革观念。“教师就是要倾其所有把自己的知识讲给学生听，

① 肖正德．2010. 我国教学文化形态的历史嬗变及当代重建．教育研究，(8)：81-84.

管好学生，让学生取得好成绩，只有乖乖听话的学生才是好学生。”这些观念在一些教师心目中根深蒂固，并且排斥着新的教学价值观。其二表现为不相信新型教学方式，不敢也不愿意轻易尝试。教师不敢轻易放手让学生自主学习，认为学生自制力差，学习能力不足，且容易被网络中一些事物所诱惑，不好管理。因此，传统教学观的影响、教师对新教学文化的怀疑和教学管理上的新困难，这些成了教学观念转变的“拦路虎”，使得教学文化变革遭遇困境。

教学观念在一定程度上主导着教师的教学行为，但并非观念一变行为方式就会跟着马上改变。在教学行为转变上，一些困境同样存在。教学行为的转变不是一蹴而就的，改变旧的教学行为习惯形成新的教学行为习惯往往是一个漫长的过程，教师需要花费许多精力，需要变革以往不适应新教学理念的一切行为方式。首先，教师早已熟悉并习惯于以往的教学方式，贸然进行强制性变革容易触及教师利益引发教师的不满情绪，从而收到教学文化变革的负面效果。其次，一些教师想要变革却心有余而力不足，“双平台”问题导学模式的实施对教师的专业素养是个挑战，尤其是要求师生具备较高的信息素养，要求教师有一定的信息技术技能以及操纵电子教学设备的能力，对教师的综合与分析能力以及启发引导学生的能力也提出了更高的要求。学生在学习中，需要查找相关网络资源，上传学习成果，利用电子白板展示学习内容，在互动平台进行交流，管理和整理学习资源等。因此，“双平台”问题导学模式的实施同样要求学生提升信息素养。教与学行为的转变对于师生都是极大的挑战，教学文化的彻底变革存在一些困难，采用多种途径对师生信息技术能力进行培训至关重要。

（二）“双平台”问题导学模式教学文化转变的对策

“双平台”问题导学模式教学文化的转变虽然面临许多困难，但新生事物具有很强的生命力，“双平台”教学文化也终会取代封闭、专制、单一、落后的教学文化。在教学文化变革的过程中可以采取以下策略，在教学观念方面：①加大“双平台”教学文化环境的影响，促进教学观念的渗透。任何理念、价值观等都是在一定的文化环境下形成的，文化环境对观念的影响潜移默化却深刻持久。学校要建设好“双平台”问题导学模式教学的物质及制度环境，使教师真切地处在该种文化环境之中；介绍并宣扬先进的教学理念；采用更加开放的管理方式，鼓励师生自主实践，释放师生的创造活力与热情。物质与制度文化环境的改变使得“双平台”问题导学模式教学文化的变革有了前提基础。校园展示栏和教室里及教学楼走廊的墙壁上，随处可见的图片文字漫画，宣传着先进的教学理念与课改文化，有助于为教学文化变革提供舆论环境氛围。鼓励师生自主实践，有利于加深师生对于“双平台”问题导学模式教学观念的认识与理解。②用优秀教学案例示范引领教学文化观念变革。一般情况下，取得实效的教学方式方法总是具有较强的说服力。学校在积极实践“双平台”教学模式的过程中，介绍一些成功的教学案例并广泛交流相关的教学经验。优秀教学案例使得新教学理念更具有说服力，使“双平台”问题导学模式教学观念深入人心。传授成功教学心得与经验，使得更多教师在“双平台”问题导学模式的实践中获得一定的指导与经验借鉴。

在教学行为变革方面：针对性地开设信息技术技能培训课，对教师和学生进行信息技术技能培训，提高师生信息素养，打好“双平台”教学文化转变的基础。例如，可采取对教师开展 SMART 电子白板课件制作评比、微课制作评比和博客评比，将信息技术运用水平作为课堂评价的重要项目。对教师进行 SMART 的 Notebook 软件应用培训、微课制作培训、思维导图软件和亿图软件培训等，要求教师建立个人空间，学会与学生进行在线问题解决、互动交流、发展性评价等。[①]使教师提升优质资源选择能力、教学资源制作能力，以及在线交流与指导能力。在开学之初，对学生进行相应的信息技术培训，使学生增强搜集、分辨及整理信息的能力，在线交流学习的能力，使他们尽快适应“双平台”问题导学模式。再者，教师教学行为习惯的养成是一个较长的过程，需要教师不断地实践与反思，鼓励教师自觉自愿地在教学实践中逐渐转变教学行为。可以采取一些奖励制度，对于积极接受新型教学文化、努力变革教学行为方式且取得优异教学成果的教师进行适当奖励，从而激励教师教学行为转变。[②]经过教学的物质、制度、观念、行为的全方位转变，教学文化才能实现彻底变革。

第四节　少教多学模式的新类型
——翻转课堂教学模式研究

翻转课堂源于美国，是教育信息化时代的一种新兴产物，“教学借助于信息

① 李海勇. 2014.“人人通”让“新课堂”如虎添翼. 中小学管理，(12)：10-12.

② 肖正德. 2012. 教学习惯的文化意蕴及改变路向. 当代教育与文化，4 (3)：99-104.

技术实现了对传统课堂教学教师知识传授和学生知识内化在时间和空间上的颠倒，让学生在课堂外观看教师的‘讲课视频’或‘讲座’，学生自主选择学习内容和安排学习进度。”[①]“在翻转的模式下，学生课前先自学基于教学目标和内容制作的微视频，完成进阶作业，课堂上师生一起共同完成作业，解决疑难。”[②]“翻转课堂以发挥学生参与性、主动性为目标；充分尊重学生各方面的差异，注重学生个性发展；推动课堂教学从‘知识导向’向‘综合素质导向’转变”。[③]翻转课堂是信息化时代的少教多学模式，它体现了少教多学模式的内涵与特点，重视学生的自主学习与个性化学习。伴随着国内新课程改革的推进，以及教育信息化工程建设，翻转课堂因展现出与素质教育要旨和时代精神的一致性而成为教育改革的方向，为越来越多的学校变革提供了新思路。以“翻转课堂”为主题的研究逐年增多，主要集中在理论探讨和实践研究两大方面，主要有翻转课堂的内涵与本质、价值与限度、理论基础、教学模式构建、实施策略等。采用文献研究法，以中国知网（CNKI）的核心期刊和CSSCI期刊论文为数据样本，着重从教与学两方面梳理近年来翻转课堂的研究状况，总结经验，反思不足，期望较全面揭示翻转课堂的研究现状及存在的问题，从而促进课堂教学模式改革的深入发展。

一、翻转课堂的基本理论研究

1. 内涵与本质

翻转课堂是首先由教师创建教学视频，学生在家或课外观看视频讲解，然后再回到课堂中进行师生、生生间面对面的分享、交流学习成果与心得，以实现教学目标的一种教学形态 。[④]翻转课堂为对传统的知识传授和知识内化在时间和形式上的颠倒安排。[⑤]有学者认为，翻转课堂的本质是回归教育活动的逻辑起点……学习活动是一切教育包括教学活动的真正逻辑起点。”因此，翻转课堂通过对传统教学活动的颠倒将学生的主体地位提到了现实高度，以满足学生的个

① 张旸，蒙泽察 . 2013.“导学案教学”与“翻转课堂”的价值、限度与共生 . 全球教育展望，(7)：10-17.

② 陈玉琨，田爱丽 .2014. 慕课与翻转课堂导论 . 上海：华东师范大学出版社：23.

③ 陈玉琨，田爱丽 .2014. 慕课与翻转课堂导论 . 上海：华东师范大学出版社：108.

④ 刘荣 . 2012. 翻转课堂：学与教的革命 . 基础教育课程，(12)：28.

⑤ 张金磊，王颖，张宝辉 .2012. 翻转课堂教学模式研究 . 远程教育杂志，(4)：46-51.

性化发展为目标。[①] 相对于传统课堂来说，翻转课堂是教学模式的综合性颠覆。有学者指出了该模式的实质性改变：①学习过程与学习方式的颠覆；②教育教学观念的颠覆；③教师角色与课堂教学模式的颠覆，④教学组织形式与管理机制的颠覆。[②]

2. 翻转课堂的价值与限度

翻转课堂作为一种引进的教学模式，研究者对其价值和限度进行了剖析。有学者认为，翻转课堂利用网络技术让学生在课外自主选择学习教学视频，充分尊重了学生的主体地位，调动了学生的自主性和积极性，先学后教，极大地提高了学生的学习效率，促进了学生的全面发展；另外，这一模式转变了师生的角色和地位，实现了教育主体间的平等交流，创建了融洽的教学环境。但也指出了该模式的限度，即教师角色与理念、技术层面、教学内容与实施过程等都有一定的限定。[③] 有学者指出，一方面，翻转课堂"先学后教、以学定教"的理念让学生自主学习先行，真正促进了学生的发展；另一方面，翻转课堂借助于信息技术和活动学习的双重杠杆，使课堂教学成为围绕一定问题情境展开的探索性活动，凸显了学生对于学习过程的参与性。最后，翻转课堂作为一种强调群体教学与个别教学相结合的教学模式，它充分承认个体在发展速度上的差异性，注重教学的异步性。该模式还伴随着一定的限制，包括"教学模式的单一目标与学生全面发展之间存在的张力、教学模式的单一方法与类型丰富的教育内容之间存在的张力，意味着翻转课堂难以应对所有类型的教学内容、教学模式建构的理想特性与教学实际可能性之间存在的张力，需要认真思考翻转课堂实施的条件支持系统"。[④] 有研究者从三个角度剖析了翻转课堂的价值所在，①"从实体到虚拟：翻转课堂重视开发与利用数字化的教学资源"；②"从被动到主动：翻转课堂重视培育与弘扬自主性的学习文化"；③"从局部到系统：翻转课堂重视生成与建构共生性的教学制度"。[⑤] 有研究者探讨了翻转课堂的实践价值，认为它构建了以学习者为中心的学习模式，推进了素质教育的实施，重塑了学习者知识体系构建的方式，但同时论述了该模式存在的几个限度，在价

---

① 王鉴．2016．论翻转课堂的本质．高等教育研究，(8)：53-59.

② 钟秉林．2016．"翻转课堂"颠覆了什么．中国教育学刊，(3)：3.

③ 张旸，蒙泽察．2013．"导学案教学"与"翻转课堂"的价值、限度与共生．全球教育展望，(7)：10-17.

④ 叶波．2014．翻转课堂颠覆了什么——论翻转课堂的价值与限度．课程•教材•教法，(10)：29-33.

⑤ 闻亚兰，赵冬梅．2015．从教育信息化看翻转课堂变革的精神要旨．当代教育科学，(24)：50-52.

值限度上可能放大了学习者的自主性，在适用限度上可能只是适合某些学科内容的呈现，在条件限度上，对教师信息技术能力以及硬件设备要求较高。[①] 总之，研究者对其价值的界定表述各有不同，但集中体现在几个方面：①促进了学生的个性化发展；②与信息技术融合；③教学结构的改变提升了教学效果。翻转课堂以其极大的优势迎合了信息时代的要求，成为教学改革的重要方向，但也有着很大的现实障碍，因为该模式对师生角色、能力与观念及学校信息技术设备提出了更高要求。

3. 翻转课堂的理论基础

以信息技术和学生活动为载体的翻转教学模式，其构建的理论基础主要有掌握学习理论、建构主义思想和有效教学理论等。有学者认为，翻转课堂是以布卢姆的"掌握学习"理论为基础构建的一种"先学后教、以学定教"的教学模式。[②]"掌握学习"理论的内涵是所有学生在充分的时间和指导下都能达到规定的目标。翻转课堂让学生先行学习，充分调动了学生的自主性和积极性，体现了"掌握学习"的思想。另一方面，维果茨基的"最近发展区"理论诠释了该模式中课堂教学在促进学生发展上的作用，颠覆了传统课堂针对学生"现有发展水平"的低效结构。另有学者认为，翻转课堂通过课前微视频展示清晰的知识结构（浅层知识），课堂以学生、社会问题为中心，建构个体化的知识、能力，使传统的学问中心、儿童中心、社会中心的课程流派在实践中真正走向融合。除此，翻转课堂在信息时代迎合了主体间指导学习的教育本体论要求，促进了人的存在性和创造性，而学习主体性是学会学习的基本保证，因而也提升了学习的有效性。[③]

有研究者指出，翻转课堂的理论基础主要有掌握学习理论、建构主义学习理论、认知负荷理论和有效教学理论。掌握学习理论如上所述，建构主义学习环境的四大要素是情境、协作、会话和意义建构。翻转课堂通过将知识传递放在课前完成，从而把课堂时间释放出来用于开展学生主动学习，这充分体现了学生学习的个体建构特征。其次是认知负荷理论。认知负荷理论是由澳大利亚认知心理学家 Sweller 提出，认知负荷是指人在学习或任务完成过程中进行信息加工所耗费的认知资源的总量。教学作为一个认知过程就是要使认知负荷最优

① 戴宁，曹辉．2016. 翻转课堂的冷思考：价值与限度．内蒙古师范大学学报，29（6）：13-18.

② 叶波．2014. 翻转课堂颠覆了什么——论翻转课堂的价值与限度．课程・教材・教法，（10）：29-33.

③ 张生虎．2016. 翻转课堂实践忧思：偏误与矫正．教育理论与实践，（8）：48-50.

化，而该教学模式通过课前学习和课堂教学在时空、任务上的翻转，为提高学生的认知负荷提供了可能。最后是有效教学理论，“翻转课堂正是在有效教学理论指导下致力于促进学生多方面的学习进步和发展，关注学生学习成果”[①]。有学者认为，翻转课堂的理论基础主要有掌握学习理论和建构主义学习理论。掌握学习理论发端于20世纪60年代的教育改革运动中，以提高教学质量及差生的学业成绩为目标。该理论认为，学生中的个别差异主要是由后天的社会环境差异造成的，是人为的和偶然的，不是个体固有的，而且不像人们想象的那么大。但掌握学习也有其不足，主要表现在“对学生个性发展重视不够”“易加重学习负荷”“低估了教学行为的复杂性”。该研究者认为对掌握学习的理性认识有利于对翻转课堂的理论与实践中存在的问题有更好的把握。另外，翻转课堂也体现了建构主义学习理论。翻转课堂分为知识掌握的浅层学习阶段和知识意义的建构与生成的深度学习，翻转课堂强调学习者之间的合作、互动，注重创设情境、协作探究和展示交流等活动方式，充分体现了建构主义思想。[②]

二、翻转课堂的实践研究

1. 翻转课堂的应用研究

自2011年开始实施翻转课堂以来，国内很多学校走在了教学模式革新的前列。例如，重庆聚奎中学、山东昌乐一中、深圳南山实验学校、山西新绛中学等为我国翻转课堂的研究提供了很多实践性的思考，呈现出以下几方面的特点：①翻转课堂与具体学科的结合；②不同视角下的翻转课堂研究；③翻转课堂的整合研究。最近几年，翻转课堂的研究多建立在具体学科的基础上，主要有英语、生物、物理、美术、思想政治等学科，学科分布以操作性比较强的学科为主，通过对学科的依托增强了研究的针对性和应用性，而且通过不同视角的审视增强了研究的科学性和多元化，同时与信息时代的慕课、微课等融合，实现了翻转课堂的整合研究。

有研究者探索了TPACK视角下的高中物理课的翻转教学，强调依照翻转课堂的本质特点，加强“技术—教学—学科知识”体系的创新性运用，在具体

---

① 杨春梅. 2016. 高等教育翻转课堂研究综述. 江苏高教，(1)：59-63.

② 王坦，吉标. 2016. 翻转课堂”模式的理性审思. 课程•教材•教法，(6)：55-61.

教学案例中使翻转获得了生命。[①] 该模式强化了各环节中技术与教学的深度融合。有研究者试图从生态学视角尝试翻转课堂的教学系统构建，认为翻转课堂教学系统涉及网络教学生态系统和课堂教学生态系统，即课前和课中两个生态系统。每个系统都包括输入、输出和教学生态系统。学生在课前学习知识，课中内化知识，实现整个生态系统的平衡发展。[②] 有研究者基于深度学习的理论探究美术学院的选修课“CSS 网页设计”课程的翻转教学，包括六大环节：“设计学习目标和学习内容，对学习者进行预评估，营造积极的学习文化，预备和激活先期知识并获取新知识，深度加工知识，评价学习者的学习。”[③]

有研究者构建了基于 MOOC 的大学英语翻转课堂教学模式，课程教学组织按照 MOOC 自主学习和课堂教学的混合式教学模式展开。课程评价采用 MOOC 在线自动评价和课堂形成性评价相结合的方式。在该模式中 MOOC 在课前知识传授和课后学习评价起到了重要作用，与翻转课堂的结合优化了课堂教学效果。[④] 有研究者以科学课和项目设计为例，力求在翻转课堂中实现探究式教学，教师在课前精心指导学生自主学习，学生在课内研讨交流，动手实践，实验探究，强调在发挥教师的指导作用下，进行学生能力的培养。[⑤] 有研究者提出翻转课堂并不只是让学生在课前观看视频，而是要建设一个有利于学生个性化学习的立体型学习资源库，因此构建了基于微课的项目课程的翻转教学模式。该模式仍然包括课前准备、课堂中和课后三个阶段，整个学习过程围绕微课进行个性化的学习，通过微课的支持既发挥了教师的指导作用，又充分实现了学生学习能力的发展。[⑥]

在翻转课堂的应用研究中，研究者基本上是依托学科体现了模式在教学中的生命力，而且基于不同的视角展现了对翻转课堂应用的多样化理解。除此之外，这一领域的研究越来越多地关注翻转课堂与其他教学形式或手段的融合，赋予了研究更丰富的内涵。

2. 翻转课堂教学模式的构建

最早，美国富兰克林学院 Robert Talbert 教授经过实践，构建了翻转课堂

① 黄桦 . 2016.TPACK 视角下的高中物理翻转课堂实践探索 . 现代教育技术，(2)：77-83.

② 冯玲娟，王海燕 . 2015. 从生态学视角解读翻转课堂教学 . 中国远程教育，(12)：27-31，48.

③ 张国荣 . 2016. 基于深度学习的翻转课堂教学模式实践 . 高教探索，(3)：87-92.

④ 胡杰辉，伍忠杰 . 2014. 基于 MOOC 的大学英语翻转课堂教学模式研究 . 外语电化教学，(6)：40-45.

⑤ 田爱丽 .2015. 翻转课堂中实施探究式教学的应用研究 . 教育发展研究，(20)：39-43.

⑥ 周贤波 . 2016. 基于微课的翻转课堂在项目课程中的教学模式研究 . 电化教育研究，(1)：97-102.

的实施结构模型，将这一教学模式明确分为课前和课中两个阶段。课前阶段包括观看教学视频和针对性的课前练习两个环节，课中阶段包括快速少量的测评、解决问题促进知识内化和总结反馈三个环节。有学者在此基础上，构建了更加完善的翻转课堂教学模型，“主要由课前学习和课堂学习两部分组成。在这两个过程之中，信息技术和活动学习是翻转课堂学习环境创设的两个有力杠杆。信息技术的支持和学习活动的顺利开展保证了个性化协作式学习环境的构建与生成”[①]。这一模式强调了信息技术的重要支撑作用，同时凸显了教学的活动性特点。

有研究者提出了“案例载体—活动导向”的翻转课堂，即将翻转课堂的各个环节设计成案例，形成案例序列，将知识点和学习内容融入案例，并以案例为载体进行课前的视频学习和课内的研讨学习、协作学习、分享学习等学习活动。课前以知识点型、自学型和趣味型案例为主，围绕案例设计视频学习活动、针对性练习活动、在线答疑活动、在线交流活动等。课中以学习型案例、研讨型案例、工程实践型案例为主，围绕课中案例可设计探究性学习活动、研讨性学习活动、主题式学习活动、案例实践活动、协作学习活动、分享学习活动等。在该模式中，学生以学习活动为支撑和途径，完成多个案例；教师为学生设计学习活动路线图，学生在学习过程中可根据需要自主选择参加的活动。[②]该教学模式凸显了案例和活动在教学中的作用，发挥了学生的能动性。

有研究者构建了电子书包技术支持下的翻转教学模式，该模式以课内和课外作为时间分段。“课外，教师设计制作教学视频片段，以提供学生在课内外学习使用；学生可以通过网络向教师、伙伴、社区人员等寻求帮助。课内的学习，教师可以开展个别化辅导，或开展评估、反馈工作；学生按照自己的进度，跟随教学视频进行学习。”[③]有研究者阐述了基于学生学习力的翻转课堂教学设计，该模式强调课前、课中和课后相互衔接成为一个大课堂，将学生的学习水平发展置于课堂的核心。这一教学模式充分展现了翻转课堂释放学生学习力的内涵，将翻转课堂很好地落实到了教学活动中，符合素质教育的课改趋势。[④]有研究者将翻转教学与应用性的实践课程相结合，设计了任务驱动型的教学模式，将总体教学目标细化为单元子目标，再将单元目标转化为可执行、易操作、利于评

① 张金磊，王颖，张宝辉 .2012. 翻转课堂教学模式研究 . 远程教育杂志，（4）：46-51.

② 余飞 . 2016.“案例载体—活动导向”的翻转课堂模式研究，（8）：96-101.

③ 沈书生，刘强，谢同祥 . 2013. 一种基于电子书包的翻转课堂教学模式 . 中国电化教育，（12）：107-111.

④ 吕晓娟 . 2015. 基于学生学习力的翻转课堂教学设计 . 电化教育研究，（12）：98-102.

价的子任务提供给学生，通过任务的完成，回归到对应的单元目标，最终实现总体教学目标。结果表明“以问题为核心，以任务为驱动”的这种模式在实践性课程中有较大的优势。①

综上，研究者构建了形式多样的翻转教学模式，但本质上存在高度的一致性，紧扣翻转课堂的实质内涵，其教学过程包括课堂和课外的学习，学生在课外完成知识学习，在课堂上进行知识内化，实现传统教学结构的翻转。但研究者因其依据的理论不同，在模式构建中侧重点各有不同，有的是从学生学习的角度说，有的是从教师教学的角度说。

3. 翻转课堂模式的实施策略研究

有研究者主张教师是有效实施翻转课堂的关键，其中教师的教学观念及教师实施翻转课堂的能力至关重要，而且教师要注重培养学生的学习技能，除此，有效实施翻转课堂还需要“信息技术的支持、教学评价方式的改变以及优质教学资源的共享整合”。② 有研究者提出有效实施翻转课堂的策略有，适度翻转、分步翻转、角色翻转、局部翻转、教学内容翻转、教学评价翻转策略，而且提出要实现这一模式的创新，一要精制教学视频，二要重组教学结构，三要提高师生素质。③ 有研究者提出了系统性的实施策略，主要有“教学材料准备策略（研究课标与教材、制作视频教学录像、资源发布与预检测）、学习资源获得策略（资源访问渠道与设备）、学习障碍消除策略、课堂重心转移策略（巩固、运用、拓展所学知识，重构学习习惯，倡导多元评价）”④ 。有研究者在实证研究的基础上提出翻转课堂实施的关键：①“在于优质微课等学习资源的设计和开发”；②“课前学习的有效管理”；③“教学活动的创新设计和实施”。⑤ 有研究者提出，翻转课堂的实施对策主要包括：“更新教学观念、制定完善的激励机制和合理的师生教学评价体系、加大经费来创建技术和条件基础、加大教师培训力度，提升教师的综合素质”⑥ 有研究者以翻转课堂教学理论、教学设计理论、基于问题的学习等理论为依据，结合小学三年级信息技术学科特点和学生特点，初步构建翻转课堂教学中的问题导学教学策略，并以实验法研究了其教学效果，证明

① 李海龙. 2013. 基于任务的翻转课堂教学模式设计与应用. 现代教育技术，(9)：46-51.

② 朱宏洁，朱赟. 2013. 翻转课堂及其有效实施策略刍议. 电化教育研究，(8)：79-83.

③ 刘艳丽. 2015. 翻转课堂：应如何实现有效翻转. 中国高等教育，(19)：57-59.

④ 杨晓峰. 2016. 翻转课堂教学模式的价值追求与实施策略. 教育评论，(3)：20-24.

⑤ 刘军. 2015. 实证探析翻转课堂实施的关键. 现代教育技术，(12)：66-71.

⑥ 简斌. 2016. 翻转课堂教学模式的认识误区及对策研究. 教育探索，(2)：134-136.

这些策略在提高学生学习能力及培养学生情感态度价值观等方面的有效性。①

综上所述，对于翻转课堂的实施策略，研究者的提法虽然各有侧重，但研究主要集中在以下几个方面：①教师自身观念与能力的引领作用；②信息技术在资源与课程方面的支撑作用；③教学管理制度的保障机制。

三、对翻转课堂研究的反思

从概念、价值与限度，以及实践应用等方面，翻转课堂研究的热度持续升高，并且取得了丰硕的成果，但不论是在基本理论研究上还是在实践研究层面都仍有许多问题不容忽视。因此，为提升翻转课堂研究的质量，以及扩大其对当前教育教学改革的作用，需要总结并反思当前研究中存在的问题，为后续研究提供参考。

（一）加强翻转课堂教学的效果研究

目前研究主要集中在该模式的理论探讨、模式构建及实施应用上，关于翻转课堂教学效果的追踪则比较少见。因此，要在实证研究的基础上增大对效果的评价研究，凸显模式的实际效应，突破传统的理论思辨式的评价，为翻转课堂的推广提供现实性的证据。以实践为基础，实践有着强大的反馈作用。因此，研究要突破初期经验性的引进与吸收，注重开发模式的实践效能，在实践中改进、完善和创新。

（二）扩大实证研究，实现研究方法的多样化和科学化

国内关于翻转课堂的研究，仍然以理论研究为主，对翻转教学的理论基础等进行哲学性的思辨探析，重视分析国内外的经典案例，促进经验吸收和整合。在理论上构建翻转课堂教学模式的应用框架，却很少看到关于该模式在实践中的作用的研究。只有少量研究者建立实验试点，进行实证研究，对翻转课堂的实施效果进行冷静的分析，为研究翻转课堂的价值提供了方向。因此，后续研究应“转

① 胡小勇，张瑞芳，冯智慧．2016. 翻转课堂中的问题导学策略研究．中国电化教育，(7)：93-98.

变研究范式，从‘理论’范式向‘理论与实践相结合’范式转变”。[①] 实现研究方法的多样化和科学化，力求客观全面地对翻转课堂教学模式进行研究。

（三）加大微观层面的研究，拓展研究的深度与广度

当前国内翻转课堂的研究主要集中在宏观层面。例如，研究者基于一定的理论基础探索教学模式框架的设计与构建，或者基于实践中存在的问题提出相应的对策。翻转课堂作为一种新型的、异于传统“教师讲、学生听”的教学模式，将学习的权利下放到每个学生，课本内容实现了视频化的转变，教学结构在时间和空间上发生了优化。总之，翻转课堂是一种综合性的教学变革，不是简单的模式构建就可以将其落到实处，还需要聚焦更多中观、微观层面问题，保证模式实施的顺利与便捷。例如，研究学生包括学生的学习心理及能力，学生的需要、动机、兴趣和现实条件，研究信息技术，搭建怎样的技术平台才能真正符合翻转教学的要求，以及学生、教师的信息素养怎样才能得到实质性的提升等，研究翻转课堂与学校综合性变革的协同发展，等等。翻转课堂的顺利应用需要很多条件的支撑，微观层面的问题涉及教师和学生等，影响着教学改革的深入发展。因此，加大理论与实践研究的系统性很有必要。

（四）建立完善的教学制度和系统的评价体系

翻转课堂作为一种趋于成熟的、基于信息技术的教学模式，对教学硬件设备的依赖性较大，因此要使该模式在实践中真正发挥效能，实现模式应用的常规化和新旧模式的相得益彰，需要学校建立完善的教学制度和系统的评价体系。应将学生、教师的行为表现纳入考评中，建立与教学制度相互促进的教研、管理等制度，为翻转课堂的应用创造条件，从观念到行为提升学校的变革能力，发挥制度与评价体系的保障、规范作用。这需要学校及研究者的共同努力。

（五）建立研究共同体，促进模式的推广与应用

尽管近年来翻转课堂教学方面的研究成果颇多，教学模式与不同学科相结

① 朱宏洁，朱赟. 2013. 翻转课堂及其有效实施策略刍议. 电化教育研究，（8）：79-83.

合在模式构建上呈现不同状态，但研究仍然可能存在理论与实践的脱节现象。研究主体多以各高校或者各地教研室的研究者为主，有少部分一线教师也参与其中。翻转课堂作为教学改革方面的新事物，要想得到真正的应用推广，需要建立高校理论研究者和一线实践者协同合作的研究共同体。一方面，理论研究者要深入实践，率先示范模式的应用；另一方面加强高校理论研究者和一线教师的合作研究，形成研究合力。[①]

第五节　少教多学模式的新类型——基于电子书包的教学模式研究

一、电子书包的内涵与特点

祝智庭教授从“实”的硬件和“虚”的服务上指出，电子书包是整合了电子课本阅读器、虚拟学具以及连通无缝学习服务的个人学习环境；[②] 张迪梅认为，电子书包是集学、练、评、估的，活动的，立体的，网络化，便携式“电子课堂”，是学生、教师的互动平台，也是学生、教师、教学、教研、科研、教育行政、家庭的交流平台；[③] 张文兰教授指出，“电子书包是以有线、无线网络和个人学习终端（平板电脑）为媒介，以云平台和丰富的学习资源、工具为支撑，支持学生课前、课中和课后等各个环节的正式学习和非正式学习的学习环境”[④]。电子书包定义可以划分为“数字资源说”，例如，电子书包是可用于存储图片、视频、音乐、文本文档和其他数字材料，以供课内课外学习使用的个人数字化知识库[⑤]；“学习环境体系说”，例如，电子书包不仅是一种网络环境下的个人便携

---

① 卜彩丽，孔素珍．2016．现状与反思：国内翻转课堂研究述评．中国远程教育，(2)：26-33.

② 吴永和，祝智庭，何超．2012．电子课本与电子书包技术标准体系框架的研究．华东师范大学学报（自然科学版）(2)：73.

③ 张迪梅．2011．“电子书包”的发展现状及推进策略．中国电化教育，(9)：88.

④ 张文兰，成小娟，夏小刚．2016．中学生基于电子书包学习的动机现状及其归因分析．中国电化教育，(7)：80.

⑤ 徐斌．2014．“电子书包”挑战教师信息素养．上海教育科研，(6)：52.

式学习终端，而且是一个承载着电子教材、数字化教学管理平台、电子教辅资源、软件学习工具以及相关虚拟的电子教育产品的个人学习环境。①

有学者基于电子书包的学习终端（便携性、移动性），学习资源（多媒化、微型化、多元化），支持服务（多样化、个性化）的特点，提出电子书包具有课堂同步教学与笔记、教学管理与评价、学习记录与跟踪、“家—校—社”协同互动、学具管理与应用等功能。① 还有学者认为电子书包集优秀的师资、教学、海量教学资源于一体，依据电子书包特性构建新的教学模式，必将实现教与学方式的转变。② 基于以上学者的分析，电子书包便携性、移动性的优质特点，有力地支持了个性化、泛在化的学习方式。

二、基于电子书包的教学模式

管珏琪等基于上海市闵行区电子书包项目，通过分析小学数学复习课教学现状及电子书包的教学优势，设计了电子书包环境下小学数学复习课教学模式，借鉴翻转课堂教学模式，以问题情境创设、促成意义建构为指导，设计了：课前测验，发现问题；课堂导入，引出课题；师生活动，解决问题；变式练习，应用巩固；回顾小结，知识梳理；布置作业，拓展迁移六个教学环节。③ 其模式流程见图 2-1。

庞敬文等根据当前小学英语课堂教学现状，依据电子书包对课堂的支撑作用，构建了电子书包环境下小学英语智慧课堂，该模式主要包括：课前预习、课上教学六环节（抽查检测，情境导入；创设情境，提出问题；小组交流，对话练习；阶段检测学习效果；小组探究与展示；总结拓展，布置作业）、课后辅导三阶段。④ 其模式流程见图 2-2。

---

① 刘繁华，于会娟，谭芳．2013. 电子书包及其教育应用研究．电化教育研究，（1）：74.

② 张迪梅．2011.“电子书包”的发展现状及推进策略．中国电化教育，（9）：88.

③ 管珏琪，苏小兵，郭毅等．2015. 电子书包环境下小学数学复习课教学模式的设计．中国电化教育，（3）：106.

④ 庞敬文，王梦雪，唐烨等．2015. 电子书包环境下小学英语智慧课堂构建及案例研究．中国电化教育，（9）：66.

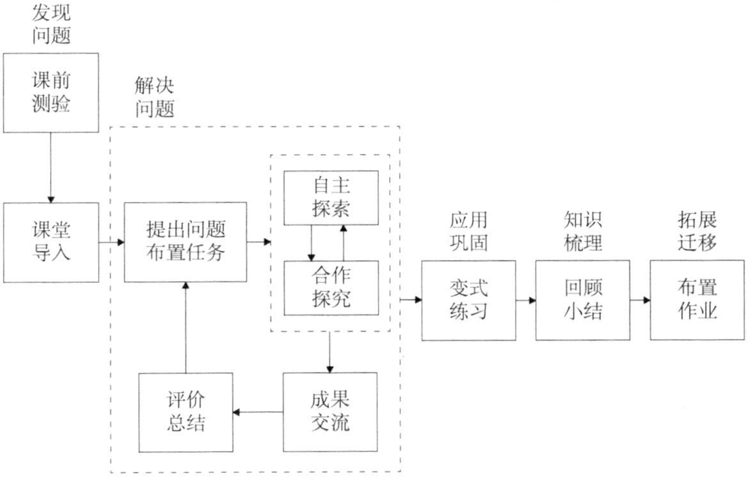

图 2-1　电子书包环境下小学数学复习课教学模式[①]

资料来源：管珏琪，苏小兵，郭毅等（2015）.

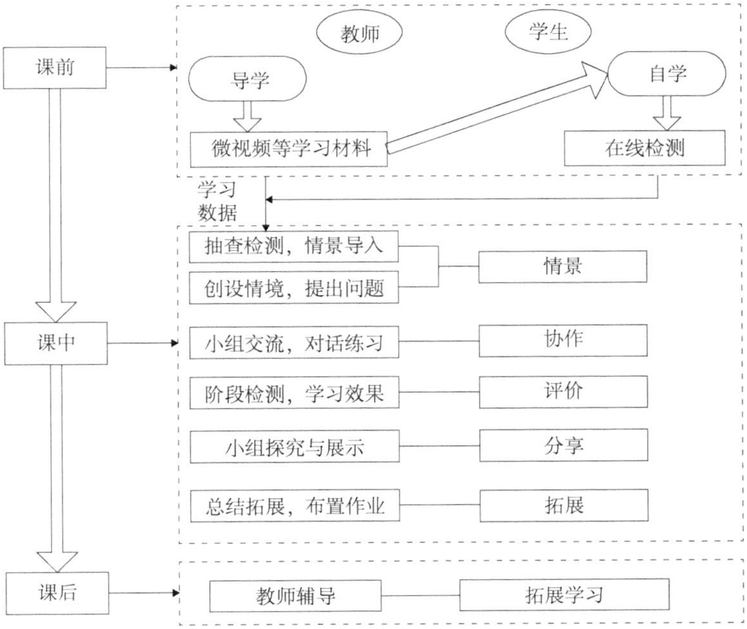

图 2-2　电子书包环境下小学英语智慧课堂流程图[②]

资料来源：庞敬文，王梦雪，唐烨等（2015）.

① 管珏琪，苏小兵，郭毅等 . 2015. 电子书包环境下小学数学复习课教学模式的设计 . 中国电化教育，(3)：106.

② 庞敬文，王梦雪，唐烨等 . 2015. 电子书包环境下小学英语智慧课堂构建及案例研究 . 中国电化教育，(9)：66.

江佩等依托“学案导学”模式，结合电子书包的特性，提出了“基于电子书包的‘学案导学’教学模式”。该模式分为课前预习、课中学习和课后复习三个阶段，以学案为基础，以电子书包作为技术支撑，通过学生的自学、教师的导学以实现教与学的有机融合，充分发挥教师主导、学生主体的作用。[①] 该模式的流程见图 2-3。

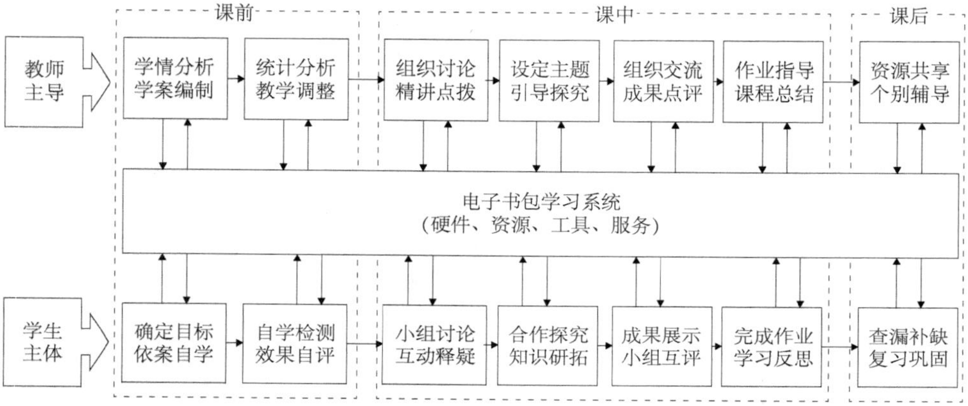

图 2-3　基于电子书包的“学案导学”教学模式操作流程图

资料来源：江佩，雷体南（2016）.

马惠超等提出了云环境下基于电子书包的“双课堂”教学模式，该模式主要是研究如何将电子书包技术与网络云技术相结合，以实现常态化的“现实课堂”与基于网络的“虚拟课堂”高度整合，满足学生个性化发展需要。[②] 其教学模式流程见图 2-4。

沈书生等依据翻转课堂的理念，构建了电子书包支持的翻转教学模式，该模式以课外、课内为分界点，以学生为中心，以电子书包作为支持手段，帮助学生观看教学视频，建立学生与工具、资源的联系。[③] 该模式的流程见图 2-5。

① 江佩，雷体南 . 2016. 基于电子书包的“学案导学”教学模式研究 . 中国教育信息化，(2)：21-22.

② 马惠超，乜勇，徐青青 .2014. 云环境下基于电子书包的“双课堂”教学模式研究 . 中国教育信息化，(14)：22-24.

③ 沈书生，刘强，谢同祥 . 2013. 一种基于电子书包的翻转课堂教学模式 . 中国电化教育，(12)：110.

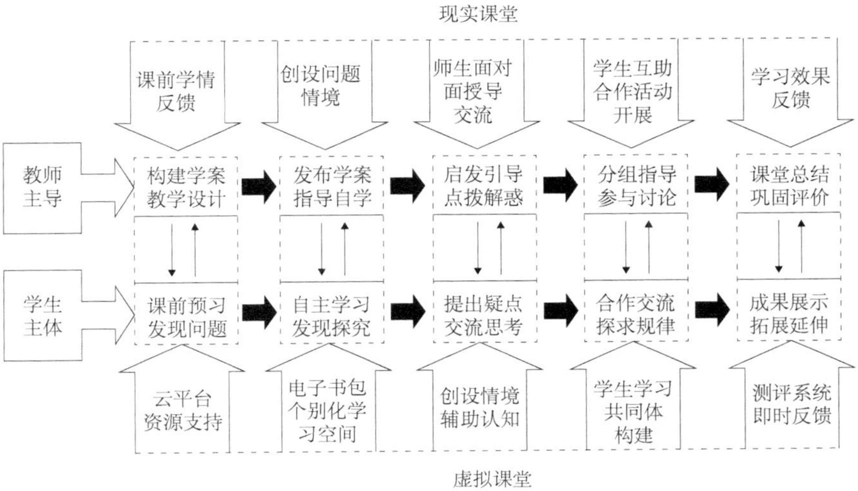

图 2-4　云环境下基于电子书包的"双课堂"教学模式①

资料来源：马惠超，也勇，徐青青，2014.

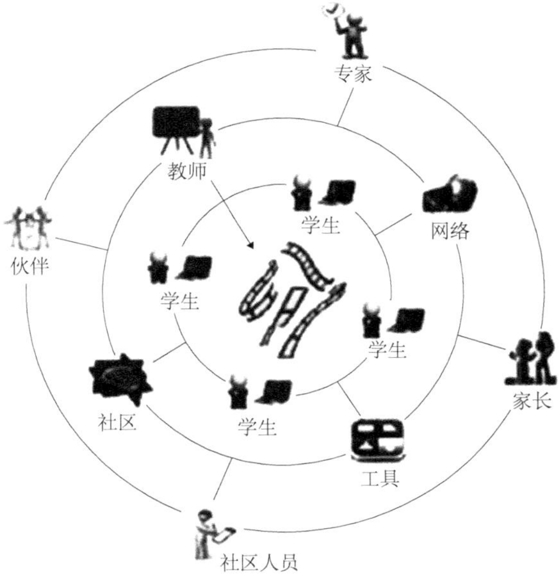

图 2-5　基于电子书包的翻转课堂教学模式②

资料来源：沈书生，刘强，谢同祥（2013）.

① 马惠超，也勇，徐青青.2014. 云环境下基于电子书包的"双课堂"教学模式研究. 中国教育信息化，(14)：22-24.

② 沈书生，刘强，谢同祥. 2013. 一种基于电子书包的翻转课堂教学模式. 中国电化教育，(12)：110.

以上教学模式都凸显了一个特征：以学生为本，更加注重学生主体性的发挥，注重学生的自主、合作和探究学习。其教学流程基本上都包括：课前自主学习、课上展示（课上学生以小组形式进行展示）、课下反思三个环节。以电子书包为代表的移动终端信息技术在教学中的应用，为信息技术与教学从“整合”走向“深度融合”开辟了新的路径。电子书包整合了其他信息技术的优势，具有情境创设、在线交流、即时交互等功能，使建构主义学习理论所倡导的教育理念得以实现。在课堂教学之前，学生进行知识的自主建构，形成自己对知识的理解，课堂上教师通过创设情境，引导学生展示交流。学生之间通过小组合作、展示，进行信息交流。电子书包作为信息化教学手段进入课堂，由于系统没有统一的标准，其教学应用受到一定程度的制约，在教学中需要与其他媒体（如电子白板）进行有机整合，以达到高效教学的目的。

三、基于电子书包的学案导学模式

电子书包支持下的“学案导学”模式主要包括两个部分：①自主学习部分。自主学习是以教师为主导，以学生为主体，以教材为主线，利用多种方法和手段，使学生主动地获取知识，培养学生主动学习、主动探究的良好习惯和独立学习能力的教学模式。自主学习前，教师在电子书包上利用教师端的数据资料进行备课，布置学习任务（学案）给学生，为了监督学生完成情况，学生将自主学习的成果（或个人成果或小组集体成果）以音频、图片、视频的形式在展示课前提交给教师。教师根据学生提交的反馈信息进行二次备课，一般是根据学生提交的任务情况，修改教学流程及教学内容的难易程度。有时学生提交的学习任务完成情况可以作为课堂资源应用到课堂的情境导入或者其他环节。[①] 自主学习是展示的基础，因此教师会给予学生充分的自主学习时间。②展示课上的交流分享。展示就是将学生自主学习成果落实，展示是自主学习的延续与发展，是学生学习的最终落实与提升，展示最关键，“展”是目的，“示”是手段，在教学过程中就是要通过学生的“示”最终实现学生的“展”。

（一）左权宏远学校的“三三四”高效课堂模式

为突破学校自身发展的瓶颈、解决学生学习力问题，左权宏远学校自 2010

① 郑娟，贺平．2013．电子书包环境下小学英语教学模式和行为分析．中国电化教育，（12）：115.

年开始积极进行教学改革的探索，在学习杜郎口中学教学模式的基础上依据自身学校的实际情况，提出了“三三四”高效课堂模式。2014 年积极推行“人人通”电子书包教学，顺应教育信息化时代发展的要求。“三三四”教学模式的含义为：第一个“三”指的是三种学习方式，即独学（基础）、对学（关键）和群学（攻关）；第二个“三”指的是三种课型，即预习展示课（重点是达到“懂”，学生能感知和了解概念等知识点）、提升展示课（重点是达到“会”，学生能够掌握技能技巧）、反思展示课（学生能达到“通”，学生能够掌握思想、方法和规律）；“四”即四个工具单（学期集备单、课时计划单、学科学导单和课堂评价单）。该模式以“学生学习增值”（动力值、方法值、数量值、意义值）、“学生学习”（以学定教，以评促学、自学为主）、“学生”（相信学生、解放学生、依靠学生、发展学生）为中心。为了让教师的教更好地服务于学生的学，指导学生如何学，提高学生的学习力，在实施该教学模式的过程中，学校要求教师的教学要结合自身特点、学科特征、学生的学情，逐步形成自己的教学风格。学校要求教师灵活运用学校的教学模式，根据不同学科合理安排时间，“活化”模式，其模式流程可以概括为：问题导学、自主独学、合作探究、小组展示、知识梳理、拓展检测。

（二）自主学习环节师生的教与学活动

教师利用电子书包进行的教学活动：①在自主课之前，教师根据本班的实际情况，利用电子书包教师端的互动资源备课；②教师将学生自主学习的学案或者其他学习任务上传到自己的空间或者是发到“学生公告”里共享给学生；③自主课过程中教师可以利用电子书包（或者其他终端）的远程监控系统（如“乐城”）指导、监督学生的自主学习、在线答疑；④接收学生的反馈信息，进行二次备课。

学生利用电子书包进行的学习活动：①学生利用电子书包进入教师公告下载学习任务或学案。②根据学案设置的问题，观看教师上传的微视频或自主搜索资源，认真思考问题，独立解决问题。③在自主学习基础上，自己未能解决的问题，通过在线答疑与同学或老师交流。④仍不能解决或生成的新问题写在“互动卡”或者是其他的工具上拍照反馈给教师。在该环节中，自主学习部分根据科目的不同，有的是课上组织的，有的是课下进行的。比如，对于语文学科来说，每周设置的课时数较多，学生可以进行课上的自主，对于每周课时数比较少的科目或者对于难度不大的内容，学生自主学习以课下学习的方式进行。但对于一些重点且较难的学习内容，教师会组织专门的自主预习课。基于电子书包的“自主一展示”模式是以教师为主导，学生为主体的教学模式，电子书包平台发挥师生互动、资源呈现、评价测试等作用。教学不能没有模式，模式不能僵化，模式要活化。教学模式为教师提供了一个便于操作的路径，在教学过程中，教师要根据自身情况、学科特征和学生的学情，有目的、有选择地使用电子书包，充分发挥其功能。

（三）展示交流环节师生的教与学活动

教师活动：①课堂导入环节，教师可以利用电子书包多媒体的特性，创设相应的问题情境，播放音视频展示图片、展示学生提交的学习成果等进行课堂导入；②巩固和拓展所学知识，教师将测评或拓展内容下发学生，组织学生以小组为单位对教学内容进行深入探究，并通过电子书包了解学生探究动态，及时予以指导；同时，教师可以依据电子书包即时反馈的情况，了解学生对教学内容的掌握程度，及时调整教学进度；③教师可以电子书包展示思维导图，进行课堂总结。

学生活动：①学生通过观看教师播放的视频资料等，积极投入学习中；②小组讨论交流过程中，学生可以利用学生端即时上网查询自己或本组内不理解的或不完善的信息，拓展学习任务内容；③测评过程中，利用学生端接收教师的测评题目或探究主题，并及时给予教师反馈信息；④学生根据教师的总结，可以查漏补缺，利用电子书包，及时和教师联系，解决自己的疑惑。

第三章

基于少教多学模式的学校变革与发展路径研究

本章基于少教多学模式的学校变革与发展路径探析，对基于少教多学模式的学校变革的两个典型案例进行研究。“互联网+”呼唤互联网对教育教学的革命性作用，这从根本上改变着学校的发展路径。一些学校为了在新时期求得生存与发展，以课堂教学模式改革为中心，将信息技术与课程教学深度融合，推进教育教学综合改革，涌现出了一批变革成功的典型学校。采用观察法、访谈法、文本分析法、个案研究法等实证研究方法，重点剖析两所典型学校变革历程，深入考察学校变革内涵，探索学校变革成功的影响因素，为基础教育阶段更多学校的变革发展提供借鉴与建议。

第一节　基于少教多学模式的学校变革案例研究（一）——对一所县域重点中学变革实践的解析

信息化推动着社会的高速发展，带来社会结构性变革。《国家中长期教育改革和发展规划纲要（2010—2020 年）》明确指出："信息技术对教育发展具有革命性影响，必须予以高度重视"① 李克强总理在政府工作报告中提出了"互联网 +"行动计划。"互联网 +"的概念深入人心，它是指以互联网为主的一整套信息技术（包括移动互联网、云计算、大数据技术等）在经济、社会生活各部门的扩散、应用过程。② 国务院关于积极推进"互联网 +"行动的指导意见中指出，鼓励学校利用数字教育资源及教育服务平台，逐步探索网络化教育新模式，扩大优质教育资源覆盖面，促进教育公平。③ 学校要寻求更好的发展，就必须做出顺应时代的变革。Z 中，山西东南部一所县级高中，在信息化背景下，以坚定的变革信念和较大的变革力度，实现着信息技术与教育教学的深度融合，走在了山西教育信息化的前列。通过梳理 Z 中的变革历程，分析研究学校变革内涵，希望为基础教育阶段更多学校的变革发展提供有益的经验和借鉴。Z 中建校初是一所普通县级中学，发展到现在有近 60 个教学班，3000 多名在校生，专任教师 200 多名。学校经过二十多年的改革、创新、发展，成为山西省示范高中，山西省基础教育改革先进单位。从 2008 年高中新课改伊始，Z 中从高一年级课堂教学改革起

---

① 教育部 . 2010-7-29. 国家中长期教育改革和发展规划纲要（2010－2020 年）. http：//www.moe.edu.cn/publicfiles/business/htmlfiles/moe/moe_838/201008/93704.htm.

② 张忠华 . 2015. 互联网 + 背景下的教育变革 . 教育学术月刊，（12）：39-43.

③ 国务院 . 2015-07-04. 关于积极推进"互联网 +"行动的指导意见 .http：//www.gov.cn/zhengce/content/2015-07/04/content_10002.htm.

步迈上了变革的轨道。[①] 在校长的带领下，在新的教育理论思想指导下，变革从课堂教学、组织管理、学校文化等方面展开，在不断的摸索及创新实践中走向成熟。学校一改往日的面貌，从一个升学率与影响力都不高，教师苦教、学生苦学的新兴学校迅速成长为一所山西课堂教学改革的先进学校，尤其是在二次变革以来，信息化教育取得了快速发展。从教育部首批“信息化示范校”到山西省“人人通”试点学校，Z 中主动融入“互联网 +”的时代大潮，为基础教育阶段学校教育信息化的发展提供了榜样示范。

一、教育变革三阶段：探索起步、规范发展、创新发展

2008 年起，山西省全面启动高中新课程改革实验，在这样的大背景下，校长怀揣坚定的变革决心和信念，带领全体教师走上了课改的探索之路。在传统教育观念里，高中阶段是学生受教育过程中的一个重要发展阶段，普通高中学校扮演着“升学加工厂”的作用，发挥着为各级各类高校输送人才的功能。因此，这场教育改革从一开始就遭到了社会各界人士的严重质疑和强烈反对，在重重困难中，学校以强大的变革决心为支撑、以先进的变革理念为指导，逐步实施着自己的变革。纵观其近十年的变革发展历程，可将其分为三个阶段：探索起步、规范发展到创新发展。

（一）探索起步以建立模式（2008—2010 年）

面对新课改，学校老师受传统惯性影响，很多处于观望、怀疑甚至是迷茫的状态，校长拥有敏锐的时代变革意识、强烈的教育责任心，带领学校教师深入多所课改名校，如杜郎口中学、洋思中学等进行参观学习。之后结合本校实际，首先学校改变以教为中心的系统，“将由‘教’字打头的所有行政处室改为‘学’字打头，如将‘教务处’‘教导处’‘教研处’等改为‘学务处’‘学导处’‘学研处’”，[②] 目的是要全校教职工从思想深处确立以学生为本、以学为本的理念。之后，以课堂教学为变革突破口，颠覆传统，创建了以问题为起点、以学定教的“学导螺旋发展大课堂”教学模式，并从 2009 年秋季开始全面实施。突破传

① 佚名 . 2014. 泽州一中 . 中小学校长，(12)：73.

② 李海勇 . 2012. 我们的课改向太阳 . 中小学管理，(3)：20-22.

统的 45 分钟课堂，将课前、课中、课后联结为一个大课堂，课堂 45 分钟只是其中一个阶段，实行塔式教学模式，学生按照“个人自主学习 — 小组合作学习 — 师生合作学习”的流程来探索学习。[①]“学导螺旋发展大课堂”将学生以学道（教师编制的辅助学生学习的问题序列）为载体的自主学习和课堂以学簇（学习小组）为单位的合作探究很好地结合起来，以生为本，以学为主，教师在学生学习过程中的角色为指导者、帮助者、合作者。围绕课堂教学改革，学校建立相应的学簇（小组）管理机制和师生晋级评价制度来保证课改的顺利进行。

（二）规范阶段以发展特色（2011—2012 年）

“学导螺旋发展大课堂”教学模式在实施过程中，逐步完善与规范。首先学道从 1.0 版升级到 2.0 版，知识问题化，问题层次化，其次是学簇（小组）向深度化发展，学簇作为学校教学与管理的基本组织，逐步走向规范化、制度化、高效化。学校建立学习制度、自律制度、生活制度、活动制度、评价制度、反思制度等，[②]强调发挥学生的自主性与能动性，确立了学生作为自我发展与管理的主人地位。在教育信息化背景下，2011 年 Z 中实行“组组通”项目工程，构建基于信息化环境下的自主学习模式。学校创设信息化学习环境，集网络、终端、平台为一体，为每个学簇配备一台笔记本电脑，为学生自主学习、解决问题、交流展示等搭建了高效的支撑平台。2012 年学校成为教育部信息化试点单位，实施“大单元、大自主、大展示”的教学，实行整体化学习和走班制，打造无界课堂，实现从形式到内容，从实体到虚拟空间的高效拓展，为学生学习营造了自由、自主、开放的学习环境。信息化走进课堂，极大地丰富了课堂教学的内涵，为学生的健康成长提供了有利条件。课堂教学模式的改革带来了教师专业发展水平的提升，学生学习的自主性明显增强，综合素质普遍提高，高考成绩逐年提高。

（三）创新阶段以全面走向信息化（2013 年至今）

2013 年，在“互联网 +”教育大潮下，在原来改革的基础上，学校掀起了

---

① 薛红霞．2013-12-25．专家眼中的泽州一中．中国教师报，（第 7 版）．

② 学道 — e 道 — 生长之课道（泽州一中研究报告）．

第二次变革浪潮，将信息化融入教育教学与学校管理中，为学校的发展谋求新的契机。学校倡导“绿色教育”，开展“人人通”“双平台”教学实验，实行“大单元教学”和“新型走班制教学”，打造“学导螺旋发展大课堂”新模式，建构校本课程新体系，进一步推进课堂教学改革。[①] 2013 年，Z 中成为山西省“人人通”试点学校。2014 年秋季开始，高一年级全部实施“人人通”教学模式，实现翻转课堂。学校为每个教室配备现代化设备，如 SMART 电子白板、音像、网络、台式电脑等，高一年级每人一本 iPad 并且互联互通。学校搭建了网络平台，实现学校管理网络化，创建教学互动平台促进师生交流；建设了丰富的网络资源，包括“互动 e 平台资源、内网资源、校园播客系统、专业网站资源、互联网资源”[②]，努力打造数字化校园系统，为师生的发展创造便捷的生态环境。

二、教育变革三层面：理念层面、课堂教学层面、组织管理层面

教育变革是一项系统性的工程，涉及各方面利益与需求的考量、分配与调整。圣吉（Serge，1990）强调的“头脑的根本改变”，在这里就是关于教育变革的观念。“如果没有观念的变更，这个难以解决的基本问题就会变成一个不断改变的主题和一个持续保守的系统并存的局面”。[③] 在任何重大变革的发生过程中，观念起着先行的导向和牵引作用，为变革设计了初步的推进方案和策略。然而，将变革理念转化与输出为现实的显性行为，并最终导向预期的目标，这是变革的根本落脚点，当然这并非一蹴而就的事。教育转型性变革的实践本性决定了中国当代的教育改革必须深入学校每天的日常教育实践中……才能实现新人的培养，实现师生在校生存方式的变化。[④] 因此，在对 Z 中的教育变革进行结构式分析时，旨在从理论和实践两个层面展开，把握学校变革理念，挖掘学校变革内涵，透析变革行为与方式，希望对教育变革有一个深入和较全面的剖析。

---

① 佚名 . 2014. 泽州一中 . 中小学校长，（12）：73.

② 学道 — e 道 — 生长之课道（泽州一中研究报告）.

③ 迈克尔 · 富兰 . 2004. 变革的力量——透视教育改革 . 北京：教育科学出版社：8，9，19.

④ 叶澜 . 2006.“新基础教育”论——关于当代中国学校变革的探究与认识 . 北京：教育科学出版社：38，239，240.

（一）观念的变革：成长为本、问题解决

从20世纪90年代以来，国内大力推进素质教育，Z中从创立伊始，秉持着传统的角色定位，以传授学生基本知识和培养基本技能为主要任务，以为高一级学校输送人才为目标。学校成为纯粹追求升学率的“知识技能训练场”，学生作为鲜活的生命体已然变为机械的工具化身，学生苦学、教师苦教。时代在发展，任何学校的因循守旧将会阻碍其在新环境中的立足与生存，Z中的变革被社会发展的需求推动着。迈克尔·富兰强调，“教育工作者是一个关键的起点，因为通过个人的努力，变革的杠杆作用会更大”[①]。校长拥有对时代与变革高度的自觉和敏锐意识，带领Z中全体师生走向变革之路。他认为，课改就是要解放学生，解放学生的学习力，最终达到人性的解放……让学生变成课堂的主人，而前提是让学生“掌握课堂中的权力”。[②]努力改变传统的应试取向，重新定位学校的价值，在教育思想上要以人为本，在教学关系上要以学习为本，在师生关系上要以学生为本，注重培养学生的学习和生存能力，力求培养能适应时代变化与承担社会责任的人才。学生作为独立的生命个体，应充分发挥其主观能动性，还原其生命性，走出过去目标与手段相互混淆的认识误区，让学生主动探索世界、关注生活，实现自我价值。基于这样的价值取向，Z中确立了“以学先行，学导同行、问题解决”的理念，以学生发展为本，努力发展学生、成就学生。[③]在此基础上构建了“学导螺旋发展大课堂”模式，该模式的灵魂是‘成长为本’，基石是‘问题解决’，核心特征是教师编制学习导航、学生自主学习、小组合作探究、进行课堂展示等。[④]学生的学习成为整个教育过程的起点与先导，而学生将其兴趣、已有经验和即将发生的学习有机结合，真正成为课堂的主人，行使自我管理和自我教育的权利。

（二）课堂教学：学校变革的中心

课堂教学是学校变革最直接的表现形式，是学校基础性活动的日常表达，[⑤]

---

① 迈克尔·富兰. 2004. 变革的力量——透视教育改革. 北京：教育科学出版社：8，9，19.

② 李鹏. 2012-12-05. 心中有朝阳，脚下有力量. 中国教师报，（第10版）.

③ 肖增英. 2013-12-25. 专家眼中的泽州一中. 中国教师报，（第7版）.

④ 李海勇. 2014. 泽州一中“学导螺旋发展大课堂”的推进策略. 山西教育，（12）：42-44.

⑤ 叶澜. 2006.“新基础教育”论——关于当代中国学校变革的探究与认识. 北京：教育科学出版社：38，239，240.

课堂是一切变革理念与价值取向的转化场域。Z 中从 2009 年起拆除讲台，打乱规整的秧田式桌椅布置，构建了以学为中心、以问题为起点、以解决问题为实质的“学导螺旋发展大课堂”模式，即“137”教学模式。“以‘问题’为主线（学道承载）；一节课分三个学习阶段（X+30+10），或三种课型即自主学习课、交流展示课、演练反思课，七个教学环节（学道导学、自主学习、学道点评、学簇展示、学室展示、小结检测、评价反馈）”。[①]

1）学道是课堂教学的前提条件。在“以学先行，学导同行”理念的指导下，学道承载了学生学习的导航使命，推动后续学习流程的顺利进行。“学道就是学习之道，即学习的方法、规则、规程、规律等。”[②] 根据学生的身心发展规律、新课程改革理念以及各学科教学目标，学道是由学校各科教师共同研讨后编制，将知识或习题问题化，问题连续化并逐步走向情境化与探究化，以激发学生的学习兴趣，培养学生自主学习、发现问题和解决问题的能力。这是“把‘内容本位’教学转化为‘学生本位’教学的一个有效策略”,[③] 而且随着学道不断规范和升级，尤其是电子学道即“e 道”，即“一种基于计算机技术、多媒体技术、网络技术与通信技术，以问题解决为主线，运用网络资源和网络技术的自主学习平台”[④]，将问题、网络资源和生生交流连接起来，拓展了自主学习的范围，营造了开放、快捷、高效的学习环境，极大地提高了学生学习的效率，培养了探索与解决问题的能力。学道导学环节后，学生带着自主学习的成果与问题参与后续的展示与交流，彻底改变了过去被动听课的状态。这是非常重要的转变，是对自我角色的重新定位。

2）学簇是新课堂的基本组织单位。学簇作为课堂学习的基本组织，将学生按照能力水平等方面的特征进行合理分配，同时充分发挥每个簇员的优势，使其各担一职，组成学习共同体。学校形成了课堂教学、学生评价、学习科研、学习管理、学生发展的深度学簇化。[③] 学簇承担起了学习、管理、评价、发展等多方面的功能，成为学校的一大特色，学校逐步形成职责分工明确、功能结构合理的制度体系。当课堂面向的不是单个的个体，而是由个体组成的单元时，教学效率因受到了来自教师、簇员和其他学簇的作用力而得到大大提高，学生

---

① 李海勇 . 2012. 我们的课改向太阳 . 中小学管理，(3)：20-22.

② 李海勇 . 2012-12-26. 学导螺旋发展大课堂 . 中国教师报，(第 6 版).

③ 学道 — e 道 — 生长之课道（泽州一中研究报告）.

④ 李海勇 . 2012-12-26. 学导螺旋发展大课堂 . 中国教师报，(第 6 版).

要为自己负责，同时作为组织中的一员更要为集体负责。因此，学簇化教学很好地发挥了学生的自主性和同伴的协作作用，这是新型课堂的活力所在。

3）大单元教学和走班制拓宽了课堂教学的内容与范畴。在教学内容上，Z中改变了过去教师严格按照教学大纲和教材等进行教学的做法，实行大单元教学。学校组织教师打乱课本内容，重新编制符合学生心理发展规律和学科发展逻辑的校本教材，以思维导图的形式进行学科内容的整合，让学生整体感知知识结构后再进行细化学习，让学生先见森林，后见树木。这“不单是教学内容和形式上的重构，更是培养学生心智独立的有效手段”①。在教学组织形式上，Z中突破班级授课制的局限，实行新型走班制。得益于信息化课堂的构建，一个教师可以同时在两三个班级之间走动，进行指导与答疑，班级也可以学簇走动的方式相互展示、交流成果，共同致力于创造开放的、流动的、高效的课堂。学生间的走动带来的是认知方式的碰撞、班级文化的碰撞，极大地促进了学生的学习。②基于信息化的融入，大单元教学和走班制真正体现了“大课堂”的特征，在内容、空间和时间上扩大了其外延，为学生的自由、自主学习提供了现实条件。

4）信息化是课堂教学深入变革的手段与基础。将信息技术与教学深度融合，努力打造数字化校园系统是Z中学校变革取得成效的重要因素。从“班班通”“组组通”到“人人通”项目的实施，信息化对课堂变革的影响走向深化。学校投入近千万元购置网络设备、创建网络平台、扩充网络资源库，为信息化课堂奠定现实基础。“信息化课堂就是网络环境下‘人—机’一体化的课堂，是‘人脑+思想+电脑+软件+平台’有机融为一体的课堂”。②学生人手一台平板电脑，相互连接并直接与网络联通，大大拓展了传统课堂的范围。学校为学生提供了便捷的网络服务、强大的资源库系统和开放的交流展示平台，提升了学生的信息化素养，大大增强了学生自主学习与解决问题的能力，为师生、生生之间的交流打开了便捷通道，促进了信息的整合、流动和共享。信息化是“学导螺旋发展大课堂”的有力支撑，是学道升级、大单元教学与走班制的基础。互联网+教育已经彻底改变了学校的面貌，改变了学生的学习和交流方式、教师的备课和授课方式，说到底改变的是师生的生存方式。以生为本，学生的生命力在课堂上得到真正的释放，而教师成为学生学习路上的指导者，学生生命成长的促进者。教学关注学生内心的真实需求，颠覆了过去机械地传授知识、训练技能的僵化做法，充分发挥了教学的育人价值。从Z中走出来的学生，不是只会死

---

① 史文魁，牛小兵，李鹏. 2012-12-05. 泽州一中：“二次革命”进行时. 中国教师报，第1版.

② 李海勇. 2014.“人人通”让“新课堂”如虎添翼. 中小学管理，(12)：10-12.

读书，而是能适应社会需求、身心得到和谐发展的完整人。即使有的学生没有进入更高阶段的学习，他也是具有健全人格、自信自爱、坚韧乐观，珍爱生命、能有效管理自己的生活、能应对外部环境、具有社会责任的人，这正是教育的价值所在。Z中的教育体现了学生发展核心素养的要求。①

（三）组织管理变革

1. 学校组织管理制度重建

从创校，学校就确立并努力坚持依法治校和以德治校相结合的办学方针，在此方针指导下，学校实现了规章制度规范化、法制教育制度化、依法施教正规化、学校管理系统化、监督手段民主化。而以德治校主要是将德育渗透到课堂教学、活动以及学校文化建设等方面。② 尤其是当前“互联网＋教育”的发展，颠覆了学校传统的以学生、教师、教材为中心的生态环境，改变了学校师生的生存方式，学校的管理体制也需做出相应的变革。学校管理的范围在扩大，除了传统的实体校园管理外，还有网络虚拟空间的管理。学校管理的权力在下放，学生学习小组成了校园里最小的组织单元，每个学生和教师都参与到了学校的管理当中，充分体现了自主与民主的风尚。“学校建立起立体交叉管理体制，学科主任负责各年级的本学科教师教学管理工作；年级主任负责管理本年级全体教师的日常工作；各班级主任既管理学生，又管理本班任课教师。”③ 教师参与学校的管理工作，既强化了教师作为变革实践者的责任意识，又提高了管理效率。

学校管理上的最大特色是“学簇化管理”。学簇（学习小组）作为学校最小的由六人或八人组成的学习单元，簇员各有分工，学簇长负责管理全体簇员，其余簇员则是某一学科学习的负责人。每天都有一个学簇承担管理和评价班级各项事务和其余学簇的责任，“学簇是管理共同体、学习共同体和发展共同体”④。学簇是学校最基层的管理组织，它的产生、培训和运行都有严明的管理制度。“学簇长是最小的管理者，学簇内的学科代言人是最小的业务管理者，学校实行模块管理、层级评价”。④ 通过学簇参与管理充分发挥了学生的自主性和积极性，提升了学生的主体地位，同时加深了学生之间的情感，使学校各项活动有条不

① 核心素养研究课题组. 2016. 中国学生发展核心素养. 中国教育学刊，（10）：1-3.

② 尹晓红，张淑萍. 2002. 奋力拼搏争创一流——泽州一中教育教学改革纪实. 山西教育，（2）：6-7.

③ 张璞. 2014. 建构主义视角下的“学导螺旋发展大课堂”教学模式研究. 宁夏大学硕士论文.

④ 杜金山. 2013-12-25. 专家眼中的泽州一中. 中国教师报，（第7版）.

紊地进行，彰显了管理的人文性和高效性。学校管理不是为了控制与约束学生，而是为了创造更加开放、高效、有序的生态环境。此外，学校还建立了系统而明确的评价制度，成立学评处，“实行教师课堂晋级‘十级’制（如过关课、升级课、达标课等）。学生课堂学习升级‘十二级’制，注重过程评价，每周推出展示之星、质疑之星、评价之星等”[①]。层级评价制度为师生的发展提供了激励和保障，对学校变革起到了很好的推动作用。

2. 高素质教师队伍建设

为了释放学生真正的生命活力，提高学校的办学质量，Z 中迫切需要一批高水平的教师承担起这样的使命，而学校教师群体以刚毕业的年轻教师为主，因此，学校尽一切努力为教师提供发展的空间和通道，专门成立了“教师专业发展学校”，根据教师的学历和教学能力等，将教师分成入格、升格、风格三个培养层，实行分层要求、分类培训、分期达标。[②] 通过有针对性的发展方式，为教师提供了自我提高的条件和环境，同时避免了资源浪费以及培训效率低下等常见问题。信息化校园建设对教师的信息技术能力提出了新的要求，信息素养成为教师专业发展的一个基本组成，熟练使用互联网及其相关设备与软件，为学生自主学习创建适宜的情境，这成为每位教师必须做到的事情。为此，学校定期开展针对性的教师信息技术培训活动，从新技术的操作到网络资源的搜索及微课的制作等方面，提升教师的专业素养，为信息技术深入课堂奠定基础。“学校建有六个微课录制室，一个高清录播教室，满足教师常态录制微课和研究常态课教学的需要。通过校内播客平台，将收集的教学视频资源、微视频资源，整合到一起备学生使用，学生可根据需要随时点播，打破传统课堂的课时界线，实现个性化学习。”[③] 此外，教师的教学研究能力影响教师专业成长的速度与质量，Z 中作为教育部首批信息化试点学校和山西省“人人通”试点学校，启动了很多课题研究，鼓励教师参与研究，提升自身科研能力，获得了不少研究成果，提高了教师素质。

3. 学校文化创建

学校从 2009 年课堂教学改革全面铺开以来，校园文化建设也随之加强。“以

① 李海勇 . 2012. 我们的课改向太阳 . 中小学管理，(3)：20-22.

② 陈有瑛 .2008. 构建螺旋式发展通道创设可持续发展空间—泽州一中教师专业发展的实践与探索 . 山西教育，(4)：29-31.

③ 学道 — e 道 — 生长之课道（泽州一中研究报告）.

生为本”的变革理念深深地熔铸在学校每位教职工心中，让每个学生获得健康发展成为学校的文化追求。文化创建首先表现在学校的外观上，从校园展示栏、墙壁文化、教学楼走廊文化到教室的布置等，到处都传播着学校变革的理念。例如，教育思想上，要以人为本，即“人本”；教学关系上，要以学习为本，即“学本”；师生关系上，要以学生为本，即“生本”。这样的文化氛围逐步改变和加深了师生对变革的认识，形成文化认同和变革自觉意识。其次，文化创建还表现在学校的各种制度中，学簇和班级都有自己的文化表达，每个学簇都有簇名，有愿景、簇徽、簇歌、口号，这些元素将学生凝聚在一起。[①]班级也是如此，口号、班歌等都大大增强了班级学生的凝聚力。这一切逐步内化为师生的自我诉求，最终表现在每个人的精神面貌及行为举止上，逐渐形成学校的特色与标志。

Z 中的学校变革是以课堂教学模式的改革为核心的，模式实施之初，学校进行规范管理，要求教师经过独备、互备、研备、改备、审备完成学道编制；加强网络教研，倡导教师写反思日志等及时总结经验，实现资源共享；要求教师关注课改中的问题，提倡教学研究形成课改成果；开展多种形式的校本教研活动，如教师联席会议、备课组长联席会议、学科代言人联席会议等，全面推进课改，形成学校特有的课改文化。[①]为便于实施操作，学校建立了教室文化环境创设评价标准、课改文化创建教师评价标准、班级学生行为评价标准等。学校开展课改文化创建评比活动，以评比促建设，点燃了师生的文化自觉与课改自信。[①]学校有自己的校园文化节，通过开展文明教研组、文明教职工、文明班集体、文明中学生“四个文明”等活动来构建学校的精神文明，营造一种积极进取、创新向上的氛围，创设为每个人服务的健康文明。[①]

纵观 Z 中从 2008 年开始的学校变革，循序渐进、层层深入，将先进的教育理念与教学实践和学校管理有机结合，形成了自己的特色。遵循“以学为先，学导同行，问题解决”的理念，创建了“学导螺旋发展大课堂”教学模式，实行“模块管理，等级评价”，全面进行教育教学综合改革，提升了教师的专业发展水平，学生自主学习、合作学习、探究学习能力明显增强，综合素质提高，高考成绩逐年上升。2013 年以来，以“绿色教育”为主题，实施基于“双平台”的学案导学模式，积极推进“大单元教学”和“新型走班制教学”，将课改引向深入。

---

① 尹晓红，张淑萍 .2002. 奋力拼搏争创一流——泽州一中教育教学改革纪实 . 山西教育，（2）：6-7.

三、学校变革成功的影响因素[①]

（一）发挥校长领导力和执行力是变革成功的首要因素

迈克尔·富兰强调，校长对“学校信任”的形成至关重要，其领导力在推动学校真正的学习团体的形成和发展上起着带头作用，评价好的校长可以提供教学支持和指导。成功校长的衡量标准之一是他能促进其他人领导能力的发展，分享领导有助于学校改进。雷斯沃德和团队研究表明，成功领导者有三方面的核心实践，即“设立方向、促进教职工的专业发展、进行组织重构”。[②]Z 中学的变革成功离不开校长领导作用的发挥，校长作为“学校变革决策的核心……对学校组织变革愿景的构建、学校变革理念的倡导、学校变革过程的组织领导以及学校文化的变革等方面都具有不可替代的影响和作用。”[③]校长能准确地把握学校发展现状，抓住变革时机，确立学校变革的核心价值“成长为本”，关注了解学校变革动态。变革过程中虽然遭遇重重阻力，但校长带领全体教职工沿着既定的学校改革之路勇敢前行。Z 中虽经历了各种曲折，但被大多数高中学校视为生命线的高考成绩逐年提高。变革取得的成效逐渐增强了师生对校长的信任，为变革的持续进行打下基础。除此以外，校长长期坚守教学岗位并深入课堂，对教师的需求等有着深刻的认识，学校组织各种形式的校本培训活动，为教师的发展提供多方面的支持，有效促进了教师的专业成长。同时，学校注重发挥教师在变革决策与管理方面的主体作用，为学校变革的成功奠定基础。

（二）教师是变革成功的决定性因素

迈克尔·富兰将“变革的动力定义为对变革本质和变革过程具有自觉的认识”，所有的教育工作者必须争取做强有力的变革者。[④]这充分表明成功的变革必须要不断更新教师的观念，发挥每位教师的动力作用。教师是课程实施者，是学校变革的真正参与者与践行者，是学校变革成功的决定性力量。对变革过程的诸多因素有着自身的理解，决定着校长决策与规划的落实。而且，教师的

① 郝琦蕾.2017.“互联网＋教育”时代的学校教育发展研究.西北师大学报（社会科学版），（5）：105-111.
② 迈克尔·富兰.2013.变革的挑战——学校改进的路径与策略.北京：北京大学出版社：51-55.
③ 孙翠香.2014.学校变革中的校长角色：反思与重构.教育科学研究，（5）：45-53.
④ 迈克尔·富兰.2004.变革的力量——透视教育改革.北京：教育科学出版社：8，9，19.

领导力潜能是学校发展的巨大资源，学校领导者能够充分发挥教师领导力，学校变革就更可能成功。[①] 转变教师被动的变革执行者角色，使教师认识到自己就是学校变革的主角，对变革成功至关重要。[②] 学校开展不同层次的教师分类培训，不断更新教师的教育教学理念，重视教师信息技术能力培训，如对教师进行 SMART 的 Notebook 软件运用、微课制作、思维导图软件培训等，不断提高教师的信息技术应用能力。开展 SMART 电子白板的课件制作、微课制作评比等，将信息技术运用水平与能力作为课堂评价的内容之一，以评比促进教师的发展。同时要求教师关注并重视课堂教学改革中的问题，培养教师的科研意识，以科研促进教学。Z 中教师逐渐转变了观念，认同学校变革的价值目标，并积极投身变革，自觉学习以增强信息技术的应用能力。在校长和学校其他领导的带领下，教师在课堂教学和学校管理等事务中勇于承担变革职责，积极发挥主人翁作用，成为推动变革和领导变革的重要力量。

（三）构建学习共同体以促进学校持续发展，为变革注入新的活力

西方学者彼得 · 圣吉提出学习型组织是一个全体成员具有不断学习能力，开发和适应变革能力的组织，并通过远景来发现、尝试和改进组织的思维模式，以此改变成员行为的组织。[③] 西方研究者进一步提出了“专业学习共同体”，教育工作者在持续进行的探索和行动研究中开展合作活动，强调全体师生基于共同的愿景与目标通过持续学习建立具有专业发展能力的组织，其特征为聚焦学习、合作小组、共同探究、行动取向、持续改进。全体教职员参与学习，并把这种学习视为日常教学工作实践的一部分。[②] 在信息化时代，Z 中转变传统的升学发展定位，树立“以生为本，成长为本”的教育理念，力求使每一位学生获得健康发展。创建新型课堂教学模式，建立课堂、学簇（学生学习小组）及教师的学习共同体，在全校营造学习型文化，推动师生成为积极的自我发展主体，保持不断学习和变革的活力，让学习成为学校的本质特征，学生健康发展成为学校持续改进的目标，变革成为学校的日常生活状态。重塑学校文化要构建集体能力，然后转变每个成员的思维方式，为变革创造有利条件。[②] 学校是文化实

---

① 杜芳芳 . 2010. 教师领导力：学校变革的重要力量 . 教育发展研究，(18)：47-51

② 迈克尔 · 富兰 . 2013. 变革的挑战——学校改进的路径与策略 . 北京：北京大学出版社：51-55.

③ 彼得 · 圣吉 . 2004. 如何管理：影响世界经济进程的 28 种管理工具 . 北京：机械工业出版社：143.

体，变革需要关注文化层面的影响，要改变学校固有的运作方式，变更组织成员原有的工作习惯及思维方式。[①] 从以教为中心的文化，向以学为中心的文化转型。Z 中校长从学校的变革理念和目标出发启动变革，在全校上下创设有利于变革的文化氛围，通过系统培训转变教师观念，使全校师生形成对变革价值取向和变革文化的认同，逐步转变僵化做法，为变革顺利进行扫除了障碍。

（四）信息化与课堂教学深度融合，开辟学校变革新方向

“互联网 +”已经影响到现代社会对人核心素养的要求，“中国学生发展核心素养”明确指出培养发展学生学会学习的素养，要求学生能够乐学善学、勤于反思、学会数字化学习。[②]2011 年山西省教育厅实施“组组通”工程，倡导构建基于网络环境下的自主学习模式。Z 中积极进行了硬件和软件建设，开始实施“组组通”。2013 年，Z 中进行“人人通”实验，建设网络环境下“人—机”一体化课堂，探索建立了基于网络平台和现实课堂平台的“双平台”问题导学模式,并逐步走向信息技术与课堂教学的深度融合。该模式的实施丰富了学习资源，打破了学生学习的时空界限，师生之间和生生之间的互动交流更加便捷，充分实现了学生学习的自主性和个性化。优质信息化资源在课堂上得到有效应用，更好地服务于教和学，使学生的学习与信息化社会接轨。学生的自主学习能力、合作交流能力、探究能力以及信息素养得以提升，综合素质普遍提高。学生能有效地搜集、筛选和使用信息，逐步具有数字化生存能力，能主动适应“互联网 +”等社会信息化发展趋势。[②] 顺应时代发展的要求，Z 中走在了信息化促进学校教育教学变革的前沿，被评为“三晋课改名校”、教育部首批教育信息化示范学校，为更多基础教育学校的变革发展提供了榜样的借鉴和参考。

第二节　基于少教多学模式的学校变革案例研究（二）

全球化和信息化改变着人类的生存方式和生产方式，同时从观念与行为层

① 操太圣 . 2007. 在实践场域中发现学校变革能力 . 教育发展研究，（8）：1-5.

② 核心素养研究课题组 .2016. 中国学生发展核心素养 . 中国教育学刊，（10）：1-3.

面深刻地影响着教育领域。尤其2015年提出的“互联网+”更是呼唤互联网对教育教学的革命性作用，从根本上改变着人类的思维方式与学校的发展路径。20世纪90年代《中共中央国务院关于深化教育改革，全面推进素质教育的决定》颁布，以素质教育为核心的教育变革在全国各地陆续展开，实践能力和创新能力成为人才培养中的关键词。在此背景下，一些学校为了在新时期求得生存与发展，聚全力进行变革，从理念、教学、管理、文化等层面对学校进行全面或局部的尝试性革新。进入21世纪，山西省积极推进基础教育新课程改革，十几年中涌现出了一批变革成功的典型学校。灵石二中是最早进行学校教学、管理等方面改革的先进学校，以该校为例，通过案例分析的方式，重点剖析学校变革历程，深入考察学校变革的方方面面，为其他学校的变革发展提供借鉴与参考。

一、解析学校变革之路

教育变革是一项技术简单性和社会复杂性变革，而且变革是一个过程而非事件，它大致经历三个宽泛的变革过程阶段：启动—实施—制度化或常规化。① 变革的发生是多种因素作用的结果，有的是被动地应付环境的改变，有的是主动寻求发展的新路径，但成功的变革要求建立在学校的内在追求和核心价值上，获得成员对变革意义的一致认同，持续、深入地接近变革本质。有研究者指出，单纯地依靠来自外界的变革动力不足以保障变革的深度和广度，挖掘学校内部潜在的变革能量更加重要。②

在教育信息化和新课程改革的大背景下，灵石二中结合学校发展实际，主动寻求变革，充分挖掘学校文化内涵，坚持“一个中心”（以课改促进教育教学质量快速提升）、力抓“两个基本点”（学生自我管理工程建设，学生自主学习工程建设）、打造“三支队伍”（领导队伍、教师队伍、学生队伍）、建设“四种风气”（优良的校风、严谨的教风、自主的学风、自律的考风）的治校方略，确立变革目标，形成内在的变革愿景，做好变革的发展规划。学校为什么要变，要怎么变，学校变革的理论基础是什么等问题不断得到讨论并逐步明确，明确行为主体及其责任，确定变革实施的具体方案，灵石二中的学校变革是寻求一条有效途径加速转型。在理念与实践的相互作用中启动变革，随着变革行为的

① 迈克尔·富兰. 2005. 教育变革新意义. 北京：教育科学出版社.

② 操太圣. 2007. 在实践场域中发现学校变革能力. 教育发展研究，（8）：1-5.

逐步定型与深化，学校变革逐渐常规化。

二、追踪变革过程

灵石二中从2003年起以学案教学的推行为突破口，经历了“建模－深化－信息化”三个阶段。第一阶段（2003—2008年）以“建模”为主，初步构建学案教学模式，由于受传统教学的影响，课堂上教师总是不放心让学生去自主学习、展示交流，课堂的四环节常常流于形式。针对这些问题，学校对教师进行培训、检查落实，外出参观，请专家亲临指导。在问题与解决中基本确立了学案教学模式，改变了课堂教学氛围。第二阶段（2008—2011年）以深化学案教学为主题，针对教学各环节出现的问题进行精细化研究，通过培训、研究课、公开课等方式解决细节问题，如学案不能很好地适应学生能力差异、教师解决问题角色定位不准、小组合作时机把握不好、课堂展示的面太小等。三年的不断改进，课堂教学效率提高，课堂各环节衔接自然，学生自主学习的能力更强了，教学成绩大幅度提高，有百分之七十的毕业生考入灵石一中。第三阶段（2011至今）以“信息化”为目标，从硬件设备到人员培训，推进基于云平台的学案教学模式，打造无界课堂，解决资源不足、学生个性化学习需求等问题。① 众多研究表明成功的变革必然是系统的、全方位的，才能达到对学校问题的根本解决，或者为学校的发展谋求全新的方式，而局部的变革只能是头痛医头，脚痛医脚。灵石二中除了在课堂教学上下功夫，还注重学校管理上的变革，加强学校“三牌”建设，即力图把教学打造成学校的“品牌”，把自主管理打造成“王牌”。最近几年，灵石二中以组组通、人人通项目为学校变革的重点工作，力图打造学校“名牌”，并取得了突出的成果。

（一）课堂教学改革

课堂教学是学校教育的核心，体现了学校教育理念与价值诉求。课堂是变革实施与效果呈现的重要场域。提高学校教学质量是灵石二中一直以来的追求目标。学校坚持“以人为本”，坚信“每个孩子都有尊严，每个孩子都可教导，每个孩子都能成功”，秉持“教育是教学之本”“教学就是要教会学生学”“活跃

① 山西省灵石县第二中学.2015.学案教学的“升级换代”.中小学管理，(3)：41-43.

是课堂之魂”的理念，从2003年起实行学案教学模式。所谓学案教学，是以学生自主探究为主要学习方式的一种开放性教学模式，以学案为依托，由“自主学习－小组学习－展示反馈－评价点拨”四大环节组成。而“学案”由教师根据课程标准要求，结合学情，对教材进行创作加工、集体备课设计而成。它让学生在学习前便了解学什么、怎么学、达到什么目标，使学生的学习过程程序化、学习内容具体化、学习方法科学化，学案成为沟通教与学、学生与教材的一座桥梁。学案同时又有教案的特点，师生课堂共同操作，教学案一体化。[①] 学案教学模式呈现出几大特点：①以学案为载体，以问题为学习的起点。学案集重点、难点、过程、方法和内容于一体，[②] 以问题的方式出现，成为学生学习的先导与起点。以问题解决为目的的学习成为一种主要的学习方式。随着学案的升级，学生参与学案的编写，这充分激发了学生学习的兴趣和参与度，拓展了课堂教学的深度和广度。②以生为本，充分展现了新课改的核心理念，即基于学生、服务于学生、为了学生。在学案教学模式实施中，学生的主体地位得到高度重视，学生的自主性和自由度都在扩大，学案的编写建立在学生的心理发展和需求上。在自主学习中解放学生的学习能力，在展示交流中充分释放学生的思想和问题。[③] ③师生、生生关系的转变。该教学模式中，学生是学习的主人，教师成为学生学习的指导者和促进者，一改传统的教师主导、学生被动的状态。另外，学生不再是完全独立的、散乱的个体，而是处在一定集体中的个体，学校实行小组捆绑考核的评价制度，个体之间的连接更加紧密，充分发挥了小组每个成员的优势，提升了小组集体的效能。

课堂教学改革取得了显著成效，教学质量得到很大提升。学校十多年蝉联灵石县初中教育教学质量第一，学生综合素质明显提高，学习的自主性增强，学习、管理、发现问题、分析问题、解决问题等方面的能力得以提升。学校先后获山西省基础教育课程改革先进学校、山西省教育学会实验校等多个荣誉称号，教改专题“学案教学研究与实践”获教育部“十一五”科研成果一等奖。学校获山西省教育学会“三晋课改名校”，成为省级课题引领课改，搭建学生自主发展平台行动研究的实验学校。另外，课堂教学改革改变了学校文化氛围。在“先学后教、少教多学、以学定教”及“以人为本”理念的指引下，教师和

---

① 三牌战略的生动实践（灵石二中课堂教学改革研究报告）.

② 梁素清 . 2011. 草根学案是这样成长的 —— 反思灵石二中课改历程 . 山西教育，(4)：42-44.

③ 薛红霞 . 2011. 山西课堂教学模式改革：课堂中的教育革命 . 中小学管理，(6)：15-19.

学生的角色与地位发生了转变，学生的主体地位与权利得到真正体现。

（二）学校管理特色

1. 确立以校长为核心、教师参与的民主管理方式

长期以来，许多学校的管理形成了以校长领导为核心的自上而下的模式，校长权力与角色无限扩大，常被叫作“学校的代理人”，校长掌握学校大大小小的事务，是决策与管理的权威。这造成了学校专制主义倾向的严重化，极大影响了学校的发展。灵石二中在学校管理变革中力求实现管理重心下移，管理从科层制向扁平化转变，放权给教师、学生，分散权力，分工负责，人人有事做，事事有人做，体现不同角色在学校管理中的地位和价值，破除管理中的专制、片面、被动局面，权力的分化为学校发展营造了一种积极参与、充满活力的氛围，为学校的创新发展提供了充足的资源和智慧。管理最重要的是营造“场”，场就是风气，包括校风、学风、教风、考风。①

首先，校长要成为“变革型的领导”，并且“有责任建立学习型组织，开展学习型学校建设”②，校长应具备很强的变革意识，能深刻分析学校现状与处境，并为学校的发展寻求适切性出路。校长带领全校师生建立学习共同体，提升学校持续改进的能力，并为学校教师的学习和专业发展创造有利条件。领导与学习能力是变革成功实施的前提条件。灵石二中提出校长必备四力：①学习力：让学习成为一种习惯，带动学习型组织建设，提升组织的整体学习能力。②思考力：学校向何处去？办一所怎样的学校？带一支怎样的教师团队？培养一批批怎样的学生？获得怎样的社会评价？树立怎样的社会形象？校长思考、领导集体思考与全体教师思考相结合，发挥校长的引领作用，建立基于学校及其成员核心价值与内在追求的共同愿景，形成学校系统的变革理论框架，使全体师生达成对共同愿景与变革理论的高度认可与笃行。③执行力：定准了就执着地去做，坚定不移，坚持不懈。校长要做好典型示范，扩大榜样的影响，在全校上下凝聚行动的力量，推动变革的实质性实施。④反思力：总结、矫正、提炼、写作。校长要求教师坚持写教学随笔、日记、周记，包括每次活动结束都要及

① 任建登. 信息技术助力学案教学（学校变革研究报告）.

② 黄忠敬. 2009. 学校领导如何引领学校变革. 教育发展研究，（18）：70-73.

时总结反思。[①] 反思习惯的培养一方面可以自觉发现变革过程中的问题，并尝试解决问题，促使变革顺利进行；另一方面使领导与教师自觉成为行动研究者，在问题与改进中深化变革。

其次，校长实施教学领导，对促进学校改革、提高学校效能、改进教师教学、增进学生学习效果具有积极的影响。[②] 因为管理和教学是密不可分、相互促进的两个方面。校长等领导是行政管理者，但更应是教育教学专家。管理的目的是提高学校的教育教学质量，而把握教育教学规律正是实现有效管理的核心。灵石二中秉持着这样的理念，即校长与中层领导首先都是专业人员，教师出身，熟谙教学且是行政工作的行家里手。因此，在中层领导的建设方面，灵石二中既重视培养中层领导的敬业精神，又注重提升其专业素养，积极向中层赋权，让其在教学实践中提升领导力，并通过一系列机制建设来保证管理的顺畅。如定时会议制（共享＋反思）、个别谈心制（化解矛盾）、定点工作制（查实到位）、课间巡查制（行为习惯）、代课等同制、阳光课间训话制、电子屏影响制等。[①] 这样，“学校高层主导变革性引领……学校中层主导教学发展引领，变革性引领倾向于改变组织的架构和文化，教学发展引领则倾向于引领教师改变学生的学习行为”[③]，二者的合力作用使学校的变革得到实质性落实。

正如迈克尔·富兰所强调的“教育变革的成败取决于教师的所思所为，事实就是如此简单，也是如此复杂”，他认为如果教师在一个强有力的专业共同体中工作并参与变革，这对变革的成功是必不可少的。[④] 课改虽然不是顺风顺水的，但灵石二中没有强迫所有的教师一开始就投入变革，而是由认同变革理念并自愿改变的部分教师先组成变革团队，并率先在部分班级展开教学和管理新试验，在榜样的示范下逐步扩大试点，最后掀起全校的变革。在此过程中，教师是变革启动、实施与持续的关键力量，而由最初参与变革的教师组成的专业实践共同体是管理变革的重要团体，更是教学科研的主导力量。为了提升教师的专业素养，学校建立了一套有针对性的教师培训体制。①新教师岗前立体培训，以听学科组长的课为主，并在暑期参加学校文化、管理、课改模式方面的培训。

① 任建登．信息技术助力学案教学（学校变革研究报告）.

② 陈如平．2004. 校长教学领导：提高学校效能和促进学校变革的策略．当代教育科学，(20)：30-32.

③ 黄荣怀，胡永斌．2012. 信息化领导力与学校信息化建设．开放教育研究，(5)：11-16.

④ 迈克尔·富兰．2005. 教育变革新意义．北京：教育科学出版社：121.

②每日岗位培训，即“学校的教学研究是日常化的，没有固定的学科教研时间，各组根据情况，随机讨论教材，集体备课，讨论课堂操作中发现的问题，并组织学科研究性听课。”③定期培训，周周有专题讲座，月月发行专题文章，供教师参考学习，组织优质学案评选，提升学案质量。④学科组捆绑式考核。[①] 学校以校本教研搭建教师培训平台，为每位教师提供专业成长的条件，通过“过关课”“达标课”“示范课”逐渐提升课堂教学的质量。班子成员带头讲座，中层领导带头课改，学科组长带头科研，教师成为课改的行动者，也是研究者。学校加强了教科研的常规化管理，建立了教科研的管理体系。完善了校本科研激励机制，引领教师走进课改、走进学案。在不断地学习研究中全面提高教师的业务能力，建立一支爱岗敬业、钻研创新的教师队伍。以科研为契机，教师积极参与，共享资源，质疑解难，实现专业成长，促使变革路径在发现问题和解决问题中逐步清晰，成为变革持续推进的关键因素。

2. 建立学生自我管理机制

学生是正在发展中的充满活力的人，承担着自我发展和自我管理的双重使命，是集体性和个体性的统一体。学校坚持以人为本，创造了“独具特色的自主管理体系，主要是通过培养学生自立自治，变被动管理为主动管理，为学生快乐成长、成人、成才打下牢固的基础，让学生一生受益。”[②]

1）管理体现条块结合、重心下移。学校实行管理年级化、年级管理班级化、班级管理小组化，年级内设年级主管、主任、教研员等，年级长负责全程监督、评价晨读、课间、午休等，把检查的情况及时汇总报政教主任留档，作为对班级考核的依据；班干部每人值日一天，检查、处理各项工作，记载全班学生的表现，作为星级小组和学生综合素质周评的依据；选出小组中最优秀的学生担任常务小组长，每个学生都担任一门课的学习小组长和活动小组长。这样一来，人人有事做，事事有人做，每个学生和教师既是被管理者又是管理者，整个学校实现了高效运作。

2）管理体现在严谨考核、细致评价上。学校每学期的期中和期末通过自评、组评、班评各进行一次学生综合素质评价，每月进行一次包括学风、纪律、卫生、阳光课间、成绩五项内容的五好班级评价，每周进行一次由班长总评、小组互评的行为周清评价，以检验管理活动的成果，激励学生不断进步。

① 梁素清．2012．破茧：课改攻坚战中的“问题”与“问题解决”．中小学管理，(7)：15-17.

② 三牌战略的生动实践（灵石二中课堂教学改革研究报告）.

3）管理体现在主题活动、锻炼成长上。学校坚持寓教于乐、寓能于活动之中的原则，组织开展了丰富多彩的教育活动，其中最具特色的有三项，包括跳蚤市场，学生以年级、班为单位进行摆摊活动，在活动中学会推销自己，学会沟通管理，为走向社会做好准备；趣味运动会，让学生全员参与，在活动中学会合作，体会共赢；校园艺术节，每年一次，有书画、演讲比赛，有大型文艺汇演，培养学生的各种能力，活跃学生的校园生活。①

（三）教育信息化建设

信息化是当今最显著的时代特征，而寻求教育教学与信息化的深度融合是学校走向现代化的必要选择。身处信息、媒体、互联网相互交织的现代社会环境，人类的生产生活方式已发生改变，而学校教育只有寻求改变、创新，与现代化接轨，才能培养出现代社会需要的人才。

1. 创建信息化教学环境，营造现代化的文化氛围

在信息化背景下，在教育部"三通两平台"政策指导下，灵石二中领导以敏锐的时代意识和坚定的变革决心开启了学校信息化教育变革。从2011年起在当地政府的财政支持下，该校大力打造信息化校园。在硬件方面，学校给每位教师配置笔记本电脑，安装了"双平台"实验室，校园网络全部无线覆盖，班班有电子白板，率先实现"班班通"。学校又为二十四个实验班配备笔记本电脑，进行"组组通"实验。2012年3月起学校给一个班全部学生配置iPad，2014年学校又增加两个班学生配置iPad，同时安装了录播室，引进国内先进的教育平台"教学邦"云平台，进行"人人通"实验。在三年时间里，学校从媒体设备、互联网到云平台，信息化建设逐步完善。在软件方面：①外聘专家团队具体指导学校信息化建设；②通过学校师生全员信息技术培训来提升变革的实施能力，真正让信息技术助力学案教学和学校的自主管理；③确立学科带头人，成立"人人通"教研团队，通过上示范课来积极承担学校变革的任务。"人人通"项目，以问题解决为引领启动学习，并在网络平台的支持下，实现了无界课堂。学生得到了真正的解放，成为自主学习的主人，在信息化环境中实现了学习方式的转变，提升了信息搜索和筛选分析能力。现代化的设备支持，信息技术与教学

① 三牌战略的生动实践（灵石二中课堂教学改革研究报告）.

整合，创建了积极、高效的学校文化。

2. 信息化融入教学，实现翻转课堂

信息技术的引入改变了学校的教学环境，深刻反映了学校变革的时代要求。学校办学宗旨是："发展孩子，让每一个孩子健康成长；服务家长，让每一个家长收获希望；成就教师，让每一个教师施展抱负"。学校教学改革形成了基于网络环境和现实课堂的以"自主学习"为先导、"小组合作"为延伸、"展示反馈"为输出、"评价点拨"为升华的四环节升级版学案教学模式。首先，网络平台在教学过程中发挥了强大的功能，在自主学习阶段可以分担教师的部分工作，完成自学检测的评阅，在小组合作中提供交流的途径与平台，以及提供丰富的教学资源。在展示交流中电子白板成为主要的展示工具，而在评价阶段网络平台可以帮助教师及时了解学生的学习情况。其次，纸质学案升级为电子学案，通过"教学邦"云教育平台真正实现翻转课堂，将学生的自主学习与丰富的资源共享与便捷的自主检测连接起来，将个体的自主学习与同伴的互助交流统整起来，将问题解决与展示交流结合起来，将评价反馈与因材施教有机联结，构建了新型师生和生生关系，转变了学生学习方式。在学习中实行小组协同发展机制，成员分工明确，各负其责，承担着学习和管理的双重责任，充分发挥每个学生的角色作用。信息技术在改变课堂教学模式的同时，也改变着学校的管理方式，营造了民主、自主、积极、融洽的学习氛围。

三、学校变革的几点启示

1. 调动各方力量，汇聚变革动力

学校变革是一项综合性的工程，而且必须发掘来自学校内部的变革动力，采取自下而上的方式来进行变革。"学校变革主体动力是由多元主体动力构成的复杂动力系统，包括校长、教师、学生和政府等多维主体动力，多维主体动力间存在着复杂、立体、动态的交互作用"。[①] 因此，要充分调动由校长、中层领导、教师和学生组成的变革力量，且每一方力量都是不可或缺的，且都影响着变革的顺利实施。学校实行分化管理机制，学校管理年级化，年级责任分化到班级，最后链条式地垂直到每个学生。责任分化制合理地、高效地将学校的各种角色

① 孙翠香 . 2010. 学校变革主体动力研究 . 华东师范大学博士论文 .

凝聚到变革中来，各司其职，使变革朝目标合力推进。以管理促教学，提升学校教学质量。因此，内源式的变革突破了以往来自外部或来自上级的变革的缺陷，教师、学生都是重要的变革参与者，其自身观念、变革意愿和行为方式都影响着变革的落实，这两大力量的融入是变革成功进行的必要前提和动力保障。①

2. 建立共同的变革愿景，实现校本化发展

在轰轰烈烈的变革大潮中，学校变革要根据自身实际状况走校本化发展道路。目前各个学校都在进行改革，但真正有效的改革一定是基于自身更新需要的内在革命。因此，建立基于学校发展内涵和价值追求的变革愿景，是保障学校发展方向的关键，也是学校实现创新发展的基础。灵石二中在大变革背景下，坚持以人为本、发展才是硬道理等教育教学理念，制定以课改促进教育教学质量快速提升的变革目标，并确立初步的发展规划，通过宣传和培训等方式促进学校教师观念的更新。变革并不是一件按部就班的事情，而是在行动中持续改进的工作。事先的变革愿景也不可能一应俱全，需要在改进过程中不断实现内容和意义的扩充，因此要在行动中进行研究，提升变革的深度和广度。

3. 促进多维改进，实现系统优化

学校变革的成功必须实现各方面的有机整合。学校是多元素构成的生态体系，其有效运行需要各方面的相互配合与协调作用。在新课改背景下，学校既重视课堂教学，又重视管理和科研等方面的建设，教学先行，管理强校，科研兴校。学校强化学生管理教育的精细化，注重校本教研，培养青年教师大力度进行课堂教学改革，实践并发展学案教学模式，从而改变了学生的学习方式和教师的教学方式，调动了学生学习的积极性，全面提高了学校的教学质量和管理质量。最终从根本上改变了学校的文化氛围，促成学校的转型发展，实现学校与外部环境的和谐统一。

4. 加强学校的社会性互动

学校改进是一项复杂的工作，需要行政部门的政策、资金支持，也需要高校科研人员、教研人员的理论与技术支持……需要积极寻求不同机构建立合作伙伴关系。② 在当今时代背景下，作为社会性组织，学校要在社会性互动中获

① 孙翠香 . 2010. 学校变革主体动力研究 . 华东师范大学博士学位论文 .

② 全晓洁 . 2015.U-G-I-S 合作框架下的内源式学校改进个案研究 . 西南大学硕士学位论文 .

得充足的经验与建议。灵石二中在变革启动时受益于杜郎口等课改名校的启发。信息化设备的建设离不开县政府的财政支持，信息化教学的实现离不开外聘专家和省教育厅领导和教研室老师的帮助和指导。总之，学校的成功变革是在多方力量的互动中实现的，与时俱进，走向信息化是变革的必由之路。

第四章

信息技术与课程教学整合研究

本章包括信息技术与课程教学整合的理论研究、信息技术与课程教学整合的实践研究、信息技术与课程教学整合的误区分析与方法反思。梳理分析信息技术与课程教学整合的内涵、整合的层次、整合的模式、整合的新理念等。采用课堂观察、访谈，以及案例研究等实证研究方法，研究信息技术与课程教学整合的实践，揭示信息技术与课程教学整合的五个误区，并对整合进行了四方面的方法反思。在教育信息化背景下，“互联网+教育”深刻影响着教育教学的内容、手段、方式等，推动了信息技术与课程教学的整合。采用课堂观察和访谈等实证研究方法，立足于“双平台”问题导学模式、电子书包环境下的教学模式，研究了信息技术与课程教学整合的实践，分析整合过程中存在的问题，并依据存在的问题，提出思考和建议。

第一节　信息技术与课程教学整合的理论研究

一、“整合”概念研究

关于整合概念，何克抗教授认为信息技术与课程的整合是指“通过信息技术与各学科教学过程有效的融合，创造一种既能发挥教师的主导作用又能充分体现学生主体地位的‘自主、探究、合作’为特征的新型教与学环境，从而充分地发挥学生的主动性、积极性、创造性，使传统的以教师为中心的课堂教学结构发生根本性变革，使学生的创新精神与实践能力的培养真正落到实处”①。李克东教授认为信息技术与课程整合是指“在教育教学过程中把信息技术、信息资源、信息方法、人力资源和课程内容有机结合，共同完成课程教学任务的一种新型的教学方式”①。有学者分别将以上两位学者的观点称为“大整合论”②（信息技术与课程整体融合，改变课程结构，变革整个课程体系）和“小整合论”②（信息技术作为一种工具、媒介和方法融入教学各个方面）。一些学者提出了“深度融合”的概念，认为“信息技术与教育深度融合，不是点缀式、浅表化的技术应用，而是信息技术与教育教学相互促进”③“‘深度融合’要求实现教育系统的结构性变革，而非‘渐进式的修修补补’”④。

关于整合概念，学者表述虽然不同，但其内涵基本一致，就是通过信息技术与教学的整合，即在教学中通过信息技术辅助教或辅助学，进而利用信息技术构建或营造一种信息化的教学环境，达到二者的融合，变革传统的教学结构。

① 赵呈领，杨琳，刘清堂．2015．信息技术与课程整合．2版．北京：北京大学出版社：3-5.

② 黄德群．2009．十年来我国信息技术与课程整合研究的回顾与反思．电化教育研究，（8）：88.

③ 周洪宇．2014．信息技术与教育深度融合的政策建议．人民教育，（7）：11.

④ 何克抗．2014．如何实现信息技术与教育“深度融合”．课程•教材•教法，（2）：59.

二、“整合”层次研究

整合的层次依据不同的标准而提法不同。有学者依据信息技术对课程教学的影响（沿着由表及里、由具体到抽象、由显功能到隐功能逐层深入），将整合的层次划分为“独立开课层次”“工具性整合层次”和“课程改革层次”。[①] 有学者依据信息技术所发挥的作用，将“整合”分为“关注技术应用的层次”“把技术作为学生学习工具的层次”“关注学生素养形成的层次”。[②] 还有学者根据课程内容，将“整合”划分为信息技术与学科教学的整合、信息技术与学习活动的整合、信息技术与学科及学习活动的整合。[③] 还有学者根据教学对技术的依赖程度和学生的投入程度，将“整合”分为三个阶段，即封闭的、以知识为中心的阶段（信息技术作为演示工具、交流工具、个别辅导工具），开放式的、以资源为中心的阶段（信息技术作为信息加工工具、协作工具、研发工具），深度融合的阶段（营造信息化的教学环境、实现新型的教与学方式、变革传统的课堂教学结构）。[④]

综合上述几位学者的观点，“整合”的层次涉及信息技术与教学过程、教学内容、学生和教师几方面的关系，其整合层次也是随着与这几方面联系的加深逐渐深入的。在信息技术与课程整合的初级阶段，教师和学生将技术的掌握作为首先的关注点，即如何用它们来辅助自己的教或者学，信息技术是作为教或学的工具出现的；随着技术的熟练掌握及学生心智的训练，信息技术逐渐成为教学不可分割的部分，通过资源的拓展，构建一种开放式的课堂，最终改变教与学的方式。就整合的层次而言，很多学校处于初级阶段，而有些课改先进学校处于通过信息技术构建一种开放式的课堂，进而达到变革整个课堂教学结构的阶段。

三、信息技术与课程教学整合的模式研究

何克抗教授从产生背景、教学流程、内涵特征、实施步骤、实施案例几个维度，介绍教学中几种常用的“整合”模式。①“传递－接受”教学模式的

① 耿新锁．2007. 信息技术与课程整合的含义、层次及整合点．山西师大学报（社会科学版），（5）：128.
② 李龙 .2007. 信息技术与课程整合的理论和方法．电化教育研究，（5）：76.
③ 梁平，武常宏．2007. 信息技术与课程整合的新视点．中国成人教育，（10）：27.
④ 赵呈领，杨琳，刘清堂著．2015. 信息技术与课程整合 .2 版．北京：北京大学出版社：6.

实施环节：实施先行组织者策略→介绍与呈现新的学习内容→运用教学内容组织策略→促进对新知识的巩固与迁移。[①] ②“探究性”教学模式的实施步骤：创设情境→启发思考→自主学习与自主探究→协作交流→总结提高。[②] ③“研究性学习”教学模式的实施步骤：提出问题→分析问题→实施解决问题方案→总结提高。[③] ④ WebQuest 教学模式实施环节：设计合适的课程单元→选择能促进高级认知发展的任务→网页设计→形成评价→制定学习活动过程→以文字形式记下所有活动内容以供别人借鉴→检查并改进。[④] ⑤“适时教学”（just-in-time teaching）模式实施环节：教师在网上发布课前预习内容→学生在课前认真预习并向教师反馈→教师根据学生的反馈对教学做出适应性调整并加以实施→创设学习者的主动学习课堂→促进学生高级、复杂认知能力的发展。[⑤]

赵呈领等将“整合”的模式概括为基于资源环境的主题教学模式、基于任务驱动的教学模式、基于问题解决的教学模式、WebQuest 教学模式、基于网络的协作学习模式五种整合模式。[⑥] 马维和从学习的角度提出了“整合”的师生共同探究的学习模式（适用于已形成定论的学科知识内容，信息技术作为认知载体，问题情境创设工具）、学生自主探究的学习模式（适用于课本涉及但未深入学科前沿最新成果的知识点内容）和协作探究式学习模式（适用于开放性的、与生活联系较紧密的知识点的学习）。探究式的学习模式实施需要具备一定的条件，即具有一定难度的学习资料、学生主体性的充分发挥、必要的知识基础、融洽的课堂氛围、创设具备目的性、适应性、新异性的问题情境、良好的探究环境[⑦]。

总之，随着信息化的不断深入和发展，信息化教学模式会不断涌现，没有一种模式是适合任何学科、任何教学情境的，不可能用一种模式去完成所有的教学任务。因此，教师要根据教学目的、教学内容、教学资源、教学环境以及

---

① 何克抗，吴娟 .2008. 信息技术与课程整合的教学模式研究之二——“传递—接受”教学模式 . 现代教育技术，(8)：9.

② 何克抗，吴娟 .2008. 信息技术与课程整合的教学模式研究之三——“探究性”教学模式 . 现代教育技术，(9)：6-7

③ 何克抗，吴娟 .2008. 信息技术与课程整合的教学模式研究之四——“研究性学习”教学模式 . 现代教育技术，(10)：10-11.

④ 何克抗，曹晓明 .2008. 信息技术与课程整合的教学模式研究之五——“WebQuest”教学模式 . 现代教育技术，(11)：6-7.

⑤ 何克抗，刘春萱 . 2008. 信息技术与课程整合的教学模式研究之六——“适时教学（JiTT）”模式 . 现代教育技术，(12)：11-12.

⑥ 赵呈领，杨琳，刘清堂 . 2015. 信息技术与课程整合 . 北京：北京大学出版社：264.

⑦ 马维和 . 2012. 以学习活动为中心的信息技术与课程整合 . 哈尔滨：黑龙江教育出版社：147，152，156.

学生的具体情况，选择适宜的整合模式进行教学。

四、信息技术与课程教学整合的新发展

近十几年，随着多媒体技术和网络技术的飞速发展，一些新技术、新理念在教育领域得到广泛应用，它们对信息技术与课程整合产生较大的影响。

（一）新技术

1. 交互式电子白板

交互式电子白板具有交互性、实时记录和存储功能，集文字、声音、图片、影像于一体，有利于激发学生的兴趣，提高学习质量。有利于促进课堂教学方式的变革，推动信息技术与学科教学整合[①]。电子白板在教学中的使用可以分为辅助工具阶段（仅替代黑板作用）、交互阶段（作为课程的元素整合）和增强交互阶段[②]。

2. 电子书包

电子书包是一种整合了电子课本的内容（资源）、电子课本阅读器（设施）、虚拟工具，并连通无缝学习服务（平台）的信息化环境的集成体[③]。利用电子书包，教师可以通过网络了解学生的预习是否到位，还可对学生进行启发、讲解、答疑、交流，及时了解学生的学习情况；学生可以预习、在线学习、自我评价、提交作业和咨询不懂的问题；家长可以及时了解学生的学习进度，及时获取学校发布的信息等。

3. 移动学习工具

移动学习是借助移动技术和移动设备来实现随时随地学习的一种新型学习方式，在当前教学中主要是平板电脑、智能手机、学习机及各种社交软件的应用（主要为博客平台的使用）。利用移动学习技术，学习者可以利用移动终端实

① 张文兰 .2012. 信息技术与课程整合 . 西安：陕西师范大学出版社：87.

② 吴筱萌 .2011. 交互式电子白板课堂教学应用研究 . 中国电化教育，（3）：1-2.

③ 赵呈领，杨琳，刘清堂 . 2015. 信息技术与课程整合 . 北京：北京大学出版社：264.

现信息的获取、学习和交流，使学习更加的灵活便捷；师生之间可以实现以文本、图片、短信、彩信、音视频等形式的多媒体交互；学生的学习更加情景化；学习者自主选择学习内容、自控学习进度，学习更加个性化，学习时间片段化[①]。

（二）新理念

1. 混合式学习

混合式学习就是要把传统学习方式的优势和网络化学习的优势结合起来，既要发挥教师引导、启发、监控教学过程的主导作用，又要充分体现学生作为学习主体的主动性、积极性与创造性[②]。混合式学习是面授学习与在线学习的结合，主要表现在四个方面[③]：①线上学习和线下学习的混合，“线上”指通过网络学习，“线下”指传统的教室。②自定步调学习和同步协作学习的混合，自定步调的在线学习是学习者使用在线技术以其个人的步调进行学习的模式，同步协作学习是指学习者在正式学习某门在线课程时，会自发地形成虚拟的学习共同体，然后同步调并且运用相同方式参与学习话题的讨论，这种同步协作学习有利于削弱自定步调学习而造成的孤独感和厌倦感。③结构化学习和非结构化学习的混合，学习者的学习不都是事先设计好的、结构化的，或者类似于书籍章节组织好的正式的学习内容。部分学习是通过谈话、讨论、观察和尝试的非正式学习。④内容定制学习和内容非定制学习。混合式学习的模式主要包括[③]：轮转模式（站轮转模式、实验室轮转模式、翻转课堂模式、个性化轮转模式）、柔性模式、自混合模式、增强虚拟模式。

2. 智慧学习

智慧学习环境是一种能感知学习情景、识别学习者特征、提供合适的学习资源与便利的互动工具、自动记录学习过程和测评学习成果，以促进学习者有效学习的学习场所或活动空间[④]。智慧学习环境需要有信息技术、学习工具、学习资源和学习活动的支撑，能够智能地、准确地识别和灵活响应学习者的学习

---

① 张文兰．2012．信息技术与课程整合．西安：陕西师范大学出版社：258，261．

② 何克抗．2004．从 Blending learning 看教育技术理论的新发展（上）．电化教育研究，（3）：2．

③ 赵波等．2015．信息技术与教学融合．北京：科学出版社：84-87．

④ 黄荣怀，杨俊锋，胡永斌．2012．从数字学习环境到智慧学习环境——学习环境的变革与趋势．开放教育研究，（1）：76．

需求，能够个性化地支持学习者的学习进程，能够有效地促进学习者智慧发展[①]。智慧学习环境是普通数字化学习环境的高端形态，数字学习环境主要关注能够促进学习者学习的各种基础设施（如计算机、网络设施、传感器和各种电子设备等）和学习资源建设。而智慧学习环境主要关注如何使用各种可靠和有用的信息，为学习者提供自适应和个性化学习，核心是信息分析和让信息对学习者有意义，并在此基础上以智慧的方式为学习者服务[②]。

3. 泛在学习

泛在学习是网络化学习和移动学习发展到一定阶段的产物，指的是以泛在技术为核心的信息技术支持下的学习，即无处不在的学习[③]。泛在学习能够提供无缝学习，即泛在学习环境能整合物理空间与信息空间，为用户提供无缝的学习体验，能根据学习者所在的实时情境和学习终端的特性，为其提供无间断的学习内容和学习服务，使学习得以连续进行；泛在学习环境具有情境感知的特性，即可以自动感知学习者的位置、所处的环境信息、正在进行的学习活动、学习者与环境或他人的交互情况等信息，并经过分析处理形成对学习者行为和需求的理解，据此来提供最高效能的使用环境；泛在学习可以提供适应性服务，即考虑用户的终端属性，为学习者提供合适的学习资源，并以符合学习者个性化的方式呈现，同时系统能够提供适应性的导航支持，为学习者提供有关学习路径、学习伙伴等个性化的决策和服务。[④]新的教育理念与先进的技术手段在教学中的应用，为信息技术与教学整合开辟了新路径。这些新技术的应用，在注意到它给教学带来便利的同时，也应对其出现的问题进行研究，以达到信息技术与教学的深度融合。

第二节　信息技术与课程教学整合的实践研究

近年来，翻转课堂、微课程、慕课等新的教育形式迅速崛起，信息技术对

① 崔惠萍，傅钢善．2014．新技术与电子书包融合构建智慧学习环境的研究．现代远距离教育，(6)：55.

② 杨俊锋，龚朝花，余慧菊，Kinshuk.2015．智慧学习环境的研究热点和发展趋势——对话 ET&S 主编 Kinshuk（金沙克）教授．电化教育研究，(5)：87.

③ 赵波等．2015．信息技术与教学融合．北京：科学出版社：96.

④ 张洁．2010．基于静脉感知的泛在学习环境模型构建．中国电化教育，(2)：18-19.

学校教育产生了越来越大的影响。① 信息技术重构的新技术生态圈将改变知识的传播形式与教育的交往方式，从而带来教育教学方式的革新，推动学校系统从封闭走向开放，进而凸显学校教育的育人功能。②“互联网 + 教育”将从注重教的信息化转向注重学的信息化。《中国学生发展核心素养》强调培养学生的信息意识：使学生能自觉、有效地获取、鉴别、使用信息；具有数字化生存能力，主动适应“互联网 +”等社会信息化发展趋势。③ 鼓励学生利用信息技术手段自主学习，增强运用信息技术解决问题的能力。多媒体化、网络化和知识可视化的逐步推进，以及云计算、大数据等的广泛应用推动着信息技术与课程教学的深度融合。因此，需要关注教师信息技术应用能力的有效提升，尤其是教师将信息技术与课程深层次融合的能力亟待提高。

山西 Z 中学是一所省级示范高中，教育部首批教育信息化试点学校，山西省课堂教学改革先进学校。为了转变学生的学习方式，提高教学效率，山西 Z 中学致力于探索网络环境下学生自主学习的课堂教学模式。2011 年，学校开始进行“组组通”行动研究，搭建网络学习平台，每个学习小组配置笔记本电脑，并且与电子白板通过无线网络实现互联互通。之后，学校在“组组通”的基础上实施“人人通”行动研究，学生人手一部 iPad，学校全力推进信息化课堂建设，即进行了学习环境建设、网络环境建设、网络平台建设、校本资源库建设、“智慧课堂”建设等。④ 经过几年的探索实践，山西 Z 中学实现了信息技术与教育教学的融合，走在了山西教育信息化的前列。在信息技术与教学整合方面做出了许多有益的探索。采用实证研究方法对该校信息技术与教学整合的实践进行研究，以期了解整合过程中存在的问题，总结有益的经验，并提出相应的对策或建议，以促进教师信息技术应用能力的提升。

一、研究方法

深入 Z 中学进行实地调研，采用访谈及课堂观察的方法，了解该校信息技术与课程教学整合的情况。选取了该校积极参与教学改革的几位老师进行访谈（表 4-1），主要了解信息技术应用于教学的效果、信息技术应用于教学过程中存

① 曹培杰 . 2016. 未来学校的变革路径——“互联网 + 教育”的定位与持续发展 . 教育研究，（10）：46-51.

② 庞红卫 . 2016. 信息技术如何变革学校教育——基于生态学视角的分析 . 中国教育学刊，（5）：42-46.

③ 核心素养研究课题组 . 2016. 中国学生发展核心素养 . 中国教育学刊，（10）：1-3.

④ 李海勇 . 2014.“人人通”让“新课堂”如虎添翼 . 中小学管理，（12）：10-12.

在的问题等，寻求教师的有效教学策略和方法。采用课堂观察的方法，具体观察信息技术在学科教学中应用的情况，以及教师如何更好地将信息技术与学科教学整合的情况。

表 4-1 访谈对象一览表

教师	科目	职称	学历	教龄 / 年
S	生物	中教一级	本科	6
W	物理	中教高级	本科	15
Z	政治	中教一级	研究生	6
D	信息技术	中教一级	本科	10

二、访谈及分析

通过访谈了解到信息技术给教学带来了重大变化，它为教学提供了丰富的资源和便捷的工具，改变了以往教材的呈现方式，提高了学生学习兴趣，拓宽了学生的知识面。通过 QQ、微博、教学互动平台等的使用，实现了师生之间的便捷互动。通过限时检测，大大提高了教学反馈的效率，提高了学生运用技术的能力。教师的一言堂转变为以学生为主体的课堂，通过图片声乐的展示，能够加强学生的认知能力，使学生更好、更快地掌握知识，更有效地提升教学质量，“从统一、固定的教学向统一与灵活性、个性化相结合的教学方式转变”“从金字塔向扁平式、从有边界向开放性的教学方式转变”，① 但信息技术与教学整合过程中存在着一些问题。

（一）平板电脑存储容量不足的问题

Z 教师：主要是学生端资料存储有问题。因为平板电脑的存储容量有限，我们使用的电子学案都在上面，包括从高一到高三的资料，这对平板电脑具有很高的要求。（这反映了硬件方面的问题，在硬件跟不上的情况下，教师只能要求学生将资料放在存储容量比较大的硬盘里。）

① 金晋，金华 .2015. 现代信息技术与教学方式的转变 . 内蒙古师范大学学报（教育科学版）.（11）：134-136.

（二）平板电脑管理的问题

S 教师：学生如何管理平板是最主要的问题。由于高中生年龄阶段的特点，其自制力差，往往一旦连上网络，就会不由自主地浏览无关的网页，或者玩游戏。虽然我们可以屏蔽一些软件，但不能完全屏蔽。（基于网络平台的教学带来了学生管理方面的问题。）

（三）搜题软件的问题

W 教师：网上有很多搜题软件，只要你用平板电脑一搜，答案就出来了，这对学生来说不是一件好事。

Z 教师：信息化这块，尤其是有“小缘搜题”，遇到不会的，到网上一搜，这种便捷性的东西确实好，但是另一方面不利于学生独立思考探究能力的培养。学生到底静下心来整理了多少东西，记了多少东西，或者说电脑上究竟存了哪些东西，这个没人去整理。假如说你看到一个东西，复制、粘贴到一个 Word 文档里，有多少人会打印出来，又有多少同学会回去看，不清楚。（搜题软件的使用影响了学生探究与创新能力的培养，学生学习的大量过程性资料需要整理，但是很少有学生去做这方面的工作，在资料整理方面教师需要重点引导、督促与评价。）

从客观上说，平板电脑自身存储容量不足造成师生资料保存的困难，需要不断地更新系统，提高存储容量。从主观上说，由于高中生年龄阶段的特点，其自制力差，容易受到网上不良诱惑的影响，对身心发展造成一定的影响，加之网络的便捷性，也容易使学生产生对网络的依赖性，造成思维的惰性。而如何预防解决这些问题是需要考虑的。学生在自主学习过程中过度地关注题目的答案是什么，而不去思考为什么是这个答案，而且有些答案过度依赖于网络，学生可直接“复制、粘贴”。针对这种情况，教师要求学生将“答案”用手写的形式拍照传给教师，以督促学生的自主学习。

（四）网速等技术问题

大面积使用平板电脑的时候，对网速要求高。

D 教师：在使用过程中，平板电脑本身系统可能会有问题，或者平台的结合度和网络等也会出现问题。最好可以使网络达到最佳状态，如果时常断线，就会影响正常上课。如何保障网络不断线并且有正常的网速尤其重要。“人人通”，就是信息化教学，它实际上并不是完全贯穿到整个课堂中的，它常用在某个环节或者某个片段上。希望后台服务支撑做得比较好，比如，我现在需要解决一个问题，就可以在线求助一些专家，或者求助一些对这方面比较精通的人。再比如，我想出一个东西，但是实现不了，可以利用 3D 打印机，有人就可以帮他在网上做好这个建模，回来直接打印就行了。那相比之下，我觉得国内达不到这种要求，这样的话，课堂也会受到影响。（网速和后台的技术支撑水平影响了课堂教学效率。）

（五）对教师的要求较高，增加师生的负担

D 教师：信息化能给课堂带来什么？这个问题也得考虑考虑。因为，信息化看起来，首先资源多了，或者是互动也多了，比如，课前原来老师只写一份教案，但是现在要提前准备好多东西，相对而言，教师耗费在教学上的时间和精力比以前更多，这是一方面。另一方面就是学生这一块，因为课堂时间就只有 40 分钟或者是 45 分钟，特别是高中学习量比较大，相对也增加了学生的负担。（信息化教学对教师和学生的要求较高。）

D 老师：实施这个模式是让老师少讲，让学生多讲。这样，老师需要多付出一些。使用过程中，刚开始，老师在操作方面就很有问题，老师要为此付出更多的精力，所以有的老师积极性就不高。如果说学校这段时间不督促、不检查，老师用得就少；如果这段时间学校要检查，有的老师就会被动地使用。确实存在这样的问题。

分析得出：在信息化教学过程中，特别是人手一部平板电脑的情况下，对学校的信息化基础设施要求较高，因为平板的使用对网络的依赖性较高，这就要求学校的宽带网速必须跟得上才可以，否则会影响教学。在信息化教学过程中，因为可供选择的资料更多，教师一方面需要选择对学生学习最有帮助的资料；另一方面需要给学生提供及时的指导，所以教师需要付出更多的时间和精力。有些教师对信息化教学的认识不到位，存在着应用技术的形式化现象。对于一些年龄较大的教师，教学已成定式，教师上课不想使用信息技术手段，对信息技术教学接受起来比较困难，存在被动使用的问题。

三、思考与建议

（一）要以先进的教育理念和教育思想为指导，根据教学内容和教学目标，恰当使用信息技术

“信息技术与课程整合是在‘主导－主体’教学理论和建构主义学习理论的指导下，把以计算机及网络为核心的信息技术作为促进学生自主学习的认知工具和情感激励工具，以及丰富的教学环境的创设工具，应用到各学科的教学过程中，使各种教学资源和各个教学要素及教学环节经过整理、组合而相互融合，在整体优化的基础上产生聚集效应，从而促进传统教学方式的根本变革。改变传统的以教师的‘教’为中心的教学结构和教学模式，为以学生的‘学’为中心的教学结构和教学模式，从而达到培养学生创新精神与实践能力的目标。”① 信息技术与课程整合不是为了仅仅使用信息技术，不能用信息技术来替代学生的某些感性活动经验与思维过程，它必须与传统教学活动紧密结合。信息技术与教学活动的表面混合并不等于整合，关键要看是否有效地服务于教学目标的达成。② 学习内容、教学法知识和技术三者的融合区是信息技术与课程整合的高效区域③ “学生认知的最近发展区是信息技术与课程整合的基点和范围”④，信息技术是手段，信息技术要为课程和教学服务，课堂教学的重心是完成课程目标。

（二）信息技术与课程整合需要有软硬件条件的支持

要实现信息技术与课程有效整合，学校应具有良好的信息化教学环境，充分重视各学科的教学资源库建设，注重学校网络学习平台的建设，网络学习平台支持教师备课、批改学生作业、展示学生作品，以及提供学生的扩展阅读和同学间协作的空间等大部分教与学的活动。同时，它也是个资源库，存储教师设计的教案和其他资源等。⑤ 教师把相关资料放在局域网服务器或网站上，实现

① 杨威，史春秀，巩进生 .2003. 信息技术教学导论 . 北京：电子工业出版社：192.

② 孙月圣 .2009. 重新认识和理解信息技术与课程整合 . 当代教育科学，（14）：29-31.

③ 全美教师教育学院协会创新与技术委员会 . 2011. 整合技术的学科教学知识：教育者手册 . 任友群，詹艺译 . 北京：教育科学出版社：35-40.

④ 秦伟，李海峰 .2013. 信息技术与课程整合存在的问题及对策 . 教育探索，（11）：30-31.

⑤ 黄利发 .2011. 信息技术与课程整合中全面的教师培训、巩固与支援计划 . 现代教育技术，（5）：43-47.

资源共享；学生在网上浏览资源，互相讨论、向老师请教问题等，借助现实教学和虚拟网络两大平台完成教学交互。[①]

（三）提高师生的信息素养

实现信息技术与教学的融合，需要加强教师的信息技术培训。教师培训除了基本理念和教学模式外，教案的设计、教学资源的建设、阅读材料的筛选及编写等也是培训的重点。[②]学校还可以加强与国内高校的合作，开发教学软件，实现信息技术与课程的深度整合。[③]加强校本培训，为教师提供丰富的教育技术学习资源，并在教师日常教学中尽量提供教育技术指导，让教师在需要时能得到服务，加强教师课程整合理论与信息技术应用能力培训。[④]如定期举行学校内的微课比赛，电子白板比赛等。学校要有目的地培养学生的信息意识、信息搜集、筛选和提取技能等信息素养，同时，要意识到师生信息素养的提高是一个潜移默化的过程，不可能一步到位。[⑤]

（四）信息技术要与传统教学活动、媒体进行整合

信息技术与课程整合实践中要充分考虑技术的适用性和有效性，技术必须要以完成实际课程目标为宗旨，而不是以技术为中心，不能指望现代媒体可以代替一切。[⑤]此外，“信息技术要与其他传统的教学媒体，如黑板、实物、模型、实物投影仪等进行整合，每种媒体都有自己的优越性和不足，没有万能的、能解决一切教学问题的媒体。对于某些学习任务，采用一种媒体可能效果更好，或者几种媒体的综合使用会产生意想不到的效果”[⑥]。同时，正确认识信息技术与课程整合的阶段性、长期性与艰巨性，有学者将信息技术与教学整合的发展历

---

① 温梅，温禹 .2015. 信息技术与课程整合的策略研究 . 中国成人教育，（11）：126-128.

② 秦伟，李海峰 .2013. 信息技术与课程整合存在的问题及对策 . 教育探索，（11）：30-31.

③ 李丽美，徐晓雄 .2012. 生态学视角下中小学信息技术与课程整合的误区及对策探究 . 中国远程教育，（2）：81-86.

④ 孙月圣 . 2009. 重新认识和理解信息技术与课程整合 . 当代教育科学，（14）：29-31.

⑤ 黄德群 . 2009. 十年来我国信息技术与课程整合研究的回顾与反思 . 电化教育研究，（8）：86-89 转 94.

⑥ 王鉴，郝琦蕾 .2008. 课堂教学中信息技术与课程整合的误区分析与方法反思 . 现代教育技术，（1）：62-65.

程概括为四个阶段：认识信息技术阶段、信息技术与课程的初步整合阶段、信息技术与课程的有效整合阶段、信息技术与课程整合的学习绩效阶段，[①]信息技术与课程整合的不同阶段，整合的形式和要求是不同的，因此，信息技术与教学的整合必须按照规律、按照阶段逐步推进，整合具有长期性和艰巨性。[②]

第三节　信息技术与课程教学整合的误区分析与方法反思

西方发达国家把信息技术与课程整合作为培养创新人才的根本措施。[③]我国基础教育课程改革也倡导现代信息技术与课程的整合。《基础教育课程改革纲要（试行）》明确提出："促进信息技术与学科课程的整合，逐步实现教学内容的呈现方式、学生的学习方式、教师的教学方式和师生互动方式的变革，充分发挥信息技术的优势，为学生的学习和发展提供丰富多彩的教育环境和有力的学习工具。"[④]虽然信息技术与课程整合在我国已开展多年，但至今绝大多数学校信息技术的使用仍然停留在计算机辅助教学（computer aided instruction, CAI）阶段。"部分教师把信息技术与课程整合看作是一种时尚，凡公开课必然要用；还有不少教师把信息技术与课程整合看作是更有效地学习信息技术的一种方式；更多的教师则是把信息技术与课程整合和计算机辅助教学完全等同起来，认为只要在课堂上运用了多媒体或网络就是在进行信息技术与课程的整合。"[①]因为教师对信息技术与课程整合的实质缺乏了解，对于实施信息技术与课程整合的途径与方法更是知之甚少，所以出现了种种错误也就在所难免。因此，很有必要对课堂教学中信息技术与课程整合的误区进行分析，反思二者整合的方法以有效提高各学科的教学质量。

---

① 刘世清.2008.信息技术与学科整合存在的问题与发展路径.中国教育信息化，(14)：37-39.

② 李智晔.2015.论信息技术与课程整合的基本问题.教育研究，(11)：91-97.

③ 何克抗.2006.信息技术与课程深层次整合的理论与方法.中国信息界，(4)：47-56.

④ 教育部.2001-6-8.基础教育课程改革纲要（试行）.人民教育，(9)：6-8.

一、课堂教学中信息技术与课程整合的误区分析

1. 误区一：多媒体课件屏幕代替传统的黑板板书

随着现代化教学手段的运用，有些教师往往直接地用多媒体放映方式来代替黑板上的粉笔板书。教学是教师和学生的互动交往的过程，优秀的黑板板书不仅精练，而且可以随时根据学生的疑难问题进行调用和修改。而用计算机大屏幕完全取代传统的黑板，只是显示屏的变换而已，比起传统的黑板教学来说，计算机大屏幕更加僵硬和死板，缺乏生气。计算机无法将整节课的内容保持在一屏，一节课的整体结构不能一目了然，造成学生的思维断层。因此，显示屏替代黑板，不仅没有表现出计算机解决疑难问题的独特性，还缺少了传统教学手段的延时性和实用性优点。尤其在数学和物理教学中，如果将大量的板书和推导过程写入课件，在课堂上显示，则学生印象不深，不易吸收，还不如教师在黑板上一边讲解一边板书推导过程的效果好。“教学是一种创造性的活动，比起电脑设计的板书，学生更愿意亲近教师的粉笔字，面对老师的当堂板书，学生的注意力也会更加集中。”① 因此，即使在使用现代教学媒体的过程中，传统的黑板板书的作用也是不可替代的。

2. 误区二：多媒体课件的演示代替教师与学生的活动

如果一节课的内容从导入到新课讲授，从举例到练习，均投影在屏幕上，从开课到结课都在使用课件，整堂课就成了课件的演示课，学生看到的只是图像和画面的不断变换，很少有教师的引导，学生的思维过程及其表现也无法体现。本应是教师和学生的活动也由课件包办代替。教师变成了课件的操作者，学生面对的是课件而不是教师。教学由以往的教师灌输变成了电脑灌输，“满堂灌”的教学模式未变；对于学生来说，多媒体课件强调了过多的外部刺激，没有留给学生足够的独立思维空间，学生看得多、听得多，但思考得少，所得甚微，这样不仅不能激发学生的兴趣，反而阻碍了学生的认知过程，更谈不上能力的培养。通过媒体的直观展示，模糊的形象是清晰了，但想象、创新的空间也消失了，且不利于学生养成良好的读书习惯。教学是一种创造性的活动，对于教师而言，重复使用相同的课件，缺少了对教材的研究，对学生的研究，教学成了机械的活动，不利于教师专业能力的提高。

---

① 严育洪. 2006. 新课程教学问题讨论与案例分析. 北京：首都师范大学出版社：162.

3. 误区三：计算机多媒体教学完全取代传统媒体教学，教学手段单一

利用多媒体技术可以演示在实际中难以观察到的实验现象，如光合作用过程中物质和能量的变化等，也可以使一些抽象难懂的概念具体化和形象化，还可以动态地演示一些变化过程或将一些复杂的变化过程分阶段进行演示，或可以不同的速度将事物变化的过程展现出来（如有丝分裂和减数分裂的过程），从而使学生有效地观察和理解，有利于学生对难点内容的理解和掌握，达到传统教学手段无法达到的效果。但是，计算机多媒体教学并不能解决所有的重点、难点问题，也不是任何教学都需要它。实际上，如果能用常规教学手段很好地解决教学问题，就没有必要非用计算机进行辅助教学。这样可以节约教师的时间和精力用于深钻教材，提高教师专业发展能力，以免浪费教师精力而又徒劳无功。传统媒体教学手段具有其独特的长处，如黑板板书的可随时调整功能，模型的空间结构功能，投影仪的静态展示功能，幻灯机的实景放大功能等，这些都有较理想的教学效果，而且使用十分方便，投资少，设备要求不高，因此至今仍具有很大的魅力。[①]单纯用计算机多媒体教学手段完全取代传统教学手段，有时效果并不好。由此看来，应该选择那些用其他教学手段难以表达或不能表达的内容作为制作多媒体课件的题材，把握现代教学手段在教学过程中应用的最佳时机和位置。根据不同的教学内容，将多媒体教学手段与传统教学手段相结合使用可能会取得更佳的效果。

4. 误区四：过于注重信息技术使用形式，忽视对学科具体内容及特点的研究

某位教师执教“圆的认识”时，为了演示圆的画法，利用3D建模做了一个圆规模型，并制作了一段三维动画。[②]案例中，学生虽然也弄懂了画法，但这样做既耗时又费力。直接用圆规在黑板上演示更方便快捷，教学效果更好。如果信息技术的使用没有针对教学内容进行设计，而是刻意追求信息技术在课堂教学中的使用形式，不但不能提高教学效率，而且来自外部的过多的画面和音响效果会成为影响学生自主学习的干扰源，不利于学生思维品质的培养。因此，教师应注重分析学科教学知识的内在规律和特点，选择符合学生学习特点的信息技术，适时地使用，提高教学质量。

---

① 张晓燕. 2003. 中学生物多媒体教学存在的问题分析及应对措施. 扬州教育学院学报，(3)：71-73.

② 严育洪. 2006. 新课程教学问题讨论与案例分析. 北京：首都师范大学出版社：166.

5. 误区五：模拟实验代替实际观察或操作，计算机演示实验取代学生的分组实验训练

某教师教授“植物细胞渗透作用现象的观察”时，用电脑模拟实验代替了学生的实验操作。模拟实验可以为学生提供标准化的示范操作，指导学生正确进行实验，并对实验效果进行检查和评估。如用计算机模拟“DNA 分子的结构”等是非常有效的，因为这部分的知识学生无法在实际中观察到，这种模拟演示有利于学生理解和掌握知识。而许多生物学现象和知识可以通过实际观察就可以感知和理解，如动植物的形态结构解剖和观察等。[①] 计算机模拟可以指导学生如何去观察，但不能替代学生的实际观察。如果实际观察或操作完全由计算机模拟取代，则不利于学生科学观察方法的掌握和观察能力的培养。探索性实验和设计性实验被证明是训练学生动手动脑的非常有益的方法，过于强调计算机的演示教学，甚至取代学生的实际动手实验操作，会使学生产生依赖性和懒惰性，减少学生进行探索的机会和兴趣，错过了培养学生科学探究能力的机会。实际教学时，教师可以采用计算机辅助实验课的教学与真实观察相结合，计算机实验演示与动手实验操作相结合。只有在正常自然环境或现有教学设备下无法进行的观察与实验，才可用计算机演示或模拟操作替代。

二、课堂教学中信息技术与课程整合的方法反思

信息技术与课程整合的实质就是改变教师陈旧的教学方式和学生被动的学习方式。例如，一位教师在教“两栖动物”一课时，就有效地使信息技术与课程进行了整合。在任务阶段，教师提出问题：“你知道哪些动物是两栖动物？说出你知道的两栖动物的名称”；在观察阶段，学生带着问题观看两栖动物的多媒体资料，通过对各种两栖动物的了解，获取充分的事实；在讨论阶段，学生通过与其他类动物的比较，得出两栖动物的共同特征；在探索阶段，关于两栖动物的进一步认识，教师提出课外饲养蝌蚪、蝾螈，观察、聆听蛙鸣的建议等，使学生对两栖动物了解得更深刻，他们在实践中锻炼了各方面的能力，培养了环保意识；在网上搜集资料的阶段，通过查阅教师精选的网站“青蛙学堂”，安排学生课余时间看网上资料，扩大知识面，拓宽视野。[②] 这节课通过教师制作的

① 张晓燕. 2003. 中学生物多媒体教学存在的问题分析及应对措施. 扬州教育学院学报，(3)：71-73.

② 吴向东. 2005. 质变与重构——信息时代的科学教育探索. 广州：中山大学出版社：170-172.

多媒体课件，构建了一个自主学习的课堂教学模式："提出问题—通过观察获取事实—通过比较、归纳得出结论—运用结论进一步探究—通过网上资料的学习进一步拓展视野"。这个模式符合学生科学探究过程的规律，通过该模式的教学，完全改变了课堂教学的实质。前半部分是学生独立获取事实的过程，后半部分是学生集体研讨的过程。两栖动物的特征、错误概念的纠正，以及动物保护意识的产生都是学生在课堂中自主地进行的，教师是一个辅导者和促进者的角色。此案例体现了"教师主导 — 学生主体"的教学思想，因而是一个信息技术与学科课程整合的较好的例子。因此，"在实现信息技术与学科课程的整合过程中，CAI 不仅仅是辅助教或辅助学的工具，而是要通过新型教学环境和教与学方式的建构来改变传统的以教师为中心的教学结构"①。

通过课例，我们可以反思信息技术与课程整合的方法问题，主要包括以下几个方面②。

1. 信息技术与课程整合，不仅需要先进的教学手段，而且需要先进的教育思想

"在教学活动中，为了实现预期的目的，教学主体总是要采用一定的手段作用于对象。教学手段是教学活动不可缺少的组成部分。"③基于信息技术的现代教育技术手段，是知识经济时代的产物，是现时代先进的教学手段，但它本身并不代表先进的教育思想，它虽是教育革命不可缺少的重要条件，但它本身不能自然地引发教育革命。"现代教育技术手段的合理应用本身就要求同时变革人的传统教育观念、教育思想与教育模式，代之以尊重人的主动性、首创性、反思性、合作性的全新的教育观念、教育思想与教育模式。"④技术作为许多工具中的一种，它不能将陈旧的教学方式转变为先进的教学方式。只有在教师先进教育理念的指导下，实现技术与学科课程的充分整合，才能体现出先进的教育思想。因此，教师在教学中不能单纯注重教学手段的先进，更要重视教育目标、教育观念的转变，不能只注重媒体研究，而忽视教学过程和学生学习过程的研究。

2. 信息技术与课程整合，信息技术是手段，课程的有效实施才是目的

有许多教师都认为，只要是公开课就要使用多媒体或网络技术辅助教学，

① 何克抗 . 2006. 信息技术与课程深层次整合的理论与方法 . 中国信息界，(2)：47-56.

② 王鉴，郝琦蕾 .2008. 课堂教学中信息技术与课程整合的误区分析与方法反思 . 现代教育技术，(1)：62-65.

③ 李定仁 . 2004. 教学思想发展史略 . 兰州：甘肃教育出版社：199.

④ 钟启泉，崔允漷，张华 . 2003.《基础教育课程改革纲要（试行）》解读 . 上海：华东师范大学出版社：20.

就会给自己的课增添几分亮丽的色彩，认为这样就代表了先进的教学理念，而不去考虑学科内容及特点是否需要使用信息技术。这样的认识是片面的甚至是错误的。我们应当明确技术是工具，技术不是作秀，“技术是进行教与学的有力工具。然而，尽管有这么大的潜力，技术却永远也不能代替教师；计算机的角色绝不是教学机器，技术只是许多工具中的一种。已经在课堂中实施的基本的教与学的方法相对于是否使用技术更为重要。只有当技术可帮助学生达到学习目标的时候，才可以使用它，最重要的是考虑技术如何适应课程和教学的框架”[①]。信息技术的作用在于：“技术提供了一个良好的平台、一个概念的环境，孩子们可以用各种各样的方式收集信息，然后组织、形象化、联结、发现事实和事件之间的关系。学生们可以使用同样的技术和他人交流自己的想法，去争论和批评他人的想法，去说服并且教育他人，更加理解自己获得的知识。”[①] 信息技术是工具，是教学活动的辅助，只能起到为教学服务的作用。我们使用它只是一种手段，目的在于课程实施的有效性。

3．信息技术是促进教学变化的催化剂，信息技术与课程的整合是长期的过程

目前，大多数教师对信息技术的使用仅停留在CAI阶段，主要是利用计算机的快速运算、图形动画和仿真等功能辅助教师解决教学中的某些重点、难点，这些CAI课件大多以演示为主，这是信息技术于人应用于人的第一个发展阶段；部分教师正逐步从辅助教为主转向辅助学为主，即计算机辅助学习（computer aided learning, CAL）阶段。这也就是强调如何利用计算机作为辅助学生学习的工具，如指导学生使用计算机搜集资料、辅导答疑、自我测试，以及帮助安排学习计划等，即不仅用计算机辅助教师教课，更强调用计算机辅助学生自主地学习。多数教师还没能够真正领会信息技术与课程整合的实质，还未曾同时从改变教师教学方式与改变学生学习方式的角度去思考如何使用技术去实现技术与课程的整合。

由此看来，技术与课程整合的过程是长期的，充满挑战的。首先，教师应端正对技术的认识。教师必须明确技术应该被看作许多工具中的一种，如果不整合到课程和教学框架中，技术不会产生什么作用。其次，成功地使用技术或者采用任何技术创新都要求教师去对抗原有关于学习和不同教学活动的作用的信念。教师只有树立建构主义的课程观、教学观、学习观才有助于技术与课程

① Judith H S，Cathy R，David C，Dwyer. 2004. 宋融冰译．信息技术与学生为中心的课堂．北京：中国轻工业出版社：178-180.

整合的实践。

4. 信息技术与课程整合的理论与方法需要体现在教师培训的课程与实践之中

现在很多学校都投资建立了校园网，但是，信息技术环境（尤其是网络环境）的利用率很低，大多只用于开设信息技术必修课。广大教师对信息技术的有效利用不够，究其原因，主要是他们缺乏必要的利用信息技术的理论与方法。“信息技术与课程整合，不是把信息技术仅仅作为辅助教或辅助学的工具，而是强调要利用信息技术来营造一种新型的教学环境，该环境应能支持情境创设、启发思考、信息获取、资源共享、多重交互、自主探究、协作学习等多方面要求的教学方式与学习方式，也就是实现一种既能发挥教师主导作用又能充分体现学生主体地位的以‘自主、探究、合作’为特征的教与学方式，把学生的主动性、积极性、创造性较充分地发挥出来，使传统的以教师为中心的课堂教学结构发生根本性变革，创建新型的、既能发挥教师主导作用又能充分体现学生主体地位的主导 — 主体相结合教学结构，从而使学生的创新精神与实践能力的培养真正落到实处。”① 根据信息技术与课程整合的实质，要实现有效的深层次的整合就要求在教师的培训工作中，加强信息技术与学科课程整合的课程内容与实践操作，让教师在整合的过程中密切关注教学系统四个要素：教师、学生、教学内容、教学媒体的地位与作用。观察通过整合，能否使这四个要素的地位与作用相比于传统教学结构发生某种改变，改变的程度有多大，哪些要素改变了，哪些还没有，原因在哪里。只有紧紧围绕这些问题认真分析，并采取相应的措施，才能达到深层次整合的目的。

① 何克抗. 2006. 信息技术与课程深层次整合的理论与方法. 中国信息界，（2）：47-56.

第五章

少教多学模式发展的外部条件研究
——教育信息化发展研究

少教多学模式发展的外部条件研究：教育信息化发展研究包括中小学教育信息化发展现状的调查研究、新世纪网络教研研究的回顾与反思、中小学教师信息技术应用能力现状研究、教师 TPACK 现状的调查研究。了解不同地区教育信息化发展现状，有助于促进教育资源的均衡配置，提高中小学教育教学质量。信息化时代，网络教研在促进教师专业发展，促进学校教学质量提高方面发挥着重要作用。信息技术应用能力是中小学教师专业素质的必要组成部分，对中小学教师的信息技术应用能力现状进行研究，旨在为更有效地开展教师信息技术培训提供研究依据。教师 TPACK 知识框架有利于深入了解教师信息化教学的情况，发现教师知识结构中的问题，对促进信息化教学背景下的教师专业发展具有重要意义。对近 500 名教师 TPACK 现状进行问卷调查，旨在了解教师基于技术的学科知识现状，探索提高教师教育技术及学科教学能力，以及技术与学科教学整合能力的对策与方法。

第一节　中小学教育信息化发展现状的调查研究

信息技术对教育具有革命性的影响，并引发了教育的深刻变革。新媒体、新技术催生教育改革与教学创新。教育信息化是指在教育与教学过程中，开发并应用信息技术与信息资源，建立信息社会需要的教育环境。[①]教育信息化可从两方面理解：从技术层面，教育信息化的基本特点是数字化、网络化和多媒体化。数字化使信息技术变得简单可靠；网络化使人们可以共享信息资源；多媒体化则使人们能够从视觉、听觉等各个方面进行学习。从教育层面，可将教育信息化的特点归纳为资源全球化、教材多媒体化、教学个性化、学习自主化、管理自动化、活动合作化、环境虚拟化、系统开放化。[②]我国基础教育的信息化建设起步较晚，由于各地区经济发展水平不同，加之认识上的差异，教育信息化的发展水平也不尽相同。《国家中长期教育改革和发展规划纲要（2010—2020年）》的基本指导思想是：通过教育的信息化带动教育的现代化。在大力推进教育现代化的进程中，了解不同地区教育信息化发展的具体现状，有助于教育主管部门采取针对性措施，提高区域中小学教育信息化水平，实现教育资源的均衡配置，促进教育公平的实现，从而提高教育教学质量。

一、研究对象与方法

采用问卷调查的方法，同时辅助以访谈法。对山西省高平市（处于山西省经济发展中上水平的县级市）的中小学校教育信息化发展的现状进行了随机抽样调查，共调查了8所学校（1所小学、5所初中、2所高中）。调查问卷内容涉

① 张亚兰．2011．苏州农民工子弟小学教育信息化水平调查研究．中国教育信息化，（4）：8-10.

② 徐国华．2004．江苏省教育信息化目标、要求及重点的研究．http：//www.jssghb.cn/ndlw/2004-4.html.

及：被调查学校的信息技术硬件设施情况、教师信息化教学的意识和态度、教师信息化知识的掌握、教师信息技能的应用、教师信息化教育培训等方面的内容。共发放教师调查问卷 190 份，回收 165 份，问卷回收率为 86.8%，其中有效问卷 161 份，有效率为 97.6%。问卷回收后，对数据进行了统计分析。

二、结果与分析

1．所调查学校的信息技术硬件设施等

从表 5-1 中可以看到，被调查的 8 所学校，其中 7 所中学配有机房，1 所小学没有机房。62.5% 的学校机房能够联网。被调查学校中，只有 1 所乡村小学没有多媒体教室，且普通教室也没有投影仪、幻灯机。其余被调查的 7 所中学都有多媒体教室，高中学校的多媒体教室数量达 42 个和 56 个。初中学校依学校规模多媒体教室数量相对少一些。被调查的 8 所学校中有 4 所学校办公室没有配备电脑，另有 4 所学校办公室配备了可供教师使用的电脑，其中 2 所学校是每个办公室仅有 1 台电脑，只有 2 所学校是给每个教师均配备有办公电脑。被调查的 8 所学校中，3 所学校有自己的网站，仅 1 所学校有网络课程。

多数学校平常就开设信息技术课，所有被调查的学校都有信息技术课教师，但数量极少，各学校信息技术教师与学生的比例分别为 1∶320、1∶600、1∶1000、1∶430、1∶350、1∶875、1∶667、1∶376。由此可见，各学校都不同程度地缺少信息技术教师，这将影响学校信息技术课的教学，影响学校教育信息化的水平。学校的硬件设施依学校所在的区域不同而有较大的差别，市内的学校信息技术设备齐全，而乡村学校信息技术教学设施非常薄弱，可供学生使用的电脑很少。缩小学校间的差距，实现教育资源均衡配置，是亟待解决的问题。

2．教师信息化教学的意识和态度

教师对于信息化教学的了解和认识影响他们在教学过程中对信息技术的应用，因此，有必要对教师信息化教学的意识和态度进行调查，这有助于了解问题的根源。对“运用信息技术进行教学的能力是否是教师专业素质的必要组成部分”这一问题，约 56% 的教师回答是肯定的，认为它是重要的组成部分。约 42% 的教师认为“运用信息技术进行教学的能力”是教师专业素质的组成部分

表 5-1　被调查学校的信息技术硬件设施等

序号	1	2	3	4	5（小学）	6	7	8
学校代码	SN	GS	YC	SM	XHD	LC	CP	GJ
年级	1～3	1～3	1～3	1～3	6	1～3	1～3	1～3
学生人数（约）/ 人	640	3000	1000	860	700	3500	2000	751
信息技术教师人数 / 人	2	5	1	2	2	4	3	2
学校机房数量 / 个	2	2	1	0	1	3	1	2
机房电脑台数 / 台	28	55	50	0	20	65	60	60
机房有没有联网	有	有	有	没有	没有	有	有	没有
普通教室数量 / 个	14	42	18	28	24	56	36	16
普通教室有没有投影仪	有	有	有	有	没有	有	有	有
普通教室有没有幻灯机	有	有	有	有	没有	有	没有	有
多媒体教室数量 / 个	14	42	18	16	没有	56	18	16
办公室是否配备电脑	是	是	否	否	否	是	否	是
每位教师是否都配备电脑	否	否	否	否	否	是	否	是
有没有学校自己的网站	没有	有	没有	没有	没有	有	有	没有
网络课程拥有情况	没有	没有	有	没有	没有	没有	没有	没有
有无信息技术课	平常就开	平常就开	平常就开	平常就开	平常不开检查时才开	平常就开	平常就开	平常就开

但不太重要，仅有 1.2% 的教师认为其不是必要的组成部分。由此可见，绝大多数教师都能认识到，运用信息技术进行教学的能力是教师素质的必备组成。

从图 5-1 中可以看出，大多数教师认为，应该具有信息技术与教学的整合能力，部分教师认为应具有了解和搜集信息的能力，只有少部分教师选择了具备常用的计算机知识，这表明多数教师对信息化具有较高的要求，渴望具有较高的信息素质，相信这将成为他们积极参与相关培训，提高个人教育信息化水平的动力。对于信息技术在教学中的作用，62% 的教师认为有一定作用，33%

的教师认为对优化教学作用很大，近 5% 的教师选择了说不清楚，由此看出，绝大多数教师对于信息技术在教学过程中的作用持肯定的态度，没有教师持否定的态度。由调查可知，68.5% 的教师认为使用信息技术对于教师教学的主要益处是丰富了教学内容、扩展了教学资源，65.5% 的教师认为有助于组织各种形式的教学活动，44.9% 的教师认为节省了授课时间，37.6% 的教师认为有助于培养学生自主学习、合作学习的能力。

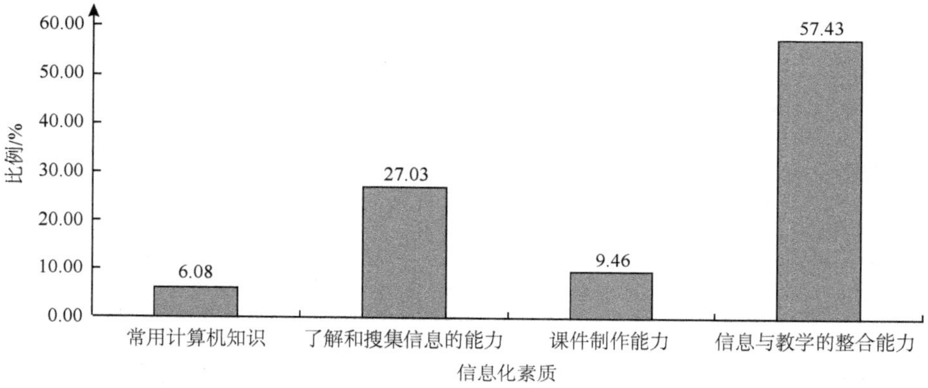

图 5-1　教师应具备的信息化素质

3. 教师信息化知识的掌握

计算机知识的普及是信息化教学的基础，不同的教师对信息化知识的掌握水平不一。调查发现，66% 的教师能够简单操作计算机，约 26% 的教师能够熟练操作计算机，6.7% 的教师对计算机知识略知一点，而 1.2% 的教师一点也不懂。由此可看出绝大多数教师对于基本的计算机操作都已掌握，也有少数教师连基本的办公软件都不会用，这些人主要是乡村学校年龄较大的教师。65% 的教师会使用文字处理等简单的办公软件，35% 教师能够自己制作课件与编制网络课程。可见，对于多数教师来说，制作课件与编制网络课程的能力还是有待加强。根据调查可知，对于教学资源网，约 3% 的教师非常了解，约 31% 的教师比较了解，43% 的教师一般了解，约 22% 的教师不太了解。这从一方面反映了教师对教学资源网的利用情况，可见 77% 的教师都曾利用教学资源网辅助教学。

4. 教师信息技能的应用

对教师是否能够将信息技术简单地运用于日常教学进行了调查，约 54.6% 的教师偶尔使用课件进行教学，约 26.1% 的教师经常使用课件进行教学，15.8% 的教师很少使用，仅 3.6% 的教师从未用过课件，可见 80.7% 的教师都曾用课件辅助教学。而教学课件的来源，有 14.6% 的教师选择从网上下载，有 18.2% 的教师选择自己做，有 71.5% 的教师从网上下载课件之后跟同事合作修改完成。调查可知，约 58.8% 的教师会选择使用视频和录像来辅助教学。很少使用和从未用过视频和录像的教师人数要比很少使用课件的人数要多一些，课件的使用要比视频和录像更加普遍。

从学校所配备的信息技术硬件设施的利用情况来看，有 73.3% 的教师会利用学校的电脑搜集教学资源，有 24.9% 的教师会利用学校电脑制作课件，有 16.4% 的教师会利用网络资源了解教学改革动态，仅 7.9% 的教师选择用电脑上网游戏娱乐。从学校多媒体教室的使用频率来看，1.2% 的教师每天都用，20.1% 的教师经常使用，54.9% 的教师偶尔使用，20.1% 的教师很少使用，3.7% 的教师从未用过多媒体教室。可见大多数教师都曾利用多媒体教室辅助教学。

研究还对影响教师信息技术能力的因素进行了调查，根据调查，影响教师信息素质提高的主要因素是缺乏培训（44.5%），次要因素是学习时间不够（30.3%）以及缺乏设备（16.1%）和学习吃力（9.3%）。因此，提高教师的信息素质必须加强信息技术的相关培训，同时提高教师对信息技术重要性的认识，减轻教师负担，使教师能够抽出时间来提高自身的信息技术能力，除此之外，加强学校多媒体设备的配置，对教师信息素质的提高是不可或缺的外部条件。调查发现，40.3% 的教师认为应用信息技术进行教学的最大困难是投资太少，学校相关设备条件不好，39.6% 的教师认为缺少教育技术理论和技能，这两个因素占了 79.9%，有 12.1% 的教师选择了自己不重视，有 8.1% 的教师选择了领导不重视，这两个因素占的比重较小，以上这些因素不同程度地限制或影响了教师将信息技术运用于教学中。

5. 教师信息技术的培训

通过调查发现，关于信息技术培训多数教师持欢迎的态度，绝大多数（82%）的教师很愿意学习信息技术的相关知识，只有极少数（4%）的教师选择不愿学习，由此可知教师学习信息技术的愿望是相当迫切的。因此，尽可能地提供有效的和便捷的信息技术学习的平台是十分必要的。表 5-2 反映了教师参加过何种级别的信息技术培训，可看出教师参加最多的是县组织的和校内的信息技术培训，其次是市里组织的培训，只有 9.9% 的教师参加过国家级的相关培训，9.3% 的教师参加过省级相关培训，从未参加过培训的教师只占了很少的比例（6.8%）。县级及校级信息技术培训是这类培训的主要组织形式，对于国家及省里组织的信息技术培训，受训教师相对少一些，这两个层次的信息技术培训都应该注重培训的内容、方式及有效性。

表 5-2　教师参加过的不同级别的信息技术培训

培训类型	国家组织的	省组织的	市组织的	县组织的	校内培训	从未参加过
人数 / 人	16	15	54	80	71	11
比例 /%	9.9	9.3	33.5	49.7	44.1	6.8

在调查过程中，一些教师反映培训的内容太多太复杂且速度太快，根本来不及消化就结束了，导致了培训的结果仅仅是学习到一些理论性的条条框框，对教师信息素质提高的作用不大。有的教师反映培训只教授了一些基本操作，缺乏教育技术在中小学教育教学中应用的示范教学案例。因此，建议培训前要对教师的相关培训需求进行调查，有针对性地实施培训。从对培训内容的建议来看，有 55.6% 的教师希望得到课件制作技术方面的培训，有 31.9% 的教师希望得到网络应用技术的指导，这两者占据了很大的比例。有 26.9% 的教师选择了多媒体设备操作技术，仅有 8.1% 的教师选择了计算机基本操作技术。由此可见，应该在培训中加强教师课件制作知识的学习和指导，并补充一些网络应用技术以及多媒体设备操作技术的知识，减少计算机基本操作内容在培训中所占的比例。

在调查过程中，部分教师对信息技术培训提出了意见："希望上级加大学校信息技术方面的资金和师资投入，同时减轻教师工作负担。""将学校现有的设备更新优化，鼓励教师使用多媒体进行教学，建立校园网。""要多开展对教学有实用价值的信息技术培训""信息技术培训没有实效流于形式。""要有时间供教师自由支配学习，有物力、财力支持培训，有专业人员进行培训辅导""利用节假日分学科，根据教学实际加以培训，杜绝功利化或'一锅烩式'的培训。""加大能确实提高教师课件制作水平的培训。”归纳起来主要有加大信息技术设备的投资力度、增多培训次数、增加课件制作等实用技能的培训、优化教师时间、提高教师对信息技术重要性的认识等几方面的建议。

三、结论与建议

通过此次调查发现，高平地区中小学校的信息技术硬件设施已经有了一定的基础，中学的信息技术设施已有很大的改善，有些学校信息技术硬件设施基本能够满足教学的需要。教师对信息技术在教学中的作用也普遍持积极、肯定的态度，并且部分教师已经具备了基本的信息技术应用能力，多数教师对自己的信息素养有较高的要求。通过调查发现也存在着一些问题，具体归纳如下。

1．部分学校信息技术硬件设施配备不齐全，城乡学校差距较大

调查发现，有的小学没有一间多媒体教室；有的初中学校没有电脑机房；有的学校信息技术设备已严重老化，无法使用。城乡学校配备的信息技术硬件设施差距较大。应加大教育投资，重视中小学教育信息化硬件水平的提高，尤其是乡村学校教育信息化的发展应当得到足够的重视，尽量缩小城乡差距，实现教育资源均衡配置，促进教育公平的实现。

2．学校普遍缺少信息技术教师，各科教师的信息技术能力均有待加强

调查发现，各学校都不同程度地缺少信息技术教师，师生比有的达到1：1000，这将影响学校信息技术课的教学，影响学校教育信息化的水平。此外，需加强各科教师独立制作课件的能力，多数教师对于信息技术的使用仅停留在简单层次上，对于信息搜集能力和比较困难的图像处理能力等有所欠缺。因此，学校应该积极组织或提供机会让教师参加各种级别的培训，提高教师的信息素质。在信息技术与教学很好地整合方面，教师普遍存在较多问题。因此，不仅要培训教师信息技术的基本技能，还要关注教师如何能够更好地利用信息技术进行教学的问题，提高教师将信息技术与教学整合的能力。

3．减轻教师工作负担，为教师提供更多的信息技术培训学习机会

一些检查评比、冗长的会议占了教师许多的宝贵时间，加之教师的教学工作比较繁忙，因而教师没有更多的时间去学习提高。学校应尽量减轻教师负担，

协调教师的时间，给教师提供机会，安排教师参加信息技术培训，进而提高教师的信息素质。

4．教师信息技术培训内容、培训形式、培训成效存在问题，亟待完善与解决

从培训的整体来看，培训时常流于形式，不能照顾到教师的实际需求；从培训的内容来看，计算机基础知识所占比例过大，而教师所需的课件制作方面的知识和技能所占比例较小，教师真正学到的能够实际应用的信息技术知识和技能并不多。教师信息技术培训最好分层次进行，计算机基础知识为初级培训，课件制作及网络课程的编制等为较高一级的培训，使教师能够自主地选择培训级别。此外，培训应关注教育技术与课程教学最新的发展动态，培训内容应与时俱进，增加关于翻转课堂、微视频、慕课等内容，重视信息技术在实际教学应用中出现的问题。以案例教学的形式开展培训，从而提高培训的实效性，真正发挥培训对教师教学的实际指导作用。

第二节　新世纪网络教研研究的回顾与反思

当今时代，计算机技术和网络技术使人们的生活发生了很大改变。网络以其独有的交互性、开放性、共享性、快捷性等优势，刷新了人们的观念。信息技术改变了学校教育教学的内容、方式、手段及资源信息形态等诸多方面，促进了教育教学的发展。网络教研是网络融入学校教研领域，是传统的常规教研在新时代的发展。传统教研囿于其自身教研时间比较固定、参与人员有限、教研信息不够丰富、教研成果应用推广与评价缺少等问题，教研效果有待提高。在“互联网 +”和大数据时代，网络教研获得了发展，更多在线教研平台及丰富的优质教学资源为教师专业发展拓宽了道路。在搜集大量相关文献的基础上，笔者梳理分析了网络教研的研究现状，发现以往研究存在的问题，探寻未来研究的方向，以促进网络教研方面的深入研究，促进网络教研与传统教研的深度融合，促进教师专业发展。

一、网络教研概念界定与优势

网络教研产生于20世纪末，最初被称为虚拟教研，桑新民定义为“是利用现代信息技术，以互联网为依托，促进不同地域的教师开展跨时空教研活动，随时随地进行教学成果与经验交流、共享教学信息与资源的一种方法”。[①]张伟等认为，“网络教研是基于互联网平台进行的信息技术与教研全面整合的，以促进教师专业成长，为教师提供多样、及时、丰富、便捷的专业支持的一种新型的教学研究方式”[②]。综上所述，网络教研是在计算机与网络时代兴起的一种新型教研方式。

网络教研显现出很大的优势，主要集中在以下几方面：①时空上的突破性。借助于网络技术的教研可以扩展沟通的范围，实现时空上的互通有无。②多主体的公平性。在这个虚拟的场域中，“网络教研的关系结构是横向的”，[③]教师、教研员等独立地参与教研，“在平等互助关系中相互协助，共同成长”，突破了传统的教研员单一主导的教研活动形态[④]。③资源上的共享性。网络教研资源形式多样，而且能够定时更新并具有一定的系统性，可以通过网络实现更大范围的优势共享。[⑤]④结果上的高效性。网络教研因其来自学科专家、同行和其他社会机构的支持为教师提供了反思、协作与专业引领的机会，[②]同时可以营造学校教研的民主氛围，提高教师的研究能力，促进教师向更高水平发展。

二、网络教研研究的主要内容

（一）网络教研平台的构建研究

网络技术支持下的平台构建是顺利实现新型教研方式的基础与前提。郭央松提出，开展网络背景下的教师教、研、训，需要构建适合集体电子备课的平台，视频、音频于一体的点播、评论系统，教研活动互动交流的网络平台等。因此VOD点播系统、电子备课系统、教师博客论坛、读书网等先后建立，基本满足

① 桑新民，潘华东. 2001. 虚拟教研模式的构想与实践. 人民教育，（8）：17-20.

② 张伟，陈琳. 2010. 面向教师专业发展的网络教研支持服务探讨. 继续教育研究，（3）：94-96.

③ 王海. 2016. 新课改背景下网络教研的不足及对策. 教学与管理，（5）：32-34.

④ 龚道敏. 2008. 区域性教研机构开展网络教研的模式探索与实践. 中国远程教育，（3）：57-60，64.

⑤ 邬依林，毛道伟，熊燕. 2007. 网络教研实践模式研究. 广东教育学院学报，（5）：105-109.

了网络教研、培训的要求。[①] 赵昆认为，区域网络教研平台功能模型的核心功能是资源共享和信息交流互动，他将各个核心功能进行模块化建设，并构建了网络教研平台“果实”功能模型，即“果核是资源共享功能和交流互动功能，是网络教研应用开展的核心；果皮是统一身份认证功能、教研信息推送功能和教研评价反馈功能，对网络教研应用起辅助作用；果肉是教师个体知识建构功能，是网络教研应用的目的所在”。[②] 张波等探索建立由“区教研网络、教研资源平台和教研服务平台”组成的区域网络教研“三维”平台。[③]

除搭建宏观的网络平台外，还有一些微观深入探索。王世曾在“平台 + 应用”的思想下，提出了基于网络教研备课平台的教师个人空间的功能架构，即“以网络教研和集体备课为核心，以教育资源的共建共享为基础，同时辅以网络教研组、教学资源库等汇聚展示功能”，并具体阐述了教师个人工作室、教研组、集体备课、教学资源库各自的功能。[④] 胡晓军完成了网络听评课的系统架构，主要包括四个角色：系统管理员、授课者、听评者和电教中心，而开展过程包括五个环节：课前会议、授课、上传资料、网络听评课、互动反思。[⑤] 王璟琮认为，要建立资源积累机制，制定一些积分规则，使教师获取资源和上传资源关联，使资源达到共享和丰富。[⑥] 曾智新提出，在学校的网络平台中建立学科资源库，设有媒体素材、试题库、课件、案例和网络课程等，方便教师查阅。[⑦] 张瑞玲等认为，学校要鼓励教师等开发资源，举办教研成果评选等活动，大力建设学科教学资源库，为教师专业发展提供支持。[⑧]

（二）网络教研团队的建设研究

龚道敏指出，“网络教研团队主要是由本区域内的学科教师、县（市、区）

① 郭央松．2006．构建区域性网络教研的实践与研究．上海教育科研，(7)：70-71.

② 赵昆．2008．区域网络教研平台的功能框架研究．中国电化教育，(11)：57-60.

③ 张波，陈治国，余国源等．2016．区域网络教研实践与探索——以重庆市渝北区为例．教育理论与实践，(20)：16-19.

④ 王世曾．2012．基于网络教研备课平台的教师个人空间建设研究．中国电化教育，(11)：140-142.

⑤ 胡晓军．2010．网络听评课，给教研插上自由的翅膀．教育科学研究，(10)：72-73.

⑥ 王璟琮．2012．区域内开展网络教研的研究与实践．课程教育研究，(29)：244.

⑦ 曾智新．2014．浅谈网络教研模式的研究与实践．中小学电教，(6)：55.

⑧ 张瑞玲，赵秀英，甘文丽．2014．面向教师专业化发展的网络教研实施策略研究．洛阳师范学院学报，(5)：109-112.

学科教研员、市（地）级学科教研员、学科专家和其他人员组成。[①] 张伟等提出，面向教师专业发展的网络教研支持与服务应该来自多方面，包括学科专家、同行、其他支持机构，包括图书馆、现代教育技术中心、网络中心等”[②]，应该围绕教研真正形成一个合力团体来发挥其中的作用。张超指出，应该组建教研的学习共同体，基于网络的同伴互助是网络教研的本质与核心所在。学习共同体由专家指导组、骨干教师团队、教研博客群组构成。”[③] 李志华等强调，要发挥由信息素养较高的教师组成的学科中心研究组的示范先行作用，进而发展相对稳定健康的学习型组织，使成员平等地参加教研活动。[④] 邹琴等主张建立基于网络环境和资源的，由学习者和助学者组成的围绕共同主题的在线学习共同体，发挥共同体的知识获取、经验分享、自我反思、同伴互助、个人成长五方面的功能。[⑤]

（三）网络教研的实现形式和内容研究

对于网络教研的实现形式，亦即实现途径，研究者立足于现代信息技术，普遍认为主要有远程研修、网络教研网站、网络论坛、博客、电子邮件、QQ 群和 MSN 等即时联系工具，但也有不同角度的认识。肖正德提出，网络教研的形式有专家引领、网络课程、课题在线研究、学术沙龙。[⑥] 李拥军认为，网络教研的形式主要有听课、评课和集体备课及围绕当下新问题展开的专题研讨、案例研讨和课题研究。[⑦] 吴筱萌等认为，网络在线教研主要有三种形式：“教师的教育资源共享，以文本方式进行的网络讨论，以及基于音视频的网络实时讨论”[⑧]，这一分类聚焦于内容。总之，现代信息技术拓展了网络教研的实现渠道，但研究视角有所不同，有基于技术载体提出的，有基于内容形式的不同而言的，有基于实践方式的不同而论说的。

在内容上，有研究者调查发现当前网络教研集中在钻研教材教法、交流

---

① 龚道敏 . 2008. 区域性教研机构开展网络教研的模式探索与实践 . 中国远程教育，（3）：57-60，64.

② 张伟，陈琳 . 2010. 面向教师专业发展的网络教研支持服务探讨 . 继续教育研究，（3）：94-96.

③ 张超 . 2012. 基于网络环境下教研方式的变革 . 河北师范大学学报，（7）：90-92.

④ 李志华，王科明 . 2010. 网络教研，让校本教研精彩纷呈 . 教育科学研究，（10）：73-74.

⑤ 邹琴，朱弘扬 . 2014. 基于网络教研中的学习共同体构建的思考 . 中国教育技术装备，（16）：39-40.

⑥ 肖正德 . 2007. 网络教研：一种促进教师专业发展的新型教研模式 . 现代远距离教育，（1）：34-36.

⑦ 李拥军 . 2010. 浅谈中小学网络教研的现状 . 中小学电教，（11）：15-16.

⑧ 吴筱萌，雍文静，何政权等 . 2015. 区域网络教研改进教师专业发展公平感的效能研究——以重庆市某区为案例 . 现代教育技术，（5）：65-71.

教学经验和讨论学生的学习问题这几方面，涉及新课改方面的网络教研内容较少。[①②] 武连俊提出网络教研的内容有：一是利用平台实现集体备课；二是借助网络交流平台和自建博客圈，促进教师反思和成长；三是"聚焦问题"，利用VOD视频点播平台和微课平台，集中讨论并改进课堂问题；四是调动教师参与专题性课堂模式的探究。[③] 曾智新主张搭建信息平台，在网络教研实践中，要求教师：一要学会电子备课，实现资源共享；二是通过分析教学案例和教学设计与说课，改善课堂教学，提升教师教学能力；三是多进行主题性的论坛互动交流。[④] 赵云建在此基础上，还提出要进行"博客反思"。[⑤] 韩淼认为，在进行网络教研的内容建构时，应与日常教研活动、课堂教学研究、片区教研活动、教师互动成长、师德师风建设相结合。[⑥] 总之，研究者观点表述各异，但网络教研的内容普遍聚焦于集体备课、视频教学案例研讨、教师个人反思、论坛交流这四个方面，希望网络教研为教学改进和教师成长提供更多服务。

（四）网络教研的实施模式研究

李克东提出了网络教研的五种模式：①基于专题探讨的教研模式；②基于设计行动的教研模式；③基于案例评析的教研模式；④基于网上协作的教研模式；⑤基于实践反思的教研模式。[⑦] 赵建华等提出了同课异构的网络教研模式，实现不同教师对相同教材内容的建构与交流，提升教学效率，"其实质是发扬个性，发展共性"。[⑧] 魏晓彤采用行动研究方法，形成了区域"同课异构"网络教研的过程模型，即由选择内容、课例设计、课例直播、课例研讨、在线交流等五个环节组成。[⑨] 李华等通过构建混合式网络协同教研系统动态模型，生成了教研相长式的教研模式，其基本流程为：遇到问题抛出问题—寻求同伴解决问题—

---

① 李拥军．2010．浅谈中小学网络教研的现状．中小学电教，(11)：15-16.

② 李华，赵鹏德，贺相春．2011．网络协作教研的问题与对策研究．电化教育研究，(12)：110-114.

③ 转引自：李克东．2012．提升网络教师实践社区活动绩效研究．中国电化教育，(1)：55-60.

④ 曾智新．2014．浅谈网络教研模式的研究与实践．中小学电教，(6)：55.

⑤ 赵云建．2015．网络教研中的活动设计策略研究．中国电化教育，(10)：133-138.

⑥ 韩淼．2011．网络教研：引领教研的新模式．现代中小学教育，(9)：54-55.

⑦ 李克东．2012．提升网络教师实践社区活动绩效研究．中国电化教育，(1)：55-60.

⑧ 赵建华，徐旭辉，彭红光等．2010．以信息化促进城乡学校协同发展的案例研究．电化教育研究，(11)：10-18.

⑨ 魏晓彤．2011．"同课异构"网络教研模式的探索．中国电化教育，(2)：110-113.

问题研讨各抒己见—集合思维形成共识。[①] 张波等提出区域网络教研模式主要有“以博客为主、虚拟听课评课为主、‘学习－内化－传播’模式”[②]。还有研究者提出以“混合教研、实证教研、合作教研”为基本范式。[③] 综上所述，研究者依赖一定的技术构建了不同的网络教研模式，使教研活动有了可操作的步骤和流程，为网络教研的实施提供了具体的行动指导。

（五）网络教研的影响因素研究

网络教研是一个综合性的事物，受到诸多因素的影响。吴筱萌等在探索网络教研与教师专业发展的公平感之间的关系时，将网络教研的各项实施策略、教研平台的性能、对参与网络教研的激励政策，以及对教师网络教研的支持服务，作为教研参与度的影响因素。[④] 马卫民等通过网络教研文献内容分析指出，影响教师参与网络教研活动的因素主要有三个：教师的网络教研活动受时间限制、教学研究是专家的领地、领导的重视程度存在差异。[⑤] 冯伯虎认为影响网络教研能否发生实效的因素主要有，教研平台的栏目设置及资源的数量和质量问题、教研的管理与组织、教师的参与度与信息素养、U-S 合作和专家引领等。[⑥] 杨卉等主张“共同愿景、教师解决教学问题的实际需求、自发的教师虚拟教研团队，以及网络教研支持环境是松散型网络教研模式的四个要素”[⑦]。可见，在探讨网络教研的影响因素时，研究者都是从平台与资源、教师主体的作用和学校等外在环境这三个维度阐述的，但侧重点及每个角度下的细化研究有所不同。

（六）网络教研活动存在问题及策略的研究

针对网络教研中存在的问题，研究主要集中在以下几方面：①教师层面，

---

① 李华，刘明霞 . 2013. 混合式网络协同教研模型研究 . 电化教育研究，（6）：98-103.

② 张波，陈治国，余国源等 .2016. 区域网络教研实践与探索——以重庆市渝北区为例 . 教育理论与实践，（20）：16-19.

③ 郑世忠，张德利 . 2016. 继承与超越：从“网络教研”到“互联网 + 教研”. 中小学教师培训，（10）：22-25.

④ 吴筱萌，雍文静，何政权等 . 2015. 区域网络教研改进教师专业发展公平感的效能研究——以重庆市某区为案例 . 现代教育技术，（5）：65-71.

⑤ 马卫民，张玉芹 . 2009. 网络教研文献内容分析 . 电化教育研究，（9）：65-69.

⑥ 冯伯虎 .2007. 追求形神兼备的网络教研 . 中小学信息技术教育，（5）：13-15.

⑦ 杨卉，王陆，冯红 .2008. 移动通信和计算机网络技术环境支持下的松散型半离线网络教研模式研究 . 电化教育研究，（10）.

教师信息技术能力欠缺，面对新技术有些力不从心，参与热情不是很高，而且教师之间的深层交流不足，很难触及研讨问题的核心，对教学的实际促进作用有限，因此教师信息素养与参与度仍有待提高；②技术层面，网络教研平台建设存在一些难度，质量、栏目设置及功能分区的建设与管理机制、优质资源等都需要进一步完善更新；③活动层面，目前，网络教研活动要真正纳入学校的常规活动中仍有一段距离，组织和管理缺乏规范性和系统性，活动中没有明确的任务驱动，活动目标和内容单一，也不能得到及时的效果反馈。为了真正发挥网络教研的实效，教研活动的设计有待规范，管理与评估制度需要完善。① 王建平等则认为网络教研活动中的问题可以归结为教研主题随意、教研方式单一、教师行为跟进意识淡化这三个方面。②

针对研究中存在的问题，研究者提出了一些解决方法。赵云建认为教研活动的设计，应该渗透时间管理，保证内容使用，辅助支持设计，进行活动过程引导。③ 王亚萍认为，需要实现传统教研与网络教研、新老教师之间的优势互补，注重教研过程的实效，真正发挥教研对教师和教学的促进作用，加强网络教研的平台建设和理论研究。④ 王建平等提出：①通过教研主题的草根化和持续化达到丰富主题内涵的效果；②通过聚焦问题的微课研究、网上网下互动的课例研究和专题研究这三种途径来优化教研方式；③通过反思和实践达到认知和行为上的改观。② 总之，为推动网络教研的高效运作，仍需针对问题进行深入的策略探讨，包括技术、管理、教师、评价等维度。

三、网络教研研究的反思与展望

（一）研究方法应该多元化

网络教研的研究，一开始侧重于从对实践的总结与反思中获得一些理性认识，到近几年一些研究呈现方法、步骤、流程等，部分研究者注重从假设和问题出发，通过问卷调查、访谈和行动研究等实证研究方法来搜集资料，并进行分析，研究方法更加趋于规范和科学。在以后的研究中，仍要改变过去注重经

① 王海 . 2016. 新课改背景下网络教研的不足及对策 . 教学与管理，（5）：32-34.
② 王建平，虞美燕 . 2015. 教研共同体网络教研深化策略探微 . 浙江教育技术，（4）.31-34.
③ 王亚萍 . 2010. 关于中小学网络教研的分析与反思 . 中国教育信息化，（4）：19-21.
④ 赵云建 . 2015. 网络教研中的活动设计策略研究 . 中国电化教育，（10）：133-138.

验总结的单一做法，实现研究方法的多元化，重视实证研究。同时要重视网络教研的理论研究，力求构建系统完善的理论体系，为实践研究提供科学的、坚实的理论指导。研究主体不同是研究方法不同的重要影响因素，随着教研员和教师研究素养的提升，研究方法将会更加趋于科学化。

（二）注重网络教研实践的深入研究

研究者对网络教研的目的、载体、内容与主体达成了较一致的认识，网络教研是为促进教师专业发展的基于网络的教研方式，是常规教研在空间与时间上的极大延伸，也是信息与资源在更大范围的一种流动与共享。但对于网络教研仅仅止于表面化的界定，应该如何实现网络教研和常规教研二者的有机衔接并发挥共同作用，如何规范网络教研过程中的参与者和组织者的责任等问题，还需要更深入的研究。今后要注重微观层面的研究，促进网络教研实效性的提高，避免理论与实践的脱节。其次，大多研究者认为网站、博客、论坛、QQ 等都是很好的网络教研途径，探究仅仅停留在工具的效用上和可能性上。但要真正把这些工具纳入学校的教研活动中并常规化，还需要了解每种技术工具不同层次的功能及使用规范，需要研究者对其进行深度剖析，建立可行的应用方案。最后，要加强教育大数据及“互联网 +”与教研的融合推进作用。[①②]

（三）加强网络教研制度方面的研究

网络教研作为一种新型的教研方式，影响在逐步扩大，但要真正纳入学校的常规教育教学活动中，需要建立完备、有效的管理与实施机制。目前，虽然有部分研究者涉及这些方面，但研究还显单薄，仅停留在理论上的探讨，因此，还应该进行深入研究。明确教育管理部门、学校领导、教研员、一线教师的具体职责，做到分工合理、各司其职。制定结构明晰、流程合理的组织与活动制度，制定操作性强的实施程序和评价考核机制，提高网络教研的有效性。在理论指导下，构建具有可行性的网络教研制度体系。例如，张波等探索构建的区域网络教研系统，包括平台、资源、工作方式、模式和评价等，促进了区域网络教

① 郑世忠，张德利 . 2016. 继承与超越：从网络教研到互联网 + 教研 . 中小学教师培训，（10）：22-25.

② 王丽珍 . 2016. 教育大数据对网络教研的影响 . 中国电化教育，（11）：51-55.

研水平的提升。[①]

（四）加强不同学校、不同学科的网络教研深化研究

以往研究主要集中在普遍意义上的网络教研的探讨，这样的研究加深了人们对网络教研的一般性认识，但会发现建立在具体学科基础上的网络教研还不是很多，还缺乏与学科的深度融合。每个学科都有自己的独特性，与学科结合会大大增强研究的深度和适用性。除此以外，还发现目前网络教研方面的研究集中在对中小学教师的促进作用上，人们对网络教研的认识具有局限性。基于每个教育阶段的特殊性，网络教研也会表现出不同的特点。因此，应加强不同学段网络教研的研究。不同地区不同学校在软硬件条件上不同，应进行针对性的研究，探索适合不同学校情况的网络教研模式等。在更大程度上调动教师的参与性，使网络教研发挥最大作用，促进教师专业发展，促进学校教育教学质量的提高。

第三节　中小学教师信息技术应用能力现状研究

近年来，国家先后颁布了《教育信息化十年发展规划（2011—2020年）》《关于实施全国中小学教师信息技术应用能力提升工程的意见》和《中小学教师信息技术应用能力标准（试行）》等，集中体现了国家对中小学教师信息技术能力的高度重视。到2017年底计划完成全国1000多万名中小学（含幼儿园）教师的新一轮提升培训。[②]在教育信息化背景下，《中国学生发展核心素养》要求重视培养学生的数字化学习能力，[③]因此，教师必须具备一定的信息技术能力，教师具有较强的信息技术能力可有力地促进教育教学改革。

---

① 张波，陈治国，余国源等.2016.区域网络教研实践与探索——以重庆市渝北区为例.教育理论与实践，(20)：16-19.

② 教育部.2013-10-25.关于实施全国中小学教师信息技术应用能力提升工程的意见.

③ 教育部.2016-09-14.中国学生发展核心素养基本要点.中国教育报，第9版.

一、相关研究

杨建军等采用了问卷调查法和访谈法，调查了赣南地区576名农村教师，认为大部分教师依然采用传统方式备课，极少数教师使用信息技术手段，大部分教师不用网络交流教学问题，教师的信息技术能力不理想。[①] 石琴等[②]、张贝贝等[③] 得出了类似的结论。张屹等调查了华中地区四个省份的414名教师，发现教师技术素养能力较强，在应用信息技术转变学习方式能力方面，计划与准备能力较弱。[④] 吴军其等指出，一些中小学教师不重视素质教育，学习新技术并利用新技术改变教学实践对大多数教师来说是挑战。[⑤]

经由国家大力投资扶持，县领导重视，县财政配套，国家级贫困县山西吉县的中小学实现了校舍以及教室内信息技术教学设施的更新换代，通过了国家均衡化验收。在山西省这是贫困县教学硬件设施整体配套完善的成功典型。在具备了先进的信息技术的硬件条件下，吉县中小学教师的信息技术应用能力如何？带着这样的问题，对山西吉县329名中小学教师进行信息技术应用能力现状的问卷调查，旨在为进一步提高教师信息技术能力和改善教师信息技术培训工作提供研究依据。

二、研究方法

主要采用问卷调查法，并附之以访谈法。访谈主要围绕两个问题开展：信息技术与课程整合的含义，以及教师希望通过信息技术培训解决哪些问题，访谈了不同教育阶段、不同教龄和职称的12位教师。在查阅相关文献资料的基础上，编制了教师信息技术应用能力及培训的调查问卷，并经过了反复修改。检验问卷信度的Cronbach 系数 $\alpha = 0.859$。调查问卷分为客观题和主观题两部分，其中客观题主要是单选题，主要由三部分内容构成，即“计算机应用于教学的情况”

① 杨建军，焦中明．2012. 赣南农村中小学教师信息技术能力现状调查．中国教育信息化，(22)：7-11.

② 石琴，陈冠玉．2011. 农村中学教师信息技术能力现状调查分析——以湖北省英山县农村中学教师为例．中国教育信息化，(16)：4-6.

③ 张贝贝，李玉斌．2014. 农村中学教师利用信息技术优化教学信息能力的调查研究．中国教育信息化，(16)：63-66.

④ 张屹，马静思，周平红等．2015. 中小学教师信息技术应用能力现状及培训建议．中国电化教育，(1)：104-110.

⑤ 吴军其，罗攀，沈红云．2016. 中小学教师信息技术能力培训策略研究综述．电化教育研究，(1)：123-128.

（维度 1）、“网络应用情况”（维度 2）和“计算机基本技能”（维度 3）。3 个维度共有 19 个题目，每个题目有 5 个选项，分别赋值 5 、4、3 、2、1 分。全卷分值越高表明教师信息技术能力越强，反之越弱。问卷个人信息主要涉及教师的 4 个特征因素：所在学段、教龄、学历、职称。此次调查共发放问卷 350 份，回收问卷 341 份，有效问卷 329 份，有效率为 96.48%。

调查对象来自山西吉县 5 所中学和 3 所小学。对回收的问卷进行编码处理，采用 SPSS 19.0 软件进行统计分析。从学段看，各个学段教师分布较均匀；从教龄看，中青年教师占绝大多数；从学历看，本科学历教师占 82.37%，研究生学历的教师占 2.13%，专科和中师学历的教师约占 15.50%，可见，绝大多数教师学历水平已达标；从职称看，一级教师和二级教师所占比例分别为 40.73% 和 41.64%，高级教师占 5.47%，可看出大多数教师已进入专业发展快速成长期。

三、研究结果与分析

（一）教师信息技术应用能力整体情况

1. 计算机应用于教学的情况

如表 5-3 所示，教师常用计算机进行备课、编写教案，其次是搜集、管理资料，再次是进行教学演示和指导学生活动，进行课件制作，最后是进行教研论文的写作、总结等。可见，大部分教师经常应用计算机进行课前教学准备，辅助开展课堂教学活动，优化教学效果。

表 5-3　计算机在教学中的应用情况

	选择人数 / 人	比例 /%	排序
备课、编写教案	225	68.39	1
搜集、管理资料	203	61.70	2
教学演示	147	44.68	3
指导学生活动	147	44.68	3
课件制作	143	43.47	5

2. 教师使用网络的情况

从表 5-4 可看出教师应用因特网的情况，更多的教师是借助网络查找、下载资料（81.46%），其次是和学生交流（57.45%），再次是扩大信息量及娱乐（53.50%），排在后两位的是借助网络进行教学和利用网络收发电子邮件。由此可看出教师借助网络进行教学的比例偏低，这与学校的信息化教学设备硬件条件有关，也与教师观念有关。

表 5-4 教师使用网络的情况

	选择人数 / 人	比例 /%	排序
查找、下载资料	268	81.46	1
和学生交流	189	57.45	2
扩大信息量及娱乐	176	53.50	3
借助网络进行教学	152	46.20	4
收发电子邮件	148	44.98	5

3. 计算机基本技能掌握情况

由表 5-5 可知，从整体看，60% 左右的教师已掌握 Windows 操作系统、Word/WPS 文字处理、PowerPoint 演示文稿和 Excel 数据统计与表格制作，以及课件制作技术，仍有约 30% ～ 40% 的教师尚未掌握计算机的基本技能。掌握网页制作技术的教师比例最少仅占 25.84%，今后的教师信息技术培训需要加强这方面。此外，培训需要分层进行，关注少部分未掌握计算机基本技能的教师，尤其是偏远乡村学校的教师，教龄或年龄较大的教师。

表 5-5 计算机基本技能的掌握情况

	选择人数 / 人	比例 /%	排序
Windows 操作系统	252	76.60	1
Word/WPS 文字处理	244	74.16	2
PowerPoint 演示文稿	215	65.35	3
Excel 数据统计与表格制作等	212	64.44	4

续表

	选择人数 / 人	比例 /%	排序
课件制作	178	54.10	5
网络检索	153	46.51	6
网页制作	85	25.84	7

（二）不同教龄组教师信息技术应用能力分析

1. 不同教龄组教师信息技术应用能力总体及各维度描述性统计结果与分析

将教龄信息完整的被试（329 人）分为 5 组，对每组教师的信息技术能力及在 3 个维度上的得分情况进行描述性统计，结果如表 5-6 所示。就总体均分而言，教龄 20 年以上的中小学教师平均得分最低（69.39），且在“计算机基本技能”这一维度上的平均得分最低（22.29）。教龄 3 ～ 5 年及以上的教师在信息技术应用能力总体、维度 2 和维度 3 上的平均得分都普遍高于其他教龄组教师，教龄 3 ～ 5 年的教师信息技术能力明显较强。教龄越长的教师，信息技术能力总体得分，以及在各维度得分相对都较低。可能的原因是，教龄较长的教师存在职业倦怠现象，不愿意尝试改变，对学习信息技术的热情和能力都较低。而 3 ～ 5 年教龄的教师在高校系统地学习过信息技术课程，且精力充沛，有热情且积极探索实践，将信息技术应用到教学中，不断提高教学效率。

表 5-6　不同教龄组教师信息技术应用能力总体及各维度的平均得分

教龄	总体	维度 1	维度 2	维度 3
1 ～ 3 年（32 人）	76.58	27.88	20.94	27.76
3 ～ 5 年（58 人）	78.38	27.83	21.63	28.92
6 ～ 10 年（77 人）	73.78	26.08	20.31	27.39
11 ～ 19 年（89 人）	70.01	26.30	19.83	23.88
20 年以上（73 人）	69.39	27	20.10	22.29

2. 不同教龄组教师信息技术应用能力总体及各维度推断性统计结果与分析

（1）不同教龄组教师信息技术应用能力总体差异分析

采用单因素方差分析，不同教龄组教师信息技术能力总体的得分均值存在显著差异（p=0.000<0.01）。为进一步了解哪些教龄组教师信息技术能力有显著差异，采用 LSD 多重比较检验方法，结果如表 5-7 所示。

表 5-7　多重比较检验（LSD）

教龄组	1 ～ 3 年	3 ～ 5 年	6 ～ 10 年	11 ～ 19 年
3 ～ 5 年	1.797			
6 ～ 10 年	−2.797	−4.594*		
11 ～ 19 年	−6.498*	−8.295*	−3.701*	
20 年以上	−7.190*	−8.987*	−4.394*	−0.692

注：* 代表 p<0.05。

从总体看，1 ～ 3 年教龄组和 11 ～ 19 年、20 年以上教龄组之间得分均值存在显著差异；3 ～ 5 年教龄组和 6 ～ 10 年、11 ～ 19 年、20 年以上教龄组之间得分均值存在显著差异；6 ～ 10 年教龄组和 11 ～ 19 年、20 年以上教龄组之间得分均值存在显著差异。

（2）不同教龄组教师信息技术应用能力各维度差异分析

采用单因素方差分析的方法，经检验，不同教龄组教师在“计算机应用于教学”方面没有显著差异，在“网络应用情况”方面存在显著差异（p=0.02<0.05），在“计算机基本技能”方面差异极显著（p=0.000<0.01）。据此可认为教龄因素影响中小学教师“网络应用情况”和“计算机基本技能”。为进一步了解哪些教龄组在维度 2 和维度 3 存在差异，采用 LSD 多重比较检验。在“网络应用情况”方面，3 ～ 5 年教龄组和 1 ～ 3 年教龄组之外的其余各教龄组之间均存在显著差异，该组教师的平均得分高于 1 ～ 3 年教龄组之外的各教龄组，其他教龄组之间则无显著差异。在“计算机基本技能”方面，1 ～ 3 年、3 ～ 5 年、6 ～ 10 年教龄组和 11 ～ 19 年、20 年以上教龄组之间均存在显著差异；11 ～ 19 年教龄组和 20 年以上教龄组之间存在显著差异。

（三）不同学历组教师信息技术应用能力分析

1. 不同学历组教师信息技术应用能力总体及各维度描述性统计结果与分析

将学历信息完整的被试（329 人）分为 4 组，对每组教师的信息技术能力及其在 3 个维度上的得分情况进行描述性统计，结果如表 5-8 所示。

表 5-8　不同学历组教师信息技术应用能力总体及各维度平均得分

学历组	总体	维度 1	维度 2	维度 3
中师（或高中）（12 人）	63	23.67	19.25	20.08
专科（39 人）	70.38	26.77	20.28	23.33
本科（271 人）	73.56	26.89	20.47	26.20
研究生（7 人）	79.29	30.29	21.86	27.14

从表中可看出，就教师信息技术应用能力总体的均分而言，研究生学历的教师得分最高（79.29），且在三个维度上的平均得分也是最高的。中师学历的教师平均得分最低（63），且在三个维度上的平均得分也是最低的。本科学历教师平均得分高于专科学历教师。

2. 不同学历组教师信息技术应用能力总体及各维度推断性统计结果与分析

（1）不同学历组教师信息技术应用能力总体的差异分析

为了检验不同教龄组教师在信息技术能力总体上是否存在显著差异，采用单因素方差分析。p<0.05，研究生学历组教师得分均值与中师、专科、本科学历组教师之间均存在显著差异，其他学历组之间则无显著差异。

（2）不同学历组教师信息技术应用能力各维度的差异分析

采用单因素方差分析的方法，p_2=0.426 >0.05，不同学历组教师在维度 2“网络应用情况”方面不存在显著差异；p_3=0.000<0.05，在“计算机基本技能”上存在显著差异。据此可认为，学历因素影响中小学教师计算机基本技能。本科、研究生与中师组之间均存在显著差异；本科和专科组之间也存在显著差异。经多重比较检验，发现不同学历组教师在计算机应用于教学方面没有显著差异。

（四）不同学段组教师信息技术应用能力分析

1. 不同学段组教师信息技术应用能力总体及各维度描述性统计结果与分析

将学段信息完整的被试（329 人）分为 3 组，对每组教师的信息技术能力及其在 3 个维度上的得分情况进行描述性统计，结果如表 5-9 所示。

表 5-9　不同学段组教师信息技术应用能力总体及各维度的平均得分

学段	总体	维度 1	维度 2	维度 3
高中（86 人）	68.67	24.67	19.43	24.57
初中（125 人）	74.64	27.44	20.50	26.70
小学（118 人）	74.18	27.75	21.09	25.34

从表中可看出，就教师信息技术应用能力总体的均分而言，高中教师平均得分最低（68.67），且在三个维度上的平均得分也是最低的，初中教师在总体和维度 3 普遍高于其他学段组教师的平均得分，小学教师在维度 1 和维度 2 普遍高于其他学段组教师的平均得分。从调查数据可看出，初中和小学教师的信息技术能力较强，高中教师的信息技术能力最弱。

2. 不同学段组教师信息技术应用能力总体及各维度推断性统计结果与分析

（1）不同学段组教师信息技术应用能力总体的差异分析

采用单因素方差分析，经检验，不同学段组教师的信息技术应用能力总体存在显著差异（p=0.000<0.05）。经多重比较检验，初中、小学和高中组教师之间得分均值存在显著差异，初中和小学组之间无显著差异。

（2）不同学段组教师信息技术应用能力各维度的差异分析

为检验各学段组教师信息技术应用能力在各维度上是否存在显著差异，采用单因素方差分析。结果显示，维度 1：p=0.000，维度 3：p=0.020，因此，不同学段组教师在“计算机应用于教学”和“计算机基本技能”方面都存在显著差异。经多重比较分析，在“计算机应用于教学”方面，初中、小学教师与高中教师之间存在显著差异。在“计算机基本技能”方面，初中教师和高中教师之间存在显著差异，初中教师高于高中教师的平均得分。维度 2“网络应用情况”，小学教师与高中教师之间存在显著差异，其他学段组教师之间无显著差异。可以看出，学段因素影响教师计算机应用于教学的情况和计算机基本技能。由于升学压力大，高中教师教学任务重，可能更多地采用传统教学方式，而无时间和精力来学习提高信息技术应用能力。小学、初中教师相对来说，有更多可自由支配的时间，用于学习和提高自己，因而信息技术应用能力较强。

四、研究结论

在国家和吉县当地政府的共同努力下，吉县中小学信息技术教学硬件设施已经得到加强和改善。以往多媒体教室缺少、计算机数量不足、网络环境较差等问题都已得到彻底解决。大部分教师对信息技术应用于教学持积极的态度，并不断尝试将信息技术应用到教学中，多数教师已经具备了基本的信息技术应用能力。对访谈中部分教师的观点和认识归纳整理后发现，“把信息技术运用到学科教学中去，是用信息技术辅助教学，使学科教学更加高效；信息技术必须服务于学科教育，而不是华而不实，扰乱教学”。这是较多教师的认识，信息技术作为工具，目的是提高教与学的效率。另有部分教师认为，信息技术与学科教学整合，①为实现教育资源共享创造条件；②促使教学结构和过程的根本变革；③使信息技术成为学生认知，探究和解决问题的工具，培养学生的信息素养及利用信息技术自主探究，解决问题的能力。可见部分教师对信息技术与课程整合，有更加深刻的认识，信息技术不仅是教师的教学工具或手段，还是学生的学习工具，整合的目的之一是提高学生的数字化学习能力。该县教师对信息化教学的认识有了较大提高。但是教师利用信息技术优化教学的总体水平不高，信息技术与课程融合的能力还有所欠缺。

教师信息技术应用能力整体状况：60% 左右的教师常用计算机于课前教学准备中，教师进行网络教学的比例较低。70% 左右的教师计算机基本技能已达到掌握的程度，只是网页制作等技能有待培训加强。此外，仍有少部分教师未掌握计算机基本技能，尤其是偏远乡村学校的教师，教龄或年龄较大的教师。

1. 从教龄来看

不同教龄组的教师信息技术能力存在显著差异，且在维度“网络应用情况”

方面存在显著差异，在维度“计算机基本技能”方面差异极显著。3～5年教龄的教师信息技术能力较强，教龄越长的教师信息技术能力相对较弱。

2. 从学历来看

中师学历的教师信息技术能力最弱，研究生学历的教师信息技术能力最强。不同学历组教师在“计算机基本技能”上存在显著差异，学历因素影响中小学教师计算机基本技能水平。

3. 从学段来看

不同学段组教师的信息技术应用能力存在显著差异。初中和小学教师的信息技术能力较强，高中教师的信息技术能力相对较弱。不同学段组教师在“计算机应用于教学”和“计算机基本技能”方面都存在显著差异。

五、对策与建议

基于以上调查，教师培训部门应按照《中小学教师信息技术应用能力标准（试行）》，指导和规范中小学教师教育技术培训，增强培训的针对性和实效性。

1）按照不同学段、不同学历、不同教龄、不同学科，分阶段分层次地开展教师信息技术培训。应试教育背景下，由于升学任务压力，部分教师不注重素质教育，一味追求高分数，认为信息技术只是形式、摆设。信息技术与教学融合最难解决的是教师信念的改变，学习新技术并利用新技术改变教学实践对大多数教师来说是挑战。[①] 采用考核与激励机制，转变教师观念，提高教师学习信息技术的积极性，鼓励教师将信息技术应用于课堂教学和班级管理之中。

2）采用理论与实践相结合的培训方法。培训理论的教师、技术指导教师、学科教学论专家、中小学骨干教师等组成培训团队。对于培训，既注重理论又注重实践，使参训教师不但拥有信息技术基本理论，而且也掌握一些常用的软件技术，如 SMART 的 Notebook 软件、微课制作软件、思维导图软件等。

3）充分发挥高学历年轻教师在信息技术培训中的骨干作用，建立学习共同体，促进教师之间的交流与合作。通过帮扶、示范指导、答疑解惑等方法，帮助中老年教师提高信息技术能力。

---

① 吴军其，罗攀，沈红云. 2016. 中小学教师信息技术能力培训策略研究综述. 电化教育研究，（1）：123-128.

4）拓宽教师信息技术培训途径，通过参与式、体验式、案例研讨、任务教学等多种形式，针对学科特点通过改善各学科教学设计，努力提高培训的实效性。根据对老师的访谈分析，可看到教师希望通过信息技术培训提高课件设计与制作方法技巧、微课制作方法、网页设计和制作的方法、教学相关软件的应用能力，以及运用信息技术优化课堂教学的能力。这些正是教师信息技术应用能力的薄弱之处，也是教师信息技术培训需要关注的内容。此外，应关注受训教师信息技术与学科教学整合的能力，构建适应教师自身发展的分散性自主训练模式。利用教师自身的学科教学实际和经验，紧扣教学的具体问题，通过教师将信息技术融入教学任务之中，解决教学难题，提高教学效率，从而提升教师的信息素养。①

第四节　小学教师 TPACK 现状的调查研究

一、引言

21 世纪是信息化时代，信息技术对教育具有革命性的影响。随着信息化教学资源在教育领域的更广泛应用，教师作为课程实施者，其信息技术应用能力越来越受到关注。无论是《教育信息化十年发展规划（2011—2020 年）》，还是《中小学教师信息技术应用能力标准（试行）》都强调有效提升教师信息技术应用能力。②③ 如何了解教师知识结构及信息技术应用能力？如何了解教师运用技术的教学现状？美国学者 Mishra 和 Koehler 基于技术与教育深度融合的趋势，提出了 TPACK 理论框架。整合技术的学科教学知识，（technological pedagogical and content knowledge，TPACK），它包含三个核心要素、四个复合要素等。

---

① 吴军其，罗攀，沈红云 . 2016. 中小学教师信息技术能力培训策略研究综述 . 电化教育研究，（1）：123-128.

② 教育部 . 教育信息化十年发展规划（2011—2020 年）.http：//www.moe.edu.cn/publicfiles/business/htmlfiles/moe/s3342/201203/xxgk_133322.html.

③ 教育部 . 中小学教师信息技术应用能力标准（试行）.http：//www.moe.edu.cn/publicfiles/business/htmlfiles/moe/s6991/201406/170123.html.

三个核心要素即 TK（技术知识）、PK（教学法知识）、CK（学科内容知识）；四个复合要素由三个核心要素交织而成，分别是 PCK（学科教学知识）、TCK（整合技术的学科内容知识）、TPK（整合技术的教学法知识）、TPACK（整合技术的学科教学知识）。[①] TPACK 教师知识框架有利于研究者深入了解教师信息化教学的情况，发现教师知识结构中的问题，对促进信息化教学背景下的教师专业发展具有重要意义。

通过对 2010—2016 年相关文献的检索梳理发现，国内对 TPACK 的研究，主要集中在以下 6 个方面：① TPACK 的内涵、特征及对国外研究的介绍；[②③④] ②师范生 TPACK 的发展与培养研究；[⑤⑥] ③基础教育阶段教师 TPACK 的培养与 TPACK 框架下的教师专业发展研究；[⑦⑧] ④ TPACK 框架下的高校教师专业发展研究；⑤ TPACK 框架下的课程与教学研究；⑥教师 TPACK 现状调查研究。调查对象有师范生、高校教师、中小学教师。赵艳等人以东北某市 453 位小学教师为研究对象进行 TPACK 问卷调查，研究发现小学教师与技术相关的 TPACK 复合要素维度值相对较低；骨干教师除 TK 外，其余 TPACK 维度均高于非骨干教师；教龄与 TK 呈负相关。[⑨] 张育桂以河南信阳市 114 位小学数学教师为调查样本，发现教师 TPACK 在性别、学历和所学专业上差异不显著，而在教龄和职称变量上差异显著。[⑩] 目前关于小学教师 TPACK 现状的调查研究不多，且多数研究样本容量较小（100 份左右），得出的结论有一定局限性。以天津市滨海新区 479 名小学教师为研究对象，旨在调查小学教师基于教育技术的学科知识现状，

① Mishra P，Koehler M J. 2006.Technological pedagogical content knowledge：A framework for teacher knowledge.Teachers College Record，(6)：1017-1054.

② 何克抗 . 2012.TPACK——美国“信息技术与课程整合”途径与方法研究的新发展（上）. 电化教育研究，(5)：5-10.

③ 何克抗 . 2012.TPACK——美国“信息技术与课程整合”途径与方法研究的新发展（下）. 电化教育研究，(6)：47-56.

④ 张宝辉，张静 . 2013. 技术应用于学科教学的新视点——访美国密歇根州立大学马修 . 凯勒教授 . 开放教育研究，(2)：4-11.

⑤ 袁智强，李士锜 . 2013. 数学师范生整合技术的学科教学知识（TPACK）发展研究——以正态分布为例 . 电化教育研究，(3)：107-113.

⑥ 张海，肖瑞雪，王以宁等 . 2015. 基于技术接受模型的师范生 TPACK 发展研究 . 中国电化教育，(5)：111-117.

⑦ 张文宇，李岩 . 2013. 基于学习活动类型的教师 TPACK 培养策略研究 . 电化教育研究，(10)：116-120.

⑧ 李海峰 . 2013.TPACK 框架下的教师专业素养研究 . 现代教育技术，(5)：25-30.

⑨ 赵艳，赵蔚，李绿山等 . 2015. 学习分析视域下小学教师整合技术的学科教学知识（TPACK）研究 . 现代远距离教育，(5)：42-48.

⑩ 张育桂 . 2011. 小学数学教师整合技术的学科教学知识（TPACK）研究 . 信阳师范学院硕士论文 .

从而探索提高小学教师教育技术及学科教学能力的对策和方法。

二、研究设计

1. 研究工具

本研究采用自编的小学教师 TPACK 调查问卷，该问卷是根据 Mishra 和 Koehler 关于 TPACK 概念的界定及理论框架，参考相关资料编制而成，并经过反复修改。对问卷总量表和四个分量表（即维度：选取 TPACK 理论框架的两个核心要素和两个复合要素编制量表）分别进行信度检验，α 系数分别为：0.951（总）、0.897、0.942、0.943、0.957。问卷内容有两大部分，第一部分是教师个人基本信息，包括性别、年龄、教龄、学历、职称、任教学科等。第二部分是客观题，包括一般选择题和 Likert 五点量表题。一般选择题有 2 个，Likert 五点量表题占绝大多数，涵盖了小学教师 TPACK 四个维度上的 35 个评价细目。所设五个选项分别是“精通”“会用”“入门”“了解”“不会”或者“完全符合”“比较符合”“不能确定”“不太符合”“完全不符合”，赋值分别为 5、4、3、2、1。问卷维度及试题分布为:“技术知识（TK）” 10 题、“学科内容知识（CK）” 6 题、“学科教学法知识（PCK）” 6 题、“整合技术的学科教学知识（TPCK）” 13 题。

2. 研究对象

采用随机抽样的方法，调查对象为天津市滨海新区小学教师，来自 10 所小学，问卷调查时间为 2016 年 4 月，共发放 501 份问卷，回收 501 份，问卷回收率为 100%，其中有效问卷 479 份，有效率为 95.6%。所调查教师的基本信息如表 5-10 所示。

表 5-10　所调查教师的基本信息

调查项目	分类情况	男教师 / 人	女教师 / 人	合计 / 人	比例 /%
年龄分布	20 ～ 30 岁	14	98	112	23.4
	31 ～ 40 岁	15	76	91	19.0
	41 ～ 50 岁	6	239	245	51.3
	50 岁以上	5	25	30	6.3

续表

调查项目	分类情况	男教师 / 人	女教师 / 人	合计 / 人	比例 /%
教龄分布	1～3 年	8	53	61	12.8
	3～5 年	6	45	51	10.7
	6～10 年	4	15	19	3.9
	11～19 年	9	59	68	14.2
	20 年以上	13	266	279	58.4
学历分布	中师	1	7	8	1.7
	专科	6	48	54	11.3
	本科	31	344	375	78.5
	研究生	2	39	41	8.5
职称分布	初聘	1	24	25	5.2
	小学二级	7	25	32	6.7
	小学一级	8	81	89	18.6
	小学高级	22	301	323	67.6
	其他	2	7	9	1.9

注：样本总数为 479，由于一个样本未填写性别，故上表统计样本总数为 478。在后续关于教龄、学历的统计中样本总数仍是 479。

从表 5-10 中可以看出，天津滨海新区小学教师以中、青年教师居多。教龄在 20 年以上的教师占 58.4%，其次是教龄 11～19 年的教师（14.2%），教龄 6～10 年段的教师最少（3.9%）。被调查教师学历大部分为本科（78.5%），其次是专科（11.3%），研究生学历的占 8.5%，可见教师学历基本已达标。小学高级职称的教师占多数（67.6%），其次是小教一级职称的占 18.6%。被调查教师来自语文、数学、英语、思想品德、科学、信息技术、体育、音乐、美术等学科，几乎涵盖了目前小学所有的学科。

3. 数据收集与处理

问卷采取集体施测，匿名答题，问卷回收后进行编码处理，采用 SPSS 17.0 软件进行数据统计分析。主要进行了 TPACK 总体及各维度的描述性统计，基于教龄、学历、任教学科、性别因素，对 TPACK 总量表及各分量表（维度）值进行了推断性统计（包括方差分析和独立样本 T 检验）。

三、研究结果及分析

1. 教师所在学校的信息技术教学条件和教师常用的信息化教学资源

（1）教师所在学校的现代教育教学设备配置情况

被调查的小学教师中，一半的教师认为自己所在学校的现代教育教学设备配置很好；认为较好的教师占 41%；少数人（7.1%）认为设备配置一般；极个别教师认为较差或很差。这表明绝大多数教师所在学校的教育教学设备条件比较好，这为教师将信息技术与教学整合创造了条件。

（2）教师教学中经常使用的信息化教学资源类型

从图 5-2 可看出，教师在教学过程中使用最多的教学资源是常规软件，如 PowerPoint、Word（87.2%），课前下载的视频资源次之，再次是其他形式的网络资源（37.4%），微课使用频率最低。调查可见，教师在日常教学中还是习惯于较多地使用常规多媒体教学资源，但同时可看到，超过 1/3 的教师在教学中使用网络资源和电子白板，表明部分教师基于网络平台和传统课堂教学平台进行课堂教学。关于微课的使用，教师的选择频率为 9.2%，表明小学教师在教学中比较少地采用翻转课堂教学模式。

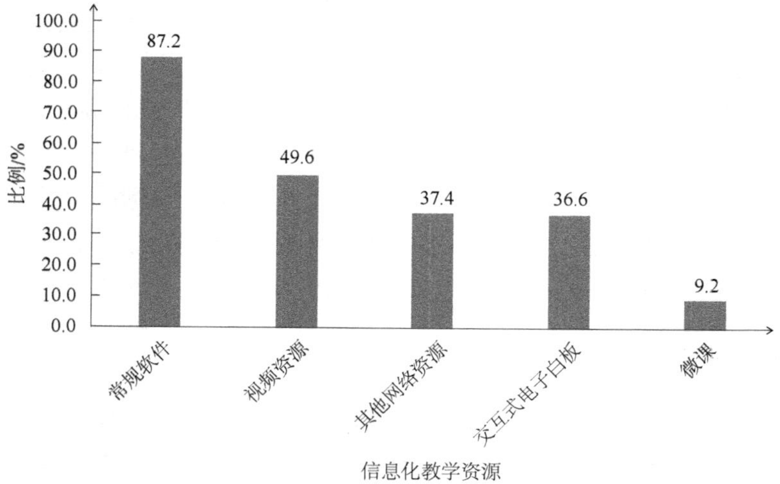

图 5-2　教师经常使用的信息化教学资源

2. 不同教龄组小学教师 TPACK 的调查结果及分析

（1）不同教龄组小学教师 TPACK 总体及各维度描述性统计结果分析

按教龄信息将被试分为五组，对每组教师 TPACK 总体得分及四个维度的得分情况进行描述性统计，如表 5-11 所示。

表 5-11　不同教龄组小学教师 TPACK 总体及各维度的描述性统计分析

教龄		总分	*TK*	*TPCK*	*PCK*	*CK*
1～3 年（62 人）	平均分	132.89	31.48	51.71	24.58	25.11
	标准差	16.746	6.733	7.999	3.341	2.948
	最高分	172	50	65	30	30
	最低分	67	10	26	13	18
3～5 年（51 人）	平均分	129.90	29.35	50.63	24.69	25.24
	标准差	18.155	8.743	6.800	3.063	3.296
	最高分	175	50	65	30	30
	最低分	60	10	26	12	12
6～10 年（19 人）	平均分	128.95	27.79	51.37	24.58	25.21
	标准差	17.952	8.886	5.698	3.185	3.441
	最高分	165	45	65	30	30
	最低分	97	10	41	17	15
11～19 年（68 人）	平均分	126.85	25.99	51.01	24.63	25.22
	标准差	22.795	8.222	9.820	4.256	4.346
	最高分	163	44	65	30	30
	最低分	64	10	26	12	12
20 年以上（279 人）	平均分	121.62	21.89	49.15	24.96	25.63
	标准差	18.636	7.682	8.929	3.550	3.647
	最高分	165	50	65	30	30
	最低分	35	10	13	6	6

从表 5-11 中可看出，就平均值而言，教龄 20 年以上的小学教师 TPACK 总的平均值最低，这一现象同样出现在 *TK*、*TPCK* 两个维度上。而教龄 1～3 年的小学教师无论在 TPACK 总的平均分，还是在 *TK*、*TPCK* 维度上，都高于其他教龄组小学教师。调查可见，随着教龄增长，小学教师 TPACK 得分的变化趋势是由高到低，在 *TK* 和 *TPCK* 维度上，平均得分都是随着教龄的增长而下降。这可能是因为新近入职的教师，在高校均接受了信息技术方面的系统教育，加之年龄小，接受新事物的能力强，对信息技术方面比较感兴趣，学习新技术比较快，信息技术水平较高。所以教龄短的教师的 TPACK 总体均分、在涉及技术的两个维度 *TK*、*TPCK* 上平均得分都较高。从表 5-11 中还可看到，随着教龄的

增长，在 *PCK*、*CK* 维度上，平均值变化基本呈现由低到高的变化趋势，1～3年教龄的小学教师 *PCK* 及 *CK* 得分最低，20 年以上教龄的小学教师在这两个维度平均得分最高。教龄较长的教师在教学工作中逐渐积累了很多实践性知识，更加熟悉教学内容，在学科教学方面，掌握了许多教学方法和教学策略，并能够灵活运用。

（2）不同教龄组小学教师 TPACK 总体及各维度推断性统计结果分析

不同教龄组小学教师 TPACK 总体均值的推断性统计结果分析：为了检验不同教龄组小学教师 TPACK 总体均值是否存在显著差异，采用单因素方差分析。在进行单因素方差分析之前，首先进行方差齐性检验，$p=0.054>0.05$，基本满足单因素方差分析中方差齐性的要求。单因素方差分析结果发现，不同教龄组小学教师 TPACK 总体均值存在极显著差异（$p=0.000<0.01$）。据此可以认为，从总体看，教龄因素对小学教师 TPACK 具有较大影响。为了进一步了解哪些教龄组小学教师在 TPACK 总体均值上有显著差异，采用 LSD 多重比较检验法进一步分析，结果如表 5-12 所示。

表 5-12　不同教龄组小学教师 TPACK 总体均值的 LSD 多重比较

教龄	3～5 年	6～10 年	11～19 年	20 年以上
1～3 年	2.985	3.940	6.034	11.267*
3～5 年	—	0.995	3.049	8.282*
6～10 年	—	—	2.094	7.327
11～19 年	—	—	—	5.233*

注：*$p<0.05$。

从表中可看到，1～3 年教龄组、3～5 年教龄组和 11～19 年教龄组小学教师，分别与 20 年以上教龄组小学教师 TPACK 总体均值上有显著差异，且均显著高于 20 年以上教龄组小学教师，其他教龄组之间无显著差异。

不同教龄组小学教师 TPACK 各维度的推断性统计结果分析：为了检验不同教龄组小学教师在 TPACK 各维度上是否存在显著差异，同样采用单因素方差分析，首先进行方差齐性检验。结果显示，*TK* 维度和 *PCK* 维度的 p 值分别为 0.211、0.281，均大于 0.05，满足单因素方差分析中方差齐性要求，可以做单因素方差分析。发现不同教龄组小学教师在 *TK* 维度上存在极显著差异（$p=0.000<0.01$）。采用 *LSD* 多重比较检验法进一步分析发现（表 5-13），在 *TK* 维度上，1～3 年教龄组和 3～5 年教龄组均显著高于 11～19 年组和 20 年以上

教龄组的小学教师的平均得分；6～10年教龄组与11～19年教龄组均显著高于20年以上教龄组平均得分，可见教龄因素会影响小学教师*TK*水平。*PCK*维度的p=0.901>0.05，表明不同教龄组小学教师在*PCK*维度上不存在显著差异。因*TPCK*维度和*CK*维度的p值<0.05，均不满足单因素方差分析中方差齐性要求，故采用Games-Howell多重比较检验法，结果发现，不同教龄组小学教师在*TPCK*和*CK*维度上不存在显著差异。

表5-13　不同教龄组小学教师TK维度的LSD多重比较

TK	3～5年	6～10年	11～19年	20年以上
1～3年	2.131	3.694	5.499*	9.599*
3～5年	—	1.563	3.368*	7.468*
6～10年	—	—	1.804	5.904*
11～19年	—	—	—	4.100*

注：*p<0.05。

3. 不同学历组小学教师TPACK的调查结果及分析

（1）不同学历组小学教师TPACK总体及各维度描述性统计结果分析

按照学历将被试分为四组，对每组教师TPACK及其四个维度的得分情况进行描述性统计，如表5-14所示。

表5-14　不同学历组小学教师TPACK总体及各维度的描述性统计

学历	项目	总分	*TK*	*TPCK*	*PCK*	*CK*
中师（高中）（8人）	平均分	115.38	22.13	47.00	23.13	23.13
	标准差	33.641	6.357	14.392	7.160	7.220
	最高分	141	28	60	28	29
	最低分	35	10	13	6	6
专科（54人）	平均分	117.41	19.81	48.39	24.39	24.81
	标准差	16.856	6.334	8.053	3.657	3.890
	最高分	151	35	65	30	30
	最低分	60	10	27	13	13
本科（375人）	平均分	125.69	24.93	50.21	24.94	25.62
	标准差	19.008	8.600	8.642	3.428	3.446
	最高分	175	50	65	30	30
	最低分	60	10	19	12	12

续表

学历	项目	总分	*TK*	*TPCK*	*PCK*	*CK*
研究生（42人）	平均分	130.33	29.88	50.67	24.67	25.12
	标准差	19.881	8.332	8.366	3.700	3.769
	最高分	172	50	65	30	30
	最低分	67	10	26	13	15

从表 5-14 中可以看出，中师（高中）学历教师 TPACK 总体平均分最低，研究生学历教师 TPACK 总体平均分最高，随着学历的提高，教师 TPACK 总体的得分呈升高趋势。从问卷四个维度看，随着学历的提高，不同学历组小学教师各维度平均得分基本上都呈现出由低到高的变化趋势。可见，随着教师学历水平的提高，教师的信息技术水平、学科教学内容知识、学科教学法知识水平以及技术支持下的学科教学知识水平都在提高。这一结果一方面反映了教育学专业研究生教育的成效，同时表明进一步提高小学教师的学历水平存在一定的必要性。

（2）不同学历组小学教师 TPACK 总体及各维度推断性统计结果分析

不同学历小学教师 TPACK 总体均值的推断性统计结果分析：为了检验不同学历小学教师 TPACK 总体均值是否存在显著差异，采用单因素方差分析法，首先进行方差齐性检验，$p=0.226>0.05$，基本满足单因素方差分析中方差齐性的要求，可以进行单因素方差分析。结果发现，不同学历组小学教师 TPACK 总体均值存在极显著差异（$p=0.003<0.01$）。据此可以认为，从总体看，学历因素对小学教师 TPACK 具有较大影响。采用 LSD 多重比较检验法进一步分析发现，不同学历组小学教师在 TPACK 总体上，本科学历教师显著高于专科学历教师，研究生学历教师显著高于中师（高中）学历和专科学历教师，其他学历组之间无显著差异。

不同学历组小学教师 TPACK 各维度均值的推断性统计结果分析：采用单因素方差分析法，检验不同学历组教师在 TPACK 各维度上得分均值是否存在显著差异，首先进行方差齐性检验，*TK* 维度的 $p=0.02<0.05$，不满足单因素方差分析中方差齐性的要求，不适合做单因素方差分析。其余各维度的 p 值均大于 0.05 均满足单因素方差分析中方差齐性的要求，适合做单因素方差分析。结果发现，不同学历组小学教师在 *TPCK*、*PCK*、*CK* 三个维度上均不存在显著差异。为了进一步探讨不同学历组小学教师在 *TK* 维度上是否存在显著差异，采用 Games-

Howell 多重比较检验法，进行统计分析。不同学历小学教师在 *TK* 维度上，本科学历小学教师平均得分显著高于专科学历小学教师，研究生学历小学教师显著高于中师学历、专科学历及本科学历小学教师平均得分，其他学历组之间无显著差异。综合以上分析得出，学历因素显著影响小学教师 *TK* 水平。

4. 不同性别的小学教师 TPACK 总体及各维度的调查结果及分析

不同性别的小学教师 TPACK 总体及各维度独立样本 *T* 检验结果及分析：以性别为自变量，以 TPACK 四个维度的总体均值以及 TPACK 四个维度的分值为因变量，进行独立样本 *T* 检验，结果如表 5-15 所示。同性别的小学教师在 TPACK 总体均值上存在极显著差异（p=0.007<0.01）。从男、女小学教师 TPACK 总体均值看，小学女教师（125.83）高于小学男教师（117.28）。从表中可以看出，*TPCK*、*PCK*、*CK* 维度的 p 值分别为 0.003、0.001、0.000，均小于 0.01，表明不同性别的小学教师在 *TPCK*、*PCK*、*CK* 维度上均存在极显著差异。*TK* 维度的 p=0.776>0.05，表明不同性别的小学教师在 *TK* 维度上差异不显著。从均值角度看，小学女教师在 TPACK 各维度上的均值都高于小学男教师。

表 5-15　小学教师 TPACK 总体及各维度的独立样本 *T* 检验结果

	男			女			t	p
	人数	*M*	*SD*	人数	*M*	*SD*		
TK	40	24.40	8.676	438	24.80	8.590	–0.284	0.776
TPCK	40	46.18	9.279	438	50.39	8.469	–2.990	0.003
PCK	40	23.15	4.148	438	25.00	3.425	–3.209	0.001
CK	40	23.55	4.038	438	25.63	3.522	–3.538	0.000
TPACK 总体	40	117.28	21.636	438	125.83	18.848	–2.713	0.007

注：由于一个样本未填写性别，故样本总数为 478。

5. 不同学科的小学教师 TPACK 的调查结果及分析

（1）不同学科小学教师 TPACK 各维度均值及分析

所调查小学教师的任教科目有语文、数学、英语、思想品德、科学、信息技术、体育、音乐、美术等，对以上 9 个学科小学教师 TPACK 四个维度的均值进行统计，如表 5-16 所示。

表 5-16 不同学科小学教师 TPACK 四个维度均值分析*

学科	*N*	*TK*	*TPCK*	*PCK*	*CK*
语文	229	23.31	49.52	24.87	25.54
数学	92	24.64	49.47	24.48	24.99
英语	64	27.23	50.95	24.73	25.61
思想品德	9	27.11	51.56	23.78	23.67
科学	10	21.00	51.10	24.50	23.80
信息技术	3	31.33	51.67	26.00	26.33
体育	17	27.65	46.76	24.24	25.35
音乐	20	29.00	54.85	26.60	27.40
美术	15	27.00	51.00	24.93	25.60

注：此处主要分析了 9 个学科的小学教师的数据，有 20 名教师不属于这 9 个学科，未做统计分析。

从表 5-16 可以看出，从总体看，音乐、信息技术学科小学教师在 TPACK 四个维度均表现良好，在整体中处于领先水平，在 *TK* 和 *TPCK* 维度，小学数学和语文教师均处于较低水平，表明数学和语文学科教师技术的掌握水平、将技术运用于教学，以及技术与教学整合的水平较低。语文、数学是小学阶段两大主课，调查结果从一个方面表明，小学语文、数学教师可能在教学中更多采用传统的教学方式和手段，更加重视知识的落实与巩固，不重视信息化教学。

（2）不同学科小学教师 TPACK 各维度差异结果及分析

为了检验不同学科小学教师在 TPACK 各维度上是否存在显著差异，采用单因素方差分析法，首先进行方差齐性检验。结果显示，*TPCK*、*TK*、*PCK*、*CK* 的 p 值分别为 0.085、0.816、0.380、0.216，均大于 0.05，满足单因素方差分析中方差齐性要求，可以做单因素方差分析，结果显示，*TPCK*、*PCK*、*CK* 的 p 值均大于 0.05（分别为 0.260、0.561、0.211），表明不同学科小学教师在 *TPCK*、*PCK*、*CK* 维度不存在显著差异。而 *TK* 维度的 $p=0.004<0.01$，可以认为，不同学科小学教师在 *TK* 维度上存在极显著差异，采用 *LSD* 多重比较检验法进一步分析，发现在 *TK* 维度上，音乐教师显著高于语文、数学、科学学科教师；英语、体育学科教师显著高于语文、科学学科教师，其他学科小学教师之间无显著差异。

四、研究结论与建议[①]

1. 研究结论

1）对于所在学校的现代教育教学设备配置情况调查，91% 的小学教师认为自己所在学校的现代教育教学设备处于很好或较好水平，完全能满足教学要求。天津是我国沿海开放城市，经济的发展推动着教育的发展，这一调查结果与天津经济发展水平相符。

2）小学教师教学过程中，更多地使用 PowerPoint、Word 等常规软件及课前下载的视频资源，超过 1/3 的教师能适时地利用网络资源进行课堂教学，能将网络教学平台与传统课堂教学平台相结合，并辅之以交互式电子白板。小学教师较少使用微课资源，较少地采用翻转课堂教学模式。

3）不同教龄小学教师 TPACK 总体存在极显著差异，随着教龄增长，小学教师 TPACK 总体变化趋势是由高到低。不同教龄组小学教师在 *TK* 维度上得分存在显著差异：1 ～ 3 年教龄组教师 *TK* 水平最高，20 年以上教龄组教师 *TK* 水平最低。

4）不同学历小学教师 TPACK 总体存在极显著差异，学历越高，教师 TPACK 越高。不同学历小学教师在 *TK* 维度上存在显著差异：具有研究生学历的小学教师 *TK* 水平最高，具有专科学历小学教师 *TK* 水平最低。

5）不同性别的小学教师在 TPACK 总体上存在极显著差异（$p=0.007<0.01$），小学女教师 TPACK 总体水平高于小学男教师，且小学女教师在 *TK*、*TPCK*、*PCK*、*CK* 维度的平均得分都高于小学男教师。

6）不同学科小学教师在 TPACK 四个维度上的均值存在差异，音乐、信息技术学科小学教师在 TPACK 四个维度均值更高，在整体中处于领先水平，而数学学科小学教师在 TPACK 四个维度的均值都处于较低水平。不同学科小学教师在 *TK* 维度上存在显著差异：语文、科学学科小学教师显著低于音乐、英语、体育学科小学教师。

2. 建议

1）教师要重视自己信息技术的学习以及学生数字化学习能力的培养。网络

---

① 郝琦蕾，刘阳阳，化文青. 2016. 小学教师 TPACK 现状的调查研究——以天津滨海新区小学为例，基础教育，（5）：91-100.

技术的发展，使信息化教学资源更加丰富，微课、慕课的出现打破了学生学习在空间和时间上的限制，更加有利于学生个性化的学习。调查表明，目前小学教师在日常教学过程中，对微课教学资源使用较少。建议教师加强信息技术的学习，了解不同技术的特点及作用，使信息技术与教学法、学科内容有效整合，以促进教学效率的提高。[①]《教育信息化十年发展规划（2011—2020年）》提出培养学生信息化环境下的学习能力，教师在传授知识的基础上，应更加关注学生的学法指导，鼓励学生利用信息技术进行自主学习和合作学习，[②]提高学生数字化学习能力。

2）根据教龄段的不同，教师教育技术培训内容应有所侧重。调查结果显示，1～3年教龄的小学教师 *TK* 水平最高，20年以上教龄的教师 *TK* 水平最低。原因可能是：1～3年教龄组的教师，在高等院校已学习了信息技术相关课程，掌握了基本的信息技能，且从教时间较短，对教育教学工作充满热情，有足够的时间与精力去学习新技术，因而信息化水平较高。20年以上教龄的教师会更倾向于采用熟悉的传统教学手段，且随着教龄的增长，存在着不同程度的职业倦怠，教师学习新技术的热情和积极性降低，学习起来也比较吃力，因此信息化水平较低。进行教师培训时，建议1～3年教龄的教师应侧重培训教学法知识和教学内容知识，加强信息技术与课程教学整合的能力；20年以上教龄的教师应侧重培训信息技术知识和基本信息技能，尤其是先进教学软件的使用技能，这样他们将尽快学会运用现代信息技术于教学中。培训还应注重发挥教龄处于中间段的教师群体的作用，引导他们主动反思教学与信息技术融合的方式方法，培养他们在新技术选择和决策上的敏锐性和创造性，从而达到信息技术与教学整合的最佳水平。[③]

3）采用异质分组法，建立教师学习共同体，促进不同学历教师信息技术与教学水平的提高。调查结果表明，研究生学历教师的 *TK* 水平最高，专科学历教师的 *TK* 水平最低。其原因可能是：研究生学历的教师不仅在本科阶段系统学习了信息化教学资源的使用，在研究生阶段，学校开设更加规范的教育技术课程，使其教育技术知识和能力得到巩固与提高。因而，研究生学历的教师表现出极

---

① 赵艳，赵蔚，李绿山等. 2015. 学习分析视域下小学教师整合技术的学科教学知识（TPACK）研究. 现代远距离教育，（5）：42-48.

② 教育部. 2012. 教育信息化十年发展规划（2011—2020年）.http：//www.moe.edu.cn/publicfiles/business/htmlfiles/moe/s3342/201203/xxgk_133322.html.

③ 张静，蒋立兵. 2015. 中小学教师融合技术的学科教学知识现状调查与对策研究. 教育学术月刊，（5）：105-111.

高的技术水平。专科学校课程设置水平及教学要求相对于本科院校较低，且专科院校学生的学习内容有限，导致专科学历的教师在 *TK* 水平上低于其他学历的教师。建议在教育技术培训中，对不同学历的教师进行异质分组，建立合作学习共同体，如将研究生学历教师分到不同小组，一方面可以使高学历教师在信息技术的使用上起到示范引领作用，促进其他学历教师在技术上的进步，另一方面教师间的互动交流，取长补短，可以促进年轻教师提高教学能力，灵活运用教学方法和教学策略，从而提高教师信息技术与学科教学整合的能力。[①]

4）调查结果显示，不同性别的小学教师在 *TK* 维度上没有显著差异，而在 *TPCK*、*PCK*、*CK* 维度上差异显著，小学女教师在各维度上的平均分均高于小学男教师。其原因可能是：一方面，不同性别的教师职业认同感不同，且小学教师待遇相对较低，男性教师在小学教师群体中的比例较低；另一方面，女教师的性格和智力特点更适合小学阶段的教育工作，且普遍对小学教师职业比较认同，工作更有热情，更关注教什么与如何教。上述原因可能导致男性教师在教学法与学科内容知识水平上，以及整合技术的学科教学知识水平上与女性教师存在差异，且低于女性教师。建议在小学教师教育技术及学科教学能力培训中，要特别关注男教师，且更多地侧重其教学法与学科知识内容的培训。同时，鼓励教师之间多交流合作，共同进步，促进教师基于信息技术的教学能力的提高。[②]

---

① 赵艳，赵蔚，李绿山，等. 2015. 学习分析视域下小学教师整合技术的学科教学知识（TPACK）研究. 现代远距离教育，(5)：42-48.

② 黄冬明，高莉娜，王海燕. 2013. 高中教师 TPACK 现状调查与分析 —— 来自 N 市的报告. 现代教育技术，23（2）：37-42.

第六章

对科学课教师的研究

课程是载体，教师是课程实施者，教学模式改革离不开教师的参与。本章包括：东部发达地区科学课教师教育观念的调查研究；中学教师教学反思现状的质性研究；综合科学课教师队伍建设研究；农村中学教师培训现状的调查研究；高中生物实验教学现状的调查研究。

第一节　东部发达地区科学课教师教育观念的调查研究——基于上海和杭州科学课教师的调查比较

国家规划了“小学阶段以综合课程为主，初中阶段设置分科与综合相结合的课程，高中以分科课程为主”的课程结构。综合科学课程是综合课程的主要类型，是我国基础教育课程体系的重要组成部分，开设综合科学课程是国际科学课程改革的趋势。综合科学课程对培养与提高未来公民的科学素养，具有独到的优越性。然而，综合科学课程在我国的实施和推广却存在着很大的难度，实验范围并没有随着课程改革范围的扩大而同步扩大。[①]到目前为止，能够较稳定地使用综合科学课程（即《科学》课程）的国家级实验区主要有浙江省、广东深圳市、宁夏灵武市、湖南长沙市开福区等。“如何有效地实施综合科学课程”是新课程改革亟待解决的难题，在当前大力推进素质教育的背景下，针对上述问题开展研究具有重要的现实意义。

在课程设置方面，目前国家义务教育阶段初中综合科学课程主要有上海模式和浙江模式。上海市开设了科学课程（6～7年级），浙江省也开设了科学课程（7～9年级）。上海市采用“综合—分科—综合”的模式，即小学（5年制）、初中（4年制）的前两年开设综合科学课程，初中后两年和高中前两年开设分科理科课程，高中第三年又采用综合课程；[②]浙江省义务教育阶段则整体进入综合

① 郝琦蕾．2010-3-19．初中科学课从理想到现实．中国教育报．第6版

② 上海市教育委员会．2004．上海市初中科学课程标准（试行稿）．上海：上海教育出版社：66.

课程，并实行“综合—分科”模式，即小学、初中开设综合科学课程，高中开设分科理科课程。

上海、杭州两个地区均有十几年开设综合科学课程的经验，但两地实施的却是两种不同的综合科学课程模式。本研究从两个地区综合科学课教师观念（知识观、课程观、教学观）着手，来研究综合科学课程的实施，探寻影响该课程实施的因素，进一步提出促进这一课程有效实施的建议，为教育管理部门相关决策提供研究依据。

一、研究方法

（一）研究工具

本研究主要采用问卷调查的方法。知识观与教学观调查问卷采用里克特（Likert）五点量表的计分方式，每一个问题的选择项为：完全同意、基本同意、不能确定、不太同意、不同意。为了确保调查的客观性，本问卷特设了一些逆向题目，其得分与正向题目的赋分正好相反。课程观调查问卷主要采用单项与多项选择题的形式，主要考察教师对课程概念的理解、课程实施含义的理解、综合课程含义的理解，对有利于实现课程综合化目标的措施的认识，对开设综合课程的认识。知识观问卷包括三方面内容：对于“知识是什么”的认识，对于“不同类型知识间关系”的认识，对于“知识的学习”的认识，见表 6-1。

表 6-1　知识观问卷的维度划分及其题目分布

知识是什么			不同类型知识间的关系	知识的学习	
外在—内在	封闭—开放	静态—动态	对立—互补	被动—主动	接受—建构
1、3	2、4、5、	6、7、8、11	9、12	14	10、13、15、16

教学观调查问卷主要考察科学课教师对教学目的、教学内容、教学方法、教学过程、学生学习本质的认识，见表 6-2。

表 6-2　教学观问卷的维度划分及其题目分布

一级维度	二级维度	题目分布
教学目的观	传授知识—培养能力	2
	传授知识—培养道德	5
教学内容观	封闭—开放	1、6
教学方法观	单向灌输—互动建构	11
	主动学习—被动学习	7
教学过程观	交往互动	3
	预设—生成	10
	教师角色	4
学习本质观	接受—建构	8
	活动体验	12
	学生角色	9

（二）研究的实施与数据处理

采用随机整群取样的方法，在上海市四个区（闵行区、普陀区、奉贤区、卢湾区），利用区科学课教师教研活动的机会，当场发放问卷，待老师答完后，当场收回。共发放了 127 份科学课教师问卷，收回有效问卷 114 份。在杭州市两个区（余杭区、江干区）共发放了 196 份问卷，收回有效问卷 173 份。对收回的问卷进行了编码，数据录入，主要采用 SPSS 13.0 统计软件进行统计分析，统计平均数、标准差，频数比例。

二、研究结果与分析

（一）研究对象的基本情况

表 6-3 为所调查的上海科学课教师的基本信息，表 6-4 为所调查的杭州科学课教师的基本信息。从教龄分布看，5 年以下教龄的上海科学课教师占 30.7%，5 年以上教龄的上海科学课教师占 69.3%；5 年以下教龄的杭州科学课教师占

27.8%，5 年以上教龄的杭州科学课教师占 72.2%；从职称来看，两地区中教一级和中教二级职称的科学课教师占 80% 左右，可见多数科学课教师处于专业成长与成熟时期；从学历来看，两地区本科及以上学历的科学课教师均占到 95% 左右，教师学历水平普遍较高。从教师原有的专业背景看，上海科学课教师中，生物专业出身的教师最多，占 53.5%，其次是化学专业的占 17.5%，物理、地理、数学专业出身的教师分别占 6.1%、2.6% 和 3.5%。需要引起注意的是非理科专业背景的教师占到 16.7%，相对来说，这部分教师因为专业跨度更大，从事科学课教学工作困难更大，可能会影响科学课的教学质量，科学课教师队伍构成不太合理。

表 6-3　所调查的上海科学课教师的基本情况

调查项目	分类情况	男教师 / 人	女教师 / 人	合计 / 人	比例 / %
教龄分布	1 ～ 3 年	8	13	21	18.4
	3 ～ 5 年	2	12	14	12.3
	5 ～ 10 年	4	14	18	15.8
	10 ～ 20 年	8	37	45	39.5
	20 年以上	6	10	16	14.0
职称分布	见习期	5	5	10	8.8
	中教二级	10	27	37	32.5
	中教一级	11	46	57	50.0
	中教高级	2	8	10	8.8
	特级	0	0	0	0
学历分布	中专学历	0	0	0	0
	大专学历	3	3	6	5.3
	本科学历	24	79	103	90.4
	研究生及以上	1	4	5	4.4
所学专业	物理	4	3	7	6.1
	化学	5	15	20	17.5
	生物	11	50	61	53.5
	地理	1	2	3	2.6
	数学	1	3	4	3.5
	其他	6	13	19	16.7

表 6-4　所调查的杭州科学课教师的基本情况

调查项目	分类情况	男教师 / 人	女教师 / 人	合计 / 人	比例 / %
教龄分布	1 ～ 3 年	11	27	38	22.0
	3 ～ 5 年	2	8	10	5.8
	5 ～ 10 年	13	19	32	18.5
	10 ～ 20 年	35	28	63	36.4
	20 年以上	14	16	30	17.3
职称分布	见习期	6	11	17	9.8
	中教二级	18	33	51	29.5
	中教一级	43	41	84	48.6
	中教高级	8	13	21	12.1
	特级	0	0	0	0
学历分布	中专学历	0	0	0	0
	大专学历	5	4	9	5.2
	本科学历	70	92	162	93.6
	研究生及以上	0	2	2	1.2
所学专业	物理	31	37	68	39.3
	化学	32	32	64	37.0
	生物	10	24	34	19.7
	地理	0	1	1	0.6
	数学	1	1	2	1.2
	其他	1	3	4	2.3

杭州科学课教师中，物理、化学专业出身的教师分别占 39.3% 和 37.0%，生物专业背景的占 19.7%，地理专业背景的仅占 0.6%，数学背景的 1.2%，其他的占 2.3%。由于科学课程是一门广域融合型课程，主要涵盖了物理、化学、生物、地理等学科，地理学科出身的教师太少，这可能会影响科学课的教学，应吸纳更多的地理学科教师从事科学课的教学工作。

（二）科学课教师的知识观

如表 6-5 所示，关于知识是什么？在知识观的每一维度，得分在 3 以上的上海科学课教师比例均高于杭州科学课教师的选择比例。在知识观的外在—内在维度，56.2% 的上海科学课教师得分在 3 以上，50% 的杭州教师得分在 3 以上；在封闭—开放维度，87.5% 的上海科学课教师得分在 3 以上，平均得分为 3.92，80.6% 的杭州科学课教师得分在 3 以上；在静态—动态维度，99.0% 的上海科学课教师得分在 3 以上，平均得分高达 4.24，85.2% 的杭州科学课教师得分在 3 以上，平均得分为 3.98。可见在知识观的外在—内在、封闭—开放维度，两地科学课教师的选择比例差距不大，仅在知识观的静态—动态维度上，两地科学课教师的选择比例差距较大，更高比例的上海科学课教师认为知识是一个动态发展的过程，知识是相对正确的，是会随着人们认识的发展而发展变化的。

表 6-5　两地科学课教师知识观部分的差异比较（平均值与频数分布）

项目	维度					
	知识是什么			不同知识间的关系	知识的学习	
	外在—内在	封闭—开放	静态—动态	对立—互补	被动—主动	接受—建构
Mean（沪）	3.43	3.92	4.24	4.12	3.47	3.66
Mean（杭）	3.30	3.77	3.98	3.81	3.53	3.68
>3 的比例（沪）/%	56.2	87.5	99.0	83.3	67.7	78.1
>3 的比例（杭）/%	50.0	80.6	85.2	80.6	65.8	77.8

1）不同知识之间的关系。在知识观的对立—互补维度，83.3% 的上海科学课教师得分在 3 以上，平均得分为 4.12，80.6% 的杭州科学课教师得分在 3 以上，平均得分为 3.81，可见两地科学课教师该项上选择比例相差不大，表明相似比例的多数两地科学课教师均认为，不同类型的知识之间存在着互补而非对立的关系，不同类型的知识共同作用于学生的发展。

2）关于知识的学习。在被动—主动维度，67.7% 的上海科学课教师得分在 3 以上，65.8% 的杭州科学课教师得分在 3 以上；在接受—建构维度，78.1% 的上海教师得分在 3 以上，77.8% 的杭州教师得分在 3 以上，可见两地科学课教师在这两个维度上选择的比例相近。多数两地科学课教师有着“知识的学习不是学习者被动接受而是主动建构的过程”观点。

（三）科学课教师的课程观

如表 6-6 所示，80.9% 的杭州科学课教师认为课程是学生主体有意义的活动，课程的学习活动方式以理解、体验、反思、探究和创造为根本，93.9% 的上海科学课教师认同这一观点。对比可看到，更高比例的上海科学课教师持有“经验说”的课程观，而持“课程即教学科目，强调向学生传递学科的知识体系，是一种典型的教程”观点的杭州科学课教师的比例为 19.1%，上海科学课教师的比例为 6.1%，表明更高比例的杭州科学课教师持“学科说”的课程观念，教学中重视知识技能目标的落实，而忽视情感、态度与价值观的课程目标。在对课程实施的认识上，问卷中反映的两地科学课教师的选择比例差距不大，接近 90% 的两地科学课教师都认同“课程实施是将新的课程计划付诸实践的过程，教师可以自主地、创造性地使用教材”，具有调适的课程实施取向。

表 6-6　两地科学课教师对课程、课程实施、综合课程的认识比较

对课程的理解	比例 /%	对课程实施的认识	比例 /%	对综合课程的认识	比例 /%
课程即学习者经验，课程是学生主体有意义的活动，课程的学习活动方式以理解、体验、反思、探究和创造为根本	93.9（沪） 80.9（杭）	课程实施是将新的课程计划付诸实践的过程，教师可以自主地、创造性地使用教材	88.5（沪） 91.2（杭）	综合课程是一种课程组织形式，通过连接同一学科的不同部分，更经常的是两个甚至更多的学科内容、技能，寻求打破传统学科的壁垒	31.6（沪） 39.4（杭）
课程即教学科目，强调向学生传递学科的知识体系，是一种典型的教程	6.1（沪） 19.1（杭）	课程实施是具体课程方案的执行，实施就是一个执行的过程	11.5（沪） 8.8（杭）	综合课程是一种课程设计，以重大问题或议题为核心，来组织课程，以便促成个人和社会的统整，而不考虑学科的界限	68.4（沪） 60.6（杭）

68.4% 的上海科学课教师认为综合课程是一种课程设计，60.6% 的杭州科学课教师认同这一观点。39.4% 的杭州科学课教师认同综合课程是一种课程组织形式，31.6% 的上海科学课教师认同此观点。对比可见，更高比例的上海科学课教师持有广义的综合课程的观念，更高比例的杭州科学课教师持有狭义的综合课程的观念。从问卷调查、访谈和课堂观察获得的资料看，多数上海科学课教师在教学中不仅注意加强不同学科知识之间的联系，而且关注教学内容与学生生活实际，与社会的联系，科学课教师的教学行为与所具有的观念比较符合。

如图 6-1 所示，在目前开设综合课程的情况下，杭州科学课教师认为以科学教师教研组为单位开展的校本教研活动、不同学科教师间的合作与交流、教师对自己教学实践的反思比较有利于科学课程的实施，教师在这三项的选择比例相差不大，而选择区里组织的相关培训的比例明显较低，层次上形成鲜明的对比。可见在杭州科学课教师看来，培训对促进科学课程实施的作用并不是很大。而上海科学课教师首先选择以科学教师教研组为单位开展的校本教研活动，以及不同学科教师间的合作与交流，认为这两项是比较有利于科学课程实施的措施，其次是教师对自己教学实践的反思，以及区里组织的相关培训。可看出上海科学课教师的选择，明显分两个层次，但是两个层次的比例相差不是很大。在上海科学课教师看来，培训对促进科学课程的实施具有较大的作用。

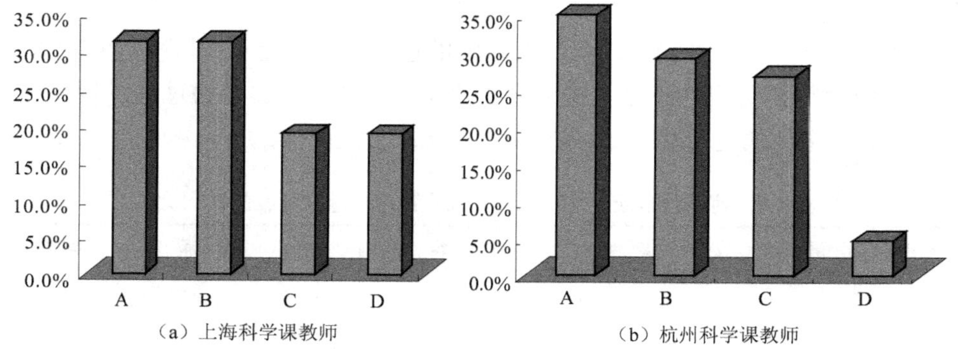

图 6-1　科学课教师认为有利于科学课程实施的措施

注：A- 以科学教研组为单位开展的校本教研活动；B- 不同学科教师间的合作与交流；C- 教师对自己教学实践的反思；D- 区里组织的相关培训

从图 6-2 中可直观地看到，两地多数科学课教师不赞同开设综合课程，分科教学是多数教师心目中实现课程综合化目标的最佳途径。

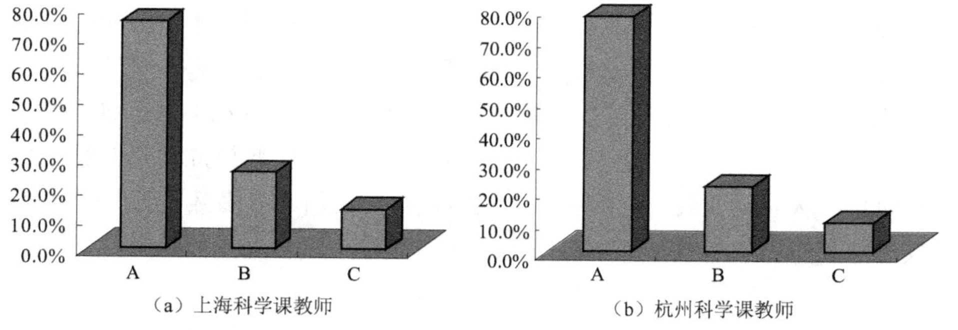

图 6-2　科学课教师认为实现课程综合化目标的有效方式

注：A- 在分科教学中加强学科之间的联系，加强教学与学生生活的联系，与社会的联系；B- 开展综合实践课程；C- 开设综合课程

（四）科学课教师的教学观

如表6-7所示，绝大多数上海科学课教师对教学目的（96.4%）、教学内容（98.2%）、教学方法（99.2%）、教学过程的预设性与生成性（98.2%）、教师角色（88.6%）与学生角色（86.9%）方面的认识与科学课程所倡导的观念相一致。杭州科学课教师群体在教学观上具有一定的倾向性，对于教学目的（85.3%）、教学内容（70.9%）、教学方法（97.7%）、教学过程的预设性与生成性（98.3%）、教师角色（87.7%）、学生角色（87.7%）的认识与科学课程倡导的观念相一致。

表6-7 两地科学课教师教学目的观、教学内容观、教学方法观频数分布及平均值的比较

项目	维度					
	教学目的观		教学内容观		教学方法观	
	教学（能力）	教学（德育）	封闭	开放	单向灌输	学生主体
<3（沪）/%	3.5	7.0	20.2	1.8	5.3	0.8
<3（杭）/%	8.3	14.7	29.1	2.3	1.8	1.8
>3（沪）/%	96.4	92.9	79.8	98.2	93.9	99.2
>3（杭）/%	91.2	85.3	70.9	97.7	97.7	97.7
Mean（沪）	4.4	4.45	3.80	4.53	4.54	4.39
Mean（杭）	4.34	4.14	3.55	4.52	4.42	4.42

如表6-8所示，对“许多课如果师生互动，就会完不成教学任务”，73.7%的上海科学课教师和56.0%的杭州科学课教师对此基本不认同。对比可见，更高比例的上海科学课教师认为，教学应是一个师生互动的过程，即师生对话、合作交流的过程，教师具有交往互动的教学观念，教学中重视师生间的交流合作，在互动中促进师生的发展。相对来说，更高比例的杭州科学课教师在教学中可能持有单向灌输的教学观念。教学内容多，课时少，教学任务繁重，考试压力大，这些也是导致“如果师生互动，就会完不成教学任务”的原因，可能并不单纯是教师观念的滞后。

对“学生的学习多是教师引导下的接受学习，调动学习兴趣的主动学习、探究学习很少”，69.7%的上海科学课教师和51.4%的杭州科学课教师基本不认同上述说法。对比可见，更高比例的上海科学课教师在教学中注意引导学生，自主学习、合作学习、探究学习，注意转变学生的学习方式，多数上海科学课教师具有建构主义的学习观。即学习不是被动地接受知识的过程，而是学生主动建构知识意义的过程。相对而言，更高比例的杭州科学课教师在教学中多采用单向灌输的教学方法，不注意转变学生的学生方式。在学习本质观上，两地科学课教师存在着较明显的差异。教学的目的在于帮助学生进行有效学习，使每一个学生都得到尽可能充分的发展。有效教学的实现有赖于学生自主学习、合作学习、探究学习方式的落实。

表 6-8　两地科学课教师教学过程观与学习本质观频数分布与平均值比较

项目	维　度					
	教学过程观			学习本质观		
	交往互动	预设—生成	教师角色	接受—建构	活动体验	学生角色
<3（沪）/%	25.5	1.8	11.4	29.5	1.8	12.3
<3（杭）/%	41.7	1.7	12.3	48	1.7	11.1
>3（沪）/%	73.7	98.2	88.6	69.7	98.2	86.9
>3（杭）/%	56.0	98.3	87.7	51.4	98.3	87.7
Mean（沪）	3.71	4.56	4.11	3.67	4.70	4.07
Mean（杭）	3.26	4.55	4.12	3.17	4.63	4.12

三、研究结论

1. 知识观方面

在知识的封闭—开放、静态—动态、对立—互补几个维度，两地科学课教师多数具有科学课程倡导的知识观念，43.8% 的上海科学课教师，50.0% 的杭州科学课教师认为知识仅是客观存在，此外两地部分科学课教师对于知识的学习是被动接受还是主动建构，对于教学是师生交往互动的过程还是单向灌输的过程，这两方面的认识与科学课程所倡导的观念不一致。如果认为知识不仅是绝对的，而且是客观的，那么知识就成了外在于人的、与人毫无关系的客观存在物。

对于学生而言，他们的任务就是接受、存储前人已经“发现”了的知识。在这种知识观的指导下，必然会出现书本中心、教师中心、单向灌输、死记硬背的现象。

2. 课程观与教学观方面

两地科学课教师多数具有“经验说”课程观，具有调适的课程实施取向，与科学课程倡导的观念相一致，即课程不只是“文本课程”而更是被师生实实在在地体验到的课程；教学不只是忠实地实施课程计划，而更是课程的创生与开发，教学过程是课程内容持续生成与转化、课程意义不断建构与提升的过程。多数教师能够认识到综合课程是一种课程设计，以重大问题或议题为核心来组织课程，而不考虑学科的界限；综合不只是学科内或学科间知识的整合，更是经验的统整，社会的统整。88.4% 的上海科学课教师，84.1% 的杭州科学课教师对教学目的、教学内容、教学方法、教学过程的预设性与生成性、教师与学生角色、学生学习方面的认识与科学课程所倡导的观念相一致。

3. 综合科学课程实施的影响因素

大多数两地科学课教师具有科学课程倡导的知识观、课程观、教学观，教育观念的转变已不是当前两个地区科学课程实施中需要尽快解决的突出问题。但是先进的教育理念最终能否转化为教师自觉而且有效的行为，还受到许多因素的制约。其中有科学课程实施的社会环境（上级教育主管部门领导、学校领导、家长、教师等社会成员的支持与理解），有科学课程实施的外部资源条件保障问题（包括实验条件的改善，配套学具资料等的配备），有教师素质提高的问题（包括教师培养与培训，促进教师专业发展的校本教研氛围等），还有科学课程本身的特性因素（如教材需要改进，课时不足等）。

四、促进综合科学课程有效实施的建议

①分科与综合两种科学课程共存才能保证学生知识基础和思维结构的全面性。②根据不同地区的经济发展水平与已有的教育基础，确定适合的分科与综合科学课程的比重，采用多样化的课程整合模式，探索不同类型的综合科学课程。③探索适宜的综合科学课程推进模式，“先经济发达地区，然后再逐步向次发达地区推进”模式，“实验区相对集中”推进模式，“分步全面推行”+“必修

与选修相结合”的模式[①]……先小范围试点，再大面积推广。④建立有利于科学课程实施的外部支持系统，寻求广大社会成员的理解与支持。行政的推动、政策的保证，改善科学课程实施的条件，研究与改革科学课考试评价体系；提高教师素质：重视未来科学课教师的培养，加强在职科学课教师的培训，培植合作的教师文化等，这些举措将有益于综合科学课程的实施。科学课程改革是一项系统工程，综合科学课程的实施需要方方面面做出调整。因此，营造一种全社会都来支持综合科学课程改革的氛围，是十分必要的。只有在上级教育管理者、学校领导、教师、家长等的共同努力下，采取有效措施，综合科学课程的实施与推广才能取得明显成效。课程改革的核心环节是课程实施，而课程实施的基本途径则是教学。真正确立起与综合课程相适应的体现素质教育精神的教育观念，推进教学方式和学习方式的转变，成为综合课程教学改革的主要任务，突出以科学探究为核心的教学是综合课程的重要举措。[②]

第二节　中学教师教学反思现状的质性研究 ——基于某示范高中生物组教师的调查

教学反思指教师借助行动研究，不断探究与解决自身和教学目的及教学工具等方面的问题，努力提升教学实践的合理性，成为学者型教师的过程。[③]教学反思是教师在教育理论指导下，对过去的教学行为及教育教学经验的反思和评价的过程。[④]培养教师教学反思的习惯和能力是提高教师教学水平、促进教师专业发展行之有效的方法。教师只有具有教学反思的意识并能不断地坚持教学反思，才能得到更快更好的发展。新课程全面实施以来，中学教师的教学反思现状怎样？教学反思方面存在什么问题，如何针对性地引导和加强教师的教学反思？下面以一所省级示范高中生物组教师为研究对象，就教师的教学反思进行访谈和文本分析研究，以期探讨上述问题。

① 胡继飞．2008．分科教师对推行综合理科课程看法的调查研究．上海教育科研，(4)：30-33.

② 郝琦蕾．2008．国内综合课程研究述评．西北师大学报（社会科学版），(2)：54-60.

③ 熊川武．1999．反思性教学．上海：华东师范大学出版社．

④ 左屯生．2014．浅谈新课程标准下的教学反思——以高中地理课程为例．教育理论与实践，(29)：53-55.

一、研究方法

1. 访谈法

调查选取山西省临汾市某省级示范中学高中生物组不同教龄的7位教师，对他们进行访谈（表6-9）。所选取的教师教学态度积极向上，是学校的中坚力量。尽管样本不大，但尽量包含不同教龄段的高中生物教师，力求真实地反映该校中学生物教师教学反思现状。访谈提纲包括：教师对教学反思的认识、教学反思频率、形式、反思内容、影响反思的因素等方面。

表6-9 被访谈教师基本情况

教师编号	教龄	职称	学历
A	14	中教一级	本科
B	9	中教一级	本科
C	4	中教二级	本科
D	2	（新入职）	硕士
E	16	中教一级	本科
F	8	中教一级	本科
G	34	中教高级	本科

2. 文本分析法

收集了生物组几位教师的教学反思笔记，对这些文本资料进行分析研究，调查了解教师教学反思的行为、内容、方法途径等，目的是更加清晰地了解教师教学反思现状。

二、生物教师教学反思现状的质性研究结果分析

1. 访谈内容分析

（1）教师教学反思的频率和反思形式

您平常进行教学反思多吗？您教学反思的形式有哪些？

D老师（2年）：教学反思会很多。主要是平时自己想得多一些，尤其在教

学方法上，在班级管理上会和别的老师讨论，有经验的老师也会告诉一些办法。文本呈示也会有，我觉得文本呈示只是很少的一部分，而且多是在教学内容上的补充。

C 老师（4 年）：每一堂课后都会进行反思，自己想的较多一些，备课本上会呈现一点儿，还有就是和同事平时的一些交流。

E 老师（16 年）：反思挺多，有反思记录，教案分析，会在接下来的课中尽量做到调整。记录就是积累吧，有文本的，也有自己想一想，慢慢积累后，根据学生的反应就能知道知识掌握程度。

以往研究发现教师教学反思的主要形式有[①]：①写反思日志；②分析课堂教学录像；③听取学生的意见；④与同事的协作、交流。写教学日记、对比优秀教学案例、学生作业分析，更多的属于自我反思方式，听取专家意见、讨论分析同行的教学等则属于同伴反思。在本次调查中，被访教师提及教学反思的形式有教案本上简短的反思、自己想一想、与同事交流、教研活动时的讨论记录，但更多的是前三项。并且教案本上的反思内容并不多，少数老师会在与同事交流的时候把教学反思的困惑和问题呈现出来，再一起讨论。关于教学反思频率的调查发现：教学反思已成为伴随教师教学的经常行为。尤其是在重难点或者教学知识点有新生成的时候进行反思，还有的老师遇到课堂教学不怎么顺利或者在一些课堂突发事件后会进行反思。

（2）教师教学反思内容

您平常教学反思的内容包括哪些？（主要从哪些方面进行教学反思？）

D 老师（2 年）：反思内容有知识是否讲清楚，学生是否能够理解。管理上，如何让学生上课比较听话、不捣乱，甚至能够喜欢老师。课程内容较少的时候，我会考虑设计一下特殊的教学方法，不过课程内容较多或者较难的时候不敢尝试。

C 老师（4 年）：平时教学反思内容有知识点是否讲授清楚，根据学生的上课反应调整自己讲课方法与速度，还有学生在课堂上的表现与预设是否一样。

B 老师（9 年）：主要是原来在知识上反思多一些，现在主要对课堂设计、教学的“三步五环节”、教学安排，还有是不是以学生为主体等方面进行反思。一般反思的有教学内容、教学设计、教学安排。有时候也会反思课堂情况，还有教学设计感觉好，但是教学效果为什么不好，以及学生的状态等。遇到很多

① 丁钢. 2010. 中国中小学教师专业发展状况调查与政策分析报告. 上海：华东师范大学出版社.

方面都会进行考虑，在下节课这些准备怎么改进。同样的课程在经过认真反思后效果会大不相同。

A 老师（14 年）：主要在教学内容和教学安排上。内容上会考虑老师所储备的知识，一节课给学生多少是比较合理的，在学生的掌握范围之内。教学安排上还是会反思学生怎么能够主动地去学习更多的知识。

G 老师（34 年）：平时反思的内容是：一方面课堂教学传授的知识点，一方面是从教学目标的设定，另一方面是从教学任务的完成。

教学反思内容有：①教学价值反思，促使价值的真正实现。②教学实践反思，包括教学目标、教学内容、教学方式、教学评价方面的反思。③教学环境反思，包括对物理教学环境和对教学心理环境的反思。[①] 被访教师谈到反思内容有教学内容、教学方式、教学管理等方面，但是不同教龄的教师关注的重点不同。教龄少于 5 年的教师主要关注是否能够把知识讲清楚与教学管理方面的内容。教龄大于 5 年的还关注课堂教学设计、教学模式、教学方法等。教龄长的老师，反思内容要多于教龄短的老师，比如，A 老师与 B 老师所反思的内容要比 C 老师 D 老师更广，A 老师和 B 老师反思内容除涉及知识讲授是否清楚外，还涉及学生状态、如何让学生主动地掌握更多的知识，教学是否以学生为主体。而 C 老师和 D 老师主要从自身角度进行反思，寻找解决问题的方法与策略，并没有过多地从学生角度考虑。

（3）教师教学反思的影响因素

根据您个人经历，您觉得影响教师教学反思的因素有哪些？

D 老师（2 年）：阻碍因素就是懒惰，也可以说没有动力，这个与教师素养有关，喜欢教书的或许会考虑得多一些。

B 老师（9 年）：与个人有关，刚开始我觉得经验不丰富，反思也不到位，深度不够。当然教学反思与所带学生也有很大关系。

E 老师（16 年）：时间有限，平时又比较忙。个人专业知识也有限，这个也会影响对教学内容的反思，还有理论知识有限，也会影响。

G 老师（34 年）：一是课与课之间的时间较短，再一个是教学任务的限制。为了赶进度，有些反思及改正不得不中断。

以往研究者对教学反思的调查发现，影响教师教学反思的因素有以下四方面[②]：①教师素质；②教师文化，包括教师的职业意识、角色认同、价值取向、

① 靳玉乐. 2006. 反思教学. 成都：四川教育出版社，

② 安富海. 2010. 教学反思：内涵、影响因素与问题. 河北师范大学学报（教育科学版），(10)：80-84.

情绪及行为反应等[①]；③学校文化，学校文化作为观念形态，对每位教师的思想和行为均会产生重要影响。④教师时间资源。根据被访教师的谈话，影响教师进行教学反思的外部因素有教学时间紧、教学任务比较重，受教学进程的限制。除此之外影响教学反思的个人因素有：缺乏动力、存在惰性、有关教学反思的理论知识缺乏，教师个人素养需要提高等。

2. 教学反思的文本分析

收集生物组几位老师教案本上的反思记录，进行比较分析。

D 老师（2 年）：知识讲解过程中，通过个体特征引出种群特征时，学生思维跟不上老师的问题，没有达到预设的目标，可能是由于方法不合适。知识比较烦琐的时候学生注意力明显不集中，需要吸引学生注意力。

C 老师（4 年）：①本节课授课效果较好，达到了预设目标，大部分同学能够掌握重点及难点，少数同学课上不活跃，不能正确完成课后作业。②本节课学生很活跃，原因是授课内容与生活相关联，能够引起学生的兴趣。获得启发：今后尽量将课上内容与生活实际相联系。

F 老师（8 年）：学生上课注意力不集中，用学案教学可以避免这一问题。老师对学生学案中的问题进行讲解，能有效提高学生的听课效率。用创设情境授课的时候，学生思维没有跟着老师走，反而在情境里停留，这时需要老师及时引导。

B 老师（9 年）：①本节课是三个班的第一次课，学生思维不跟着老师走，需要教师进行引导，教学内容讲解等其他方面比较合理。②本节课学生不活跃，上课气氛比较沉闷。主要原因是本节课内容知识点较多，且知识点与生活联系不紧密，学生思维可能跟不上。

根据教师呈现在教案上的教学反思文本材料，可看出教龄少于 5 年的教师主要反思如何教才能吸引学生的注意力，活跃课堂教学气氛。而教龄多于 5 年的主要反思采用怎样的教学方法，才能更好地引导学生学习，使学生的思维跟着教师的教学走，提高课堂教学效率。教龄多于 10 年的教师一般不写文字性的教学反思。很多教师的教学反思内容较少，寥寥几句，可以看出主要是课后的反思，并没有课前反思和课中反思。教学反思涉及的内容有学科知识内容学生掌握的情况、教学方法、教学目标的落实、教学过程中学生情绪、课堂气氛、

① 陈永明 . 2003. 教师教育研究 . 上海：华东师范大学出版社 .

教学效果等。涉及的内容描述性的较多，仅对其中一些问题给予了非常简短的分析评价，反思的深度不够。

三、教师教学反思存在的问题

1. 教师缺乏教学反思的专业理论与方法指导，缺乏教学反思后的行为改进

调查发现被访教师都深知教学反思的重要性，但是，现实中教师教学反思的内容有限，往往就事论事，缺少理性的思考与创新，反思深度不够，缺乏有效的教学反思，因此对教学的促进作用有限。教师缺乏相应有效的理论指导，制约了教师教学反思的深入进行。[①] 由于教师所带班级较多，上课较多，教师没有充足的时间考虑更好地改进教学行为，即教学反思之后不一定有对应的教学行为产生，教学反思的有效性降低。

2. 学校缺乏对教师教学反思活动的规范管理与引导

学校缺乏相应的教学反思制度，缺乏对教师教学反思活动的规范管理，并没有明确规定教师必须进行教学反思。教师反思仅仅是教师自己为提升教学能力的自发行为，教师教学反思的动力不足。很多教师有较强的反思意识，但是多表现为教师个体的独立反思，因教师个人素养与理论水平的限制，以及教师认识的局限性，反思往往难以深入。缺少学校管理和主导下的教师合作交流与反思的文化氛围。

3. 教师教学反思的形式单一，教学反思存在随意和浅表化现象，缺乏系统的教学反思

教师教学反思文本部分字数较少，内容不深，多是蜻蜓点水，主要是课后的反思，并没有课前反思和课中反思，教学反思的形式单一。反思有很大的部分是简单地描述教学现象，提出浅表化的意见；或仅对教学行为进行反思，没有深入理性思考，改进的方法缺失或未必可行。教龄较长的教师多是头脑里想想，缺少文本的反思记录。教师的教学反思比较随意，缺乏深度，反思水平低，多处于经验分析水平上。因而，一定程度上影响了教师教学行为的改进，反思后的效果并不理想。

---

① 马文杰. 2012. 教学反思：教师专业成长的应然选择. 教育探索，(10)：87-89.

四、加强教师教学反思的策略研究

1. 学校制定关于教学反思活动的规章制度，进行规范管理

学校采取有效措施和手段，使教师的教学反思活动规范地进行，如规定教学反思的频率和反思文本的要求，让教师意识到教学反思的必要性。提倡教师平时就注意审视自己和同事的教学情况，做有心人，养成勤于观察、勤于思考的习惯。鼓励教师就各自教学中存在的问题进行交流，创设和培养教师间合作交流的学校文化，培养教师教学反思的方法、技巧，促进教师进行有效的教学反思。

2. 给予教师教学反思专业理论和方法的指导

教学反思需要专业引领，只有正确的专业理论引领，反思内涵才能得到本质的提升。[①] 根据访谈，很多教师进行教学反思靠的是经验，缺乏专业理论知识引导，这就需要高校教学理论工作者和教研员等专业人员深入学校，深入课堂，对一线教师的教学行为与教学反思提出切实可行的指导和建议，有利于教师将教学反思的成果反馈落实到日常教学行为上。范梅南将反思划分为技术理性水平、实用行动水平、批判反思水平。[②] 处于技术理性水平的教师往往根据个人经验对事件进行简单的反思，这种反思是非系统、非理论性的，即“经验分析模式”；处在实用行动水平的教师反思学生和教师自身的行为，考虑教学目标是否合适。处于批判反思水平的教师居于最高水平层次，能够整合道德和伦理的标准，即“批判—辩证”的模式。教学理论研究者应帮助一线教师，逐步提高他们的教学反思水平，使更多的教师从技术理性水平，迈向实用行动水平，并进而达到批判反思水平。

3. 制定系统的教学反思表，指导教师教学反思行为

有学者根据科克伦等的学科教学认知发展模型制定了教师“教学反思表”，教师按照“教学反思表”进行反思可能会有较多的收获。教学反思表的内容主要有[③]：①弄清现场，包括四个维度：学科内容、教学法、关于学生、教育情境。

① 王洁，顾泠沅 . 2007. 行动教育：教师在职学习的范式革新 . 上海：华东师范大学出版社，

② Pultorak，E. 1996.Following the Developmental Process of Reflection In Novice Teachers：Three Years of Investigation.Journal of Teacher Education. Vol 47（4）.

③ 潘超 . 2014. 学科教学认知视野下的“教学反思表”. 教学与管理，（6）：114-116.

②分析理由，包括三个渠道：课堂、学生、教师。③拟写方案，包括两个步骤：梳理思路、拟订方案。这三项内容最后都分别进行综合分析。④回顾总结。教学反思表是教师进行教学反思的指导纲要，有助于教师教学反思有条理地有效地进行，最终提高教学质量，促进学生更好地发展。

4. 提倡师徒结对进行反思交流

“师徒结对”是指骨干教师与青年教师结成师徒，师傅对徒弟实施“传、帮、带”，引领和指导他们走上教师专业化道路的教师发展与培养模式。[①] 师徒结对可以帮助青年教师尽快熟悉教育教学业务，可以使新教师在较短时间内迅速成长；可以互相学习、共同进步。在师徒制度中有师徒互相听课磨课，就教学问题的研讨等，通过交流与切磋，促进双方进步；师徒之间的信息交流正是新教师需要的，对于新教师来说就是因材施教。基于师徒结对的重要作用，同一学科组的教师进行一对一组队，主要按照教师教龄不同进行搭配，共同反思提高。

5. 教师要不断探索提高教学反思的能力

教师要养成随笔记录、多思考的好习惯。坚持记录教学过程中的点滴，尤其是有教学价值的新认识、教学方法上的新突破。此外，在教学过程中出现的突发情况与处理等都可以记录下来，方便日后进行教学参考。学生是教学活动的主体，教师需要重视学生的反馈。教师可抽一些时间和学生交流，让学生对自己的教学进行评价，教师根据学生的评价进行教学反思与教学改进。

新课程改革以来，教学反思成为多数教师的日常行为，但是有些学校教师教学反思的实际情况并不尽如人意，主要原因在于教师缺少教学反思的时间，缺少教学反思专业理论及方法指导，学校方面缺少对教学反思活动的规范合理的管理引导，教师教学反思存在盲目性和随意性，多为个人独立的行为。教学反思时描述性话语多，而理性思考少，教学反思后的教学行为跟进不及时、不到位。教学反思活动大多流于形式，没能充分发挥教学反思对教师教学的促进作用。教育管理与培训部门、学校、教师三方需要重视和努力，使教师进行有效的教学反思，从而真正促进教师专业发展。

① 冯家传．2006．优化师徒结对的实施策略．教学与管理，（29）：11-13.

第三节　综合科学课教师队伍建设研究

“课程综合化”是基础教育课程改革的目标之一，国家规划了“小学阶段以综合课程为主，初中阶段设置分科与综合相结合的课程，高中以分科课程为主”的课程结构。综合科学课程是综合课程的主要类型，是我国基础教育课程体系的重要组成部分，该课程对培养与提高未来公民的科学素养，具有独到的优越性。综合科学课程的实施，可以打破原有分科科学课程自成一体的封闭格局，使我国初中科学课程走向多样化，跟上世界科学课程改革的步伐，实现从过分注重学术性的精英教育转变到全面培养学生科学素养的大众教育。[①] 然而，综合科学课程在我国的推行和实施却存在着很大的难度，很多人不了解、不理解该课程，大多数教师原有的专业知识结构不能满足这一课程的教学需要。综合科学课程实验遇到重重阻力，实验范围并没有随着课程改革范围的扩大而扩大。[②] 到目前为止，能够较稳定地使用科学课程（即综合科学课程）的区域主要有浙江省、上海市、深圳市、宁夏灵武市、湖南长沙市开福区。《国家中长期教育改革和发展规划纲要(2010—2020 年)》明确提出“以提高质量为核心，全面实施素质教育”，在当前大力提倡素质教育，推进教育改革创新的背景下，“如何有效地实施综合科学课程”的研究具有较重要的现实意义与实践价值。教师是课程实施的主体，综合科学课教师队伍建设是该课程有效实施的重要保障。作者主要采用了问卷调查、个案研究、半结构式访谈、课堂观察、教学案例研究等量化与质性方法，前期已研究了上海和杭州两个地区综合科学课程的实施现状。在此基础上主要从科学课师资的培养与培训、科学课教师校本教研的开展及合作的教师文化的培育方面，来探讨综合科学课程的有效实施策略。浙江省和上海市有着 20 多年开设和实施综合科学课程的经历，这两个地区的成功经验可为中西部地区综合科学课程的实施提供有价值的借鉴。

---

① 王耀村．2010. 综合科学课程的认识问题与实施策略探讨．全球教育展望，(2)：84-88.

② 郝琦蕾．2010 -3 -19. 初中科学课从理想到现实．中国教育报，第 6 版．

一、重视综合科学课教师的培养

高师院校培养出来的教师应该满足基础教育的需要，基础教育阶段科学课程实施急需大量合格的科学课教师。目前高师院校理科专业设置，以分科为主，有部分院校已设置科学教育专业。科学课程要求教师具备综合性的知识结构，要求教师了解各学科的不同特点与教学方法，要求教师具备探究教学设计与指导能力，要求教师具备教学改革与研究的能力。提高未来科学课教师的素质可以通过两种途径实现：在原分科理科专业中以必修或选修的形式，开设相关学科的理科课程，为学生学习相关学科的知识提供便利条件，拓宽学生的知识面，完善其知识结构；还可以通过高师院校设置科学教育专业，开设针对性课程来实现。对高师院校科学教育专业课程设置的合理性进行研究，除开设相关理科课程外，应开设科学教育理论方面的课程，如科学课程与教学论等，使未来教师明确科学课程的理念、科学课程的性质、科学课程的价值、科学课程目标等；还应开设科学探究、科学实验技能等课程，学习科学探究方法，培养未来教师对科学实验的指导能力。

二、加强在职综合科学课教师的培训

教师培训是有效实施科学课程的基本保证。目前绝大部分科学课教师都是单一学科出身，因此，完善在职科学课教师培训机制，提高科学课教师素质，对推进科学课程实施有着重要的作用。在科学课程实施初期，教师培训促进了教师观念与行为的转变，使教师了解并认同科学课程的基本理念与目标，认识科学课程开设的必要性，增强了教师对科学课程实施的信心与适应性；在一定程度上，解决了教师知识方面存在的问题，也提高了教师的教学技能与实验技能。但随着科学课程改革的进一步推进，教师需要深入研究课堂教学中的具体问题，只停留在课程标准解读层面上的培训，难以满足科学课教学的需要。针对科学课教师培训中存在的一些问题，如培训形式单一，培训管理僵化，培训的针对性与实效性差等问题，采取相应的措施改进教师培训工作十分必要。教师培训是一项操作性和实践性很强的工作，培训应面向科学课教学实际，重点研究和探讨科学课教学的特点，及时研究和探讨教学实践中出现的新问题、新情况，及时发现和总结教师在教学改革工作中形成的好经验、好做法，针对性地解决教师教学中的困惑和实际困难。

培训应采取多样化的模式，将培训与研讨研修相结合；观摩、参观、学习与专家指导相结合；校本研修与校外教研活动相结合；分散培训与定期集中培训相结合；专题培训与通识类培训相结合等。多样化的培训模式可以多渠道、多形式地整合培训资源，可为科学课教师提供更多参与培训的机会。① 调研发现，教师更渴望一种探究式的学习、案例分析式的培训，应尽量创造机会让教师参与探究的过程，使教师在发现问题、思考问题和解决问题的过程中成长。教师的专业背景、年龄、教龄、学历层次等不同，他们对于培训内容的需求也有所差异。因此，教师培训应根据每个教师的具体情况，根据教师实施科学课程的不同水平与需求，施以不同的教育，分层次开展培训，即在教师培训中要考虑“因材施教”的问题。同时应根据教师的状态来确定教师培训的目标，根据培训目标来选择培训内容，再根据培训内容的特点等来确定具体的培训方式，使每个教师通过培训都能够得到提高。

科学课教师培训需注意几点。

1）采取灵活多样的培训方式与策略，避免管理僵化。既要加强对学员所学内容的指导和考核，又要把握考核与考察的尺度，以不给教师增加额外的负担为原则，调动教师参与培训的积极性，重在教师的参与。请看教师的意见：*我感觉继续教育很浪费时间，有时讲的内容太过激了，听了以后积极作用很少。如果仅是需要了解的内容，教师不要考得很严格，增加学生的知识面就好。*

2）科学课教师培训应避免培训人员的“一言堂”，应以受训教师为中心，重视教师的参与，发挥教师的主动性与积极性。目前教师培训存在的一个突出问题是，忽视了受训教师是培训学习的主体，他们有自己的兴趣与需要。教师希望真正参与到培训学习过程中，而不是作为一个被动的接受者，等待着别人来评价自己的学习情况。请看教师的建议：*每次区里的培训就是培训者先发言，之后区里先进教师、优秀教师说说自己的看法，究竟他们说的看法有多少具有科学性难以考证。每次去总感觉被牵着鼻子走，要信什么东西，都是他们说了算。培训最好落到实处。在培训之前，应先给我们一个信息，说明要培训的主题，我们自己也可以提前准备一些内容。*

3）科学课教师培训应重视教师专业发展的需要和意识，给受训教师搭建舞台，给教师提供表达与交流的机会，促进受训教师与培训者，以及受训教师

① 胡继飞．2008. 分科教师对推行综合理科课程看法的调查研究．上海教育科研，（4）：30-33.

之间的交流。科学课程的实施对教师提出了挑战，解决日常专业生活中的问题，不断提高自己的专业能力，成为科学课教师专业发展的需要。请看教师的认识：我希望培训能对教学有所帮助，但是有些培训就好像是在完成任务。他们为了写个报告，弄个活动出来应付应付，我们就是这样的感觉，这种培训的效果实在难以恭维。

4）科学课教师培训应重视教师的参与，开展积极的互动，增强培训的实效性；建立基于学校的富有成效的校本培训制度，把学校建成教师的学习型组织和培训机构。教师培训与校本教研相结合，重视研究的实践性和可持续性，把教学研究与教师的日常教学实践和在职学习培训融为一体，调动教师参加培训的积极性，重视骨干教师的专业引领作用。请看教师的意见：培训关键要放到学校里去，因为区里培训大多没有互动，培训教师在上面讲，你在下面听。一没有针对性，二没有互动。我认为，应该每个学校都派骨干教师参加，这些骨干教师交叉到各校去培训其他教师，不要太随便啊！当然，最主要的问题是学校的校本研究要重视，立足于教师的自主性，才能提高教师的专业技能。

三、重视校本教研，培植合作的教师文化

（一）建立科学大教研组的意义

科学课教师的困难主要不在知识量的多少而在知识结构。综合科学课程的知识结构，与分科课程相比，其特点表现在对自然界物质认识的综合性，对物质运动的全面性，对人与自然关系认识的现代性。分科教师一般要进入第二轮教学后才能逐渐把握。[①] 成功的统整课程需要教师精通许多学科的知识，如果教师缺乏相关学科领域的知识技能，就无法注意到知识的内在联系、逻辑与彼此的关联，就不能将这些知识整合起来。因此，他们统整这些学科的能力是有很大问题的。[②] 教师之间的合作与交流有利于解决教师知识与技能方面存在的问题。统整课程需要跨学科的知识和探究教学策略，对教学设计提出了很高的要求，教师要花大量精力去学习，在日常工作很繁重的情况下，他们是否有时间高质量地完成是一个问题。[②] 单一学科背景出身的教师，只熟悉本学科的教学法，因

① 余自强．1998．浙江省初中自然科学课程改革探索．教育研究与实验，（4）：32-37.

② 转引自：林智中，陈健生，张爽．2006．课程组织．北京：教育科学出版社：134.

而造成教学困难，教师信心不足。[①] 教师之间的合作与交流有利于解决教学法方面的问题。统整课程的教学无疑需要丰富的科学课程资源，课程资源是否得到充分的开发，会影响到教学效果。而教师们习惯了分科的教材，习惯了以参考书为依据来进行教学。如何开发统整课程资源是一个问题，而且需要投入很多的精力。[②] 教师通过合作与交流，共同协作开发教学资源，共享教学资源，减轻了工作负担。有的教师感觉到：（科学大教研组内教师之间的交流是有用的，大家交流一下，课就相对好上一些。课件中，你做一部分，我做一部分，这就是合作。课件都是共享的，然后有什么要改的就互相提一提。有什么资料大家都拿来，资源共享方面做得很好，这对课程实施比较重要）。

（二）建立科学大教研组的必要性与作用

综合科学课程的实施往往需要教师之间加强交流与合作，而找到更多的共同的课余时间，才能进行充分的教学探讨。“进行协同教学最关键的部分在于教学前的合作计划，不同专业背景的教师一起合作规划统整课程的组织架构，进行教学设计，实践上才可能有效果。但对大多数学校而言，协同教学很难处理，一方面是复杂的排课表的问题，另一方面是教师没有合作习惯，好多就是自行设计再寻求其他教师的配合”。[③] 对科学大教研组的认识，教研员希望以教研组形式备课的，校本研修，每个学校应该是要有备课组的，要有综合的大理科的概念。因为，教导处采用年级管理更加方便，因此大部分的学校还是以年级组的形式备课，更多的是教师间互不往来。实施过程中的问题，校本研修没有真正做到位，好多条件局限了他们去做，都是为了应付领导的检查。科学课程的实施需要合作的教师文化氛围，以科学教研组的形式备课，所有的理科教师在一起办公，方便了不同学科教师之间，相同学科教师之间，不同年级和相同年级理科教师之间的交流与合作，实现各学科专业教师的优势互补，促进了教师之间的合作。然而现实中，多数学校为了便于管理，常常是把同一个年级的教师放在同一个办公室，即教师以年级办公的形式备课、批改作业，进行日常工作。对于科学课程而言，相对来说，以年级组形式办公不如以科学大教研组的

---

① 余自强．1998. 浙江省初中自然科学课程改革探索．教育研究与实验，（4）：32-37.

② Drake S. 1993. Planning Integrated Curriculum：The Call to Adventure. Alexandria，VA：Association for Supervision and Curriculum Development.

③ Marsh C J. 1994.How achievable is curriculum integration? Practices and issues. Curriculum Forum，（11）.

形式办公更加有利于教师之间的交流与合作。科学大教研组的建立，有助于教师解决知识点方面、教学法方面、教学设计方面、教学资源方面的问题。教师能及时地解决科学课教学实践中存在的问题，减少了教学的困难与压力，使教师能够很快地适应科学课教学，促进了青年教师的成长。科学大教研组内，科学课教师与物理、化学分科教师之间就知识的衔接问题进行探讨，解决了教材在知识衔接上的问题，尽可能地避免了教学的重复，使科学课教学内容与以后的理科分科教学内容更加衔接。教师认识到：学校把理科组教师放在一个办公室，这样交流起来就更加方便。对于讲过的一些知识，不仅科学课老师之间，还有与物理老师、化学老师之间的交流都是经常进行的。因为互相交流很多，物理、化学老师知道应该从哪些方面，从科学课教师没有讲到的方面，他们去补充、拓展、加深。

因此，学校管理部门领导应当认识到建立科学大教研组能有效地促进科学课教师的专业发展，进而能够促进科学课程的有效实施。教师的成长是在其所生活的多样化的组织环境中实现的，学校应为科学课教师创设交流与合作的平台，拓宽科学课教师解决教学困难的渠道。同时，学校应当为更大范围内的科学课教师的交流提供一个空间或舞台，促进不同学校、不同社区之间科学课教师切磋教学，交流教育教学经验，解决教学实践中的问题。学校应克服困难创造条件，为科学课程的有效实施培植合作的教师文化，培育浓厚的校本教研氛围。

第四节　农村中学教师培训现状的调查研究——以山西农村中学为例

教师数量短缺、质量不高是影响我国农村教育的重要因素，建设一支数量充足、素质过硬的农村教师队伍是改变我国农村基础教育现状的关键所在。教师培训在促进教师专业发展和提高教师素质方面起着非常重要的作用。《国家中长期教育改革和发展规划纲要（2010—2020年）明确指出，“以农村教师为重点，提高中小学教师队伍整体素质。完善教师培训制度，将培训经费列入政府预算，对教师实行每五年为一周期的全员培训”。教育部出台了《关于大力加强中小学教师培训工作的意见》，国家高度重视教师培训工作，尤其是农村教师培训。因此，对农村中学教师培训现状进行调查研究十分必要。在调查研究的基础上，发现农村中学教师培训中出现的问题和教师的培训需求，进而提出针对性的建议，为教育管理部门开展有效的教师培训工作提供一定的参考，促进农村教师队伍建设，促进基础教育均衡发展。

一、研究方法

本研究主要采用问卷调查法对山西农村中学教师进行了抽样调查。调查对象分布于山西北部、中部、南部，分别来自于怀仁县（晋北）、灵石县、昔阳县、太谷县（晋中），以及襄汾县（晋南）的7所中学。共发放教师问卷320份，回收291份，回收率约为90.9%，其中有效问卷278份，有效率约为95.5%。对调查获得的数据，使用SPSS 17.0统计软件进行统计分析。

二、调查结果与分析

1. 调查对象的总体情况

（1）年龄和教龄结构方面：中青年教师居多，年龄在20～30岁的占45.0%，31～40岁的教师占34.2%。教龄1～5年的占38.1%，6～10年的占20.1%。

（2）学历方面：被调查教师学历以本科为主，占总人数的79.1%，具有大专学历的占13.3%，具有研究生学历的教师占5.8%。

（3）学段方面：初中教师占48.2%，高中教师占49.7%。

（4）学科方面：被调查的语文教师、数学教师、英语教师所占比例较大，其他各科教师相对较少，但均有涉及。

（5）学校所在地方面：从被调查者所在学校类型来看，县城教师占54.7%，乡镇中学教师占34.9%，乡村教师占10.4%。

2. 教师培训的需求及参加培训的原因

（1）教师培训的需求。本维度的题目是“您对培训的需求”采用单项选择题设计，试图探究山西农村中学教师的培训需求。调查可知，农村中学教师的培训需求不是很高，有非常强烈需求的占 13.7%，较强烈的占 29.5%，51.4% 的教师对培训持一般态度，还有极少数教师认为无所谓或者根本就不需要培训。总的来看，超过半数的教师对培训的需求度不高。这可能与以往培训效率较低有关，参加培训的教师感觉收获不大。

（2）参加培训的原因。43.2% 的教师参加培训是由于外界因素如教育局或学校要求，还有 17% 的教师是为了晋级评职称的需要，20.9% 的教师是出于提高自身的教育教学能力，11.9% 的教师是为了获得学科和教改前沿知识的需要，为了增强社会交往的占 1.8%，可见从教师自身发展出发的培训需求较低，仅约占 34.0%，60.2% 的教师是由于外部原因参加培训。

3. 影响教师参加培训的因素

本维度设计的题目是“您参加培训的主要障碍”，采用多项选择题设计，试图了解教师参加培训的障碍。从图 6-3 可看出，教师参加培训的最大障碍是工作时间与培训时间冲突（41.4%），20.1% 的教师参加培训的障碍是缺少经费，35.6% 的教师是缺少培训的机会，20.5% 的教师选择培训效果不明显，缺乏实用性。仅有少数教师参加培训的障碍是缺乏相应的激励考评机制（7.6%）和学校领导不重视（6.1%）。看来教师的培训时间应该和工作时间错开，教师培训更多的应安排到假期进行，另外教育管理部门和学校应重视教师培训，多提供机会并且加大经费投入。调查所知，大多数教师认为，培训方式要多样化，结合培训对象的实际需要，增强培训的时效性和针对性。因此，培训的内容应根据受训教师的需求和教师专业发展的不同阶段来定，避免盲目性，尽量杜绝“一刀切”的培训。

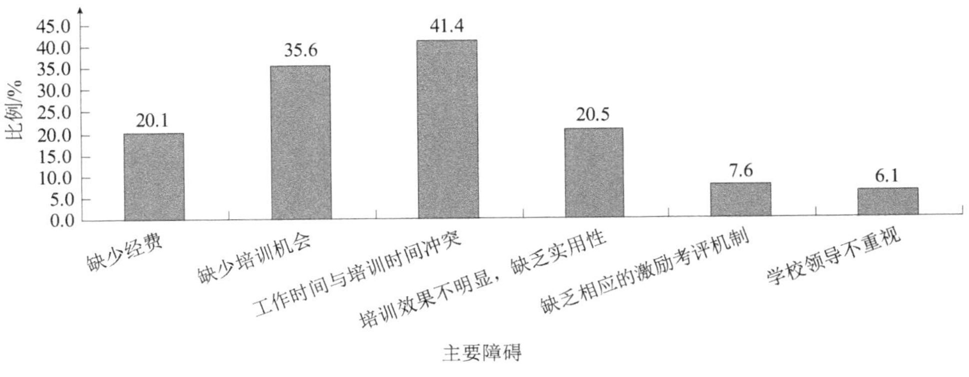

图 6-3　教师参加培训的主要障碍

4. 培训类型与培训形式

（1）培训类型。本维度的题目是“您在近三年内接受过哪些培训？”采用多项选择题设计，分成四种培训类型，试图了解山西农村中学教师近三年来接受过的培训类型。调查可知，近三年内大多数教师都接受过培训，而没有接受过培训的教师仅占 9.4%。其中参加国培计划中学教师培训的教师最多（56.1%），其次是假期的短期培训（53.6%），提高学历的培训占 16.9%。可见，近年来国培计划的培训成为山西农村中学教师参加培训的一条主要途径。

（2）培训采用的形式及教师所希望的培训形式。本维度的题目是“您参加过的培训，一般采用的形式（可多选）”和“您希望培训采用的形式（可多选）”这两题都采用多项选择题设计，试图了解近年来教师培训所采用的形式和教师所希望的培训形式是否一致。从表 6-10 中可看出，近年来教师培训主要采用：专题讲座（66.5%）、远程培训（36%）、教学示范（31.3%）和案例分析（21.2%）这四种形式。合作探究的形式占 5.8%，面授与远程相结合的培训形式占 7.9%，回访指导的培训仅占 0.4%。但是从被调查对象所希望的形式来看，61.2% 的教师最希望的培训形式是教学示范，其次是案例分析（39.6%），希望专题讲座（23.4%）、面授与远程结合（21.2%）和希望合作探究（18.7%）的相差不大，而希望回访指导（9.4%）和远程培训（3.6%）的教师相对较少。总的来说，教师培训的形式和教师所希望的培训形式不一致，有一定偏差。绝大多数教师希望培训的主要形式是教学示范，而现阶段的教师培训以专题讲座为主，此外，大多数教师不喜欢远程培训这种形式，可能与这种培训效果不好有关。

表 6-10　近年来教师培训常采用的形式与教师希望的形式

培训形式	采用形式		希望的形式	
	人数	比例 /%	人数	比例 /%
专题讲座	185	66.5	65	23.4
案例分析	59	21.2	110	39.6
教学示范	87	31.3	170	61.2
合作探究	16	5.8	52	18.7
回访指导	1	0.4	26	9.4
远程培训	100	36.0	10	3.6
面授与远程结合	22	7.9	59	21.2

5. 培训内容

调查可知，43.2% 的教师认为培训内容的针对性一般，认为略有针对性的占 8.63%，还有 2.9% 的教师认为培训内容安排得很随意，完全没有针对性。38.1% 的教师认为培训内容较有针对性，只有 6.1% 的教师认为培训内容非常具有针对性。看来 54.8% 的教师对培训内容不是很满意，有些教师提出，培训内容要符合实际需要，多提供课堂实录，像全国性比赛优秀课案例；提供课件和学案，有针对性地指导。

6. 校本培训

（1）校本培训开展情况。调查可知，只有 4.7% 的教师所在学校的校本培训活动很多，32.4% 的教师所在学校的校本培训比较多，46% 的教师所在学校的校本培训情况一般，15.5% 的教师认为没有校本培训或很少。可见 61.5% 的教师所在学校的校本培训开展情况不乐观。

（2）校本培训形式分析。从图 6-4 可知，校本培训的形式主要以组织公开课及评课（68.3%）为主，位居第二的是教育教学改革的课题研讨（38.1%），教学方法的探讨占 31.7%，教学中疑难问题的探讨占 24.9%，其他形式的培训仅占 1.8%。一些教师认为，学校组织的培训针对性较强较实用，有利于提高教师的教学能力，应加强教师对学生管理能力的培训，包括教师组织学生自学，教师培养学生自我管理等方面的培训。

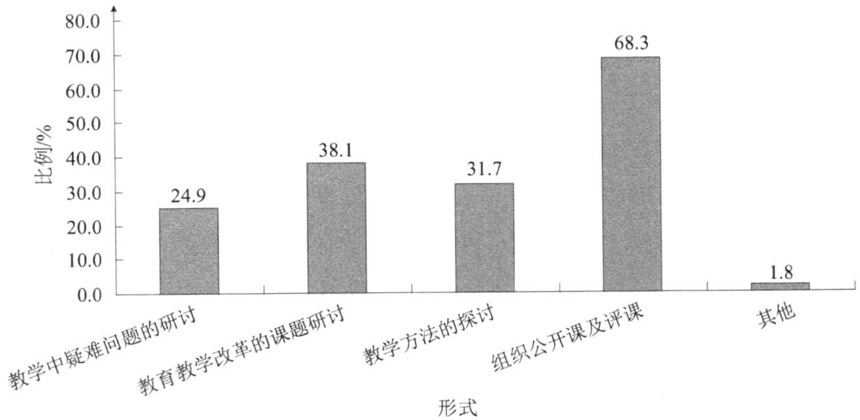

图 6-4　校本培训的主要形式

7. 培训的考评制度

本维度的题目是“您认为目前教师培训考评制度怎样”采用单项选择题设计，试图了解山西农村中学教师对教师培训考评制度的看法。调查可知，64%的教师认为培训考评制度一般，12.2% 和 4.3% 的教师认为不太好、很不好，可见 80.5% 的教师对现在的培训考评制度不满意，仅 18.7% 的教师对现有的培训考评制度持肯定的态度。所以教师培训考评制度有待于进一步完善。

8. 培训的效果与培训存在的问题

1）教师培训对提高教学水平的作用分析。根据调查，只有 10.8% 的教师认为培训对提高教学水平的作用很大，31.7% 的教师认为比较有用，38.5% 的教师认为一般，还有 13% 的教师认为培训对提高教学水平有点作用，4.7% 的教师认为培训根本没用。可见，培训对提高教学水平的作用有待加强。

2）教师培训存在的问题分析。本维度题目是“对于您参加过的教师培训，您认为哪些方面存在问题”，采用多项选择题设计，试图了解教师培训存在的问题并寻求解决的方法。由调查可知，教师培训存在的问题主要是培训内容与实际需要脱节（42.9%），然后是培训形式与方法单一陈旧（38.9%）和培训时间不够以及培训不能满足个人需要（32.7%），11% 的教师认为培训组织安排不到位，9% 的教师认为培训考核制度不健全。

三、研究结论与建议

1. 结论

教师的培训需求：超过半数的农村中学教师对培训的需求度不高，不认为教师培训对提高自身专业发展的有重要作用。从教师参加培训的原因来看，一半以上教师参加培训都是由于外部原因，从教师自身发展出发的内源性培训需求较低。从教师培训的需求及参加培训的原因来看，教师对培训的认识不到位，这可能与培训成效不高有关。影响教师参加培训的因素：主要是工作时间与培训时间冲突，其次是缺少培训机会和经费，再次是培训内容缺乏针对性和实用性，培训效果不明显，部分受训教师认为培训者的水平一般、学校领导不重视等也影响教师参加培训。培训成效与培训存在的问题：只有少数教师（10.8%）认为培训对提高教师教学水平的作用很大，超半数的教师认为培训效果不理想。教师培训存在的问题主要是培训内容与实际需要脱节（42.9%），然后是培训形式、方法单一陈旧（38.9%）和培训时间不够，培训不能满足个人的需要（32.7%）。培训的类型与形式：调查发现，大多数教师（90.6%）都参加过培训，培训以国培计划的相关培训及假期的短期培训为主。在培训形式方面，目前教师培训的主要形式与教师所希望的培训形式不一致，有差异。教师培训主要采用的形式是专题讲座（66.5%），远程培训（36.0%），教学示范仅占到31.3%，而大多数教师所希望的培训形式是教学示范（61.2%），只有少部分教师（23.4%）希望采用专题讲座的培训形式。校本培训：少数教师（4.7%）所在学校的校本培训很多，61.5%的教师所在学校的校本培训开展情况不乐观。校本培训的形式主要以组织公开课及评课（68.3%）为主，其次是教育教学改革的课题研讨（38.1%），教学方法的探讨占31.7%，教学中疑难问题的探讨占24.9%。教师培训的考评制度：多数教师（80.5%）对目前培训考评制度不满意，教师培训的考评形式单一，一般主要是考核教师参加培训的出勤情况和书面作业或考试，其他方面的考核很少。对于远程培训而言，更多的考核教师每天上网登录进行学习的时间，很多教师的做法是打开网页之后，去干别的事情，只要按时上线就可以通过培训了。

2. 建议

1）加大经费投入，重视培训的公平性。参加培训是有条件限制的，并不是每一位农村教师都有机会参加培训。大学科的老师如语文、数学、英语等外出培训的机会相对多一些，小学科的教师外出培训的机会很少。从另一层面来说，主要是骨干教师、教学能手等外出参加培训。从这点来看，应当建立农村教师培训的教育公平观念，加强农村教师培训的经费投入，注意培训的公平性，尽量给每位教师都提供外出培训的机会。

2）建立“合作研究与培训共同体”，充分利用城市优质教师资源。调查发现，主要由当地教育局和教师进修学校组织的农村教师培训。培训教师的素质问题，如知识老化，理论水平不高，教育科研能力不强等，导致培训模式单一，培训内容陈旧，培训效果不佳。如何解决这个问题？首先要建立“合作研究与培训共同体”，由高师院校教学论研究者、地区教育学院教师、教师进修校教师、中学各学科带头人或骨干教师组成，这样的培训队伍既有理论和研究专长的高校研究者，又有熟悉一线教学实际具有实践专长的培训教师，有助于理论和实践的有效结合。建立农村学校研究基地，“合作研究与培训共同体”成员共同商讨，制定具体的培训方案和培训模式，并确定具体的培训内容，开展具有针对性的农村教师培训。其次，城市学校优秀人力资源相对丰富，而农村学校资源缺乏。充分利用城市学校的优秀师资，开展针对中学每个学科的有计划的送教下乡活动，将有助于拓宽农村教师的视野，更新农村教师的教育观念，提高农村教师的教学能力和教学研究能力，缩小城市教师和农村教师的差距，从而提高农村教师的素质。

3）端正态度，克服功利性和工具性思想，增强培训的学术性和研究性。近年来国培计划农村教师培训，给更多的农村教师提供了去城市培训的机会，成了农村教师培训的主要形式之一。但是，国培计划农村教师培训的效果并不是很理想。一个重要原因是有些培训的具体承办部门，将培训看作是纯事务性工作，功利性的工作，并没有从更好地为农村教师服务，为农村教育服务的角度出发来组织和实施农村教师的培训工作，对培训的实效性缺乏关注。没有对农村教师培训进行针对性的研究，因而不了解农村教师的培训需求，不了解农村教育实际情况，培训内容缺乏针对性，培训形式单一，培训效果不佳。因此，培训的组织和承办部门人员，首先要端正认识，明确培训目标，在这个前提下，组织高师院校学科教学论研究者，对农村教师培训开展针对性的研究是十分必要的。在调查研究的基础上制定农村教师培训的有效方案，并有效管理和实施农村教师培训工作。

4）确定不同层次的培训内容，重视教师学科能力的培训。教师培训的目的是促进教师的专业发展，因此，在确定培训内容时，要遵循教师专业发展的要求，从教师专业发展的三个方面：专业精神、专业知识、专业能力，着手组织安排培训内容。针对不同阶段教师的不同需求，进行不同的专业能力培训。对于新入职的教师，培训目标是让新教师尽快胜任教学工作，因此，培训的主要内容应侧重教材解读、基本教学技能以及教师职业道德；对于从教 5 ～ 10 年的教师，培训内容可以围绕教师的教育观念、理论素养和教育科研能力等组织，可以设置一些教育现实与热点问题，帮助教师树立先进的教育观念，培养教师的科研意识，使教师学会教育科研的基本方法，提高教师研究教育教学的能力，培养研究型教师；对于从教 10 年以上的教师，培训可选择名师教学与成长案例，拓宽教师的视野，帮助教师形成自己的教学特色和教学风格，成为专家型教师。根据各地区处于不同专业发展阶段的教师的不同实际需求，针对性地编排培训内容。培训内容不仅要注重拓宽学科知识面，还要重视教师学科能力的培训，如教师指导学生阅读、实验、观察、调查、归纳分析、逻辑推理等能力的培训，教师指导学生合作学习和探究学习的能力培训，重视不同学科的教学模式和方法的培训；要考虑内容的针对性、实用性、校本性，将培训内容与教师实际工作中遇到的问题联系起来，参训教师应对培训的内容有发言权和选择权。

5）采用参与性、情境性、互动性的多样培训方式。目前教师培训的主要形式与教师所希望的培训形式不一致，有差异。没有适合于农村教师专业发展需要的特殊的、个性化和在地化的培训模式，是农村教师培训模式存在的最大问题。[①] 以专题讲座为主的培训形式，容易忽视参训教师的个体差异，缺乏参与性和互动性。培训形式应多样化，突出实践性，体现实用性，强调参与性，注重交往性，落实主体性、提倡科研型。[②] 专题讲座与自我反思相结合、教学观摩与研讨相结合、同课异构与教学竞赛相结合，集中培训与分散研修相结合，面授与远程培训相结合等。综合采用参与式、研讨式、探究式、案例式、课题式等多元互动的培训方式，不断提高培训的实效性，满足不同地区学校、不同学科、处于教师专业发展不同阶段的农村参训教师的培训需求。

6）实现理论和实践的双向引领，建立城市与农村学校间的双向校本培训体系。学校是发生教育或进行教育的地方，开展校本研究是学校发展和教师成长的有效途径。在校本研究中，教师个人、教师集体、专业研究人员是核心要素，三者相辅相成、相互补充、相互促进。自我反思、同伴互助、专业引领，在校本研究中扮演着重要的角色。高师院校教学论研究者和农村中学骨干教师合作，通过开展积极有效的教学研究活动，在理论和实践层面对更多的农村普通教师进行专业引领，提高农村教师的教学实践能力和教学研究能力，促进农村教师专业成长。此外，建立农村教师双向校本培训体系，即城市学校对农村学校教师的对口培训和农村教师进城驻校培训[③]，可以充分利用优质教师培训资源，提高培训的成效。

7）重视考核培训的实际效果，建立理论与实践的多元化培训评价体系。在培训考核方面，不能重理论轻实践，仅关注培训的考勤和书面作业或考试，应将培训评价的要求提高。建立学员培训档案记录，要将过程性评价和终结性评价相结合。采用多种评价方式，评价内容多元化，对参训教师的学习态度、合作精神等情意表现、理论提升、学科教学能力等专业发展方面综合评价。例如，

---

① 朱旭东 . 2011. 论我国农村教师培训系统的重建 . 教师教育研究，（6）：1-8.

② 窦福良 . 2013. 农村教师培训的原则探析 . 中国成人教育，（5）：188-190.

③ 朱旭东 . 2011. 论我国农村教师培训系统的重建 . 教师教育研究，（6）：1-8.

要求受训教师进行实地讲课、实验操作或汇报学习心得体会等，由培训者进行现场打分，考核教师培训的实际成效，提高教师对培训的重视程度。建立多元的开放的评价标准体系，着眼于促进，着眼于发展，使培训评价能真正促进教师的专业发展。[①] 培训缺乏后续的跟踪评价机制，培训工作结束也就意味着整个培训结束了，至于培训有没有发生实效，培训组织部门似乎并不关心。应有培训回访指导环节，培训者到教师所在的学校，走进课堂，就培训中重点解决的问题进行“重现”，培训者在现场开展指导工作，趁热打铁，巩固培训的成效。

开展农村中学教师培训是提高农村教师教育教学能力，提高农村中学教学质量的重要举措。清楚地了解目前农村中学教师培训中存在的问题，采取积极有效的培训策略，才能使农村教师培训这项工作持续有效地进行，从而不断地提高农村中学教师队伍的整体素质，促进城乡基础教育均衡发展，提高农村基础教育质量。

第五节　高中生物实验教学现状的调查研究

生物科学是研究生命现象和生命活动规律的科学，是以实验为基础的自然科学。中学生物实验对于培养学生动手实践能力、科学探究能力、创新能力具有重要意义。新课程理念从“提高学生科学素养”出发，倡导探究性学习，提倡为学生提供更多实验探究的机会，将实验教学放到更加突出的地位。高中生物课程标准突出强调了生物实验教学的重要性。然而理想与现实之间存在着一定的差距，有必要对高中生物实验教学现状进行深入的调查研究，以发现实验教学中普遍存在的问题，探索解决问题的方法与途径，为高中生物教师实验教学提供借鉴和帮助，从而推进中学生物实验教学改革，促进新课程有效实施。

一、研究对象与方法

研究主要采用问卷调查法，并辅以访谈法和课堂观察。在查阅文献资料的

① 窦福良 . 2013. 农村教师培训的原则探析 . 中国成人教育，(5)：188-190.

基础上，访谈了三所中学的部分生物教师和分管教学的领导，初步了解了高中生物实验教学的情况，自编了“高中生物实验教学现状教师调查问卷”，请三名生物骨干教师对问卷进行了审阅，根据他们的建议，修改形成了最终的问卷。调查问卷包括以下内容：所调查生物教师的基本情况、学校生物实验教学条件、生物实验开出情况、学校对生物实验教学的重视程度、教师对生物实验教学的认识、生物实验教学方法、生物实验教学评价、影响教师实验教学的因素等。对山西晋北地区浑源县、怀仁县、应县、山阴县，四个县八所高中的生物教师进行了问卷调查，调查学校的选取尽可能囊括各层次的高中学校，有普通高中、重点高中，有公办学校、私立学校。从 2014 年 10 月至 2015 年 1 月，将近三个月的时间，在所调查地区的高中学校搜集实证研究资料，包括教师问卷的发放和回收、部分领导和生物教师的访谈、生物实验课的课堂观察等。在调查的八所高中学校，发放生物教师问卷 136 份，有效问卷 124 份，有效率约为 91.2%。使用 SPSS 统计软件对数据进行统计。

从表 6-11 可以看出：该地区生物教师中，女性明显多于男性；教龄处在 11～20 年的教师最多，占 45.2%，其次是教龄在 1～10 年的教师占到 33.9%。结合访谈，了解到该地区比较重视引进青年教师，年轻教师的数量逐年增多。教师的学历和职称，是反映其理论水平和教学能力的一种标志。被调查地区生物教师的学历水平较为理想，本科及以上学历的教师达到了 88.7%。但是教师职称结构不太理想，中教高级教师的比例偏少，仅为 16.1%，中教二级教师占 54.8%，中教一级教师占 24.2%，表明该地区高中生物教师队伍有待加强。

表 6-11　所调查生物教师基本情况统计表

调查项目	分类情况	教师 / 人	合计 / 人	比例 /%
教师性别	男性	44	124	35.5
	女性	80	124	64.5
教龄分布	1～10 年	56	124	33.9
	11～20 年	42	124	45.2
	21～30 年	12	124	11.3
	30 年以上	14	124	9.7
教师职称	中教二级	68	124	54.8
	中教一级	30	124	24.2
	中教高级	20	124	16.1
	特级	6	124	4.8

续表

调查项目	分类情况	教师 / 人	合计 / 人	比例 /%
学历分布	中专及以下	2	124	1.6
	专科学历	12	124	9.7
	本科学历	78	124	62.9
	研究生及以上	32	124	25.8

二、研究结果与分析

1. 学校生物实验教学条件

从表 6-12 中可以看出，山西晋北地区被调查的 8 所高中学校中有 7 所学校有生物实验室，有 1 所学校没有专门的生物实验室。其中有 2 所学校有 3 个生物实验室。通过调查可知，一些示范高中，除了实验室外，还具体分出准备室、标本室、观察室、仪器室等。相对来说，有 3 所学校生物实验室的利用率较高，在生物实验室较多地开展实验教学。有 1 所学校有生物实验室，但是没有在生物实验室开展过任何实验，其余 3 所学校生物实验室的利用率也很低，很少在其中开展生物实验教学。该地区被调查的 8 所学校中，有 2 所学校没有专职实验员，有 6 所学校有专职实验员。有实验员且为生物专业毕业的占 17.7%，53.3% 的学校有实验员但不是生物专业背景，实验员有其他学科背景或原来是学校后勤人员，表明该地区部分高中学校不重视专职实验员的配备。

表 6-12　所调查学校生物实验室基本情况

学校	学校 1	学校 2	学校 3	学校 4	学校 5	学校 6	学校 7	学校 8
实验室数量 / 个	1	3	2	2	3	1	1	0
是否在生物实验室做实验	不做	较少	较多	很少	较多	很少	较多	不做
是否有专职实验员	无	有	有	有	有	有	有	无

在所调查的学校中，设备齐全并且可以完全满足生物实验教学需求的学校占到 21.0%，而且这些学校多为示范高中。有 29.0% 的学校的生物实验仪器设

备比较齐全，基本可以满足必修实验的开设需求。另外，还有 19.4% 的学校仪器设备不齐全，只能满足开设极少数实验。甚至还有 30.6% 的学校，实验设备不能满足基本实验需要。访谈了解到，被调查的部分学校已经很长时间没有更新实验设备了，一直凑合使用旧的仪器，而且许多药品和试剂也是和化学实验共用，还有一些学校的实验设备虽然有，也仅仅是摆设，做实验时就在教室简单操作，几乎不使用这些设备。

2. 学校对生物实验教学的重视程度

学校对生物实验教学的支持力度影响着生物实验教学的质量，通过调查和访谈了解到，许多学校为了提高升学率，对生物实验教学不够重视，一味地追求考试成绩，忽视实验对学生能力培养的作用。48.4% 的学校认为生物实验只要做一点就行，让学生开开眼界放松大脑，还有 17.7% 的学校认为学生做不做生物实验都无所谓。按照课标进行实验要求的学校只有 33.9%，另外，就实验经费而言，对生物实验充分支持的学校仅占 14.5%，一般支持的学校有 24.2%，有 48.4% 的学校只有在应对检查时才支持，12.9% 的学校损耗的实验仪器以及药品、试剂得不到及时的补充和更新，原本可以开设的实验无法正常进行。

3. 生物实验开出情况

表 6-13 所列是被调查的 8 所学校，人教版普通高中生物必修 1 实验的开设情况（+ 表示开设，0 表示没有开设）以及各学校实验开出率。

表 6-13　高中生物必修 1 实验开设情况

高中生物必修 1 实验开设情况	学校 1	学校 2	学校 3	学校 4	学校 5	学校 6	学校 7	学校 8
使用高倍镜观察几种细胞	+	+	+	+	+	+	+	+
鉴定生物组织中还原糖、脂肪和蛋白质	0	+	+	+	+	+	+	0
观察植物细胞的质壁分离和复原	0	+	+	+	+	+	+	0
观察细胞的有丝分裂	0	0	+	+	+	0	+	0
绿叶中色素的提取和分离	0	0	+	+	+	0	+	0
尝试制作真核细胞的三维结构模型	+	0	+	+	+	+	+	+
用高倍显微镜观察叶绿体和线粒体	0	+	+	+	0	0	0	0
观察细胞中 DNA 和 RNA 的分布	0	0	0	0	0	0	0	0
模拟探究细胞表面积和体积的关系	0	0	+	0	0	0	0	0

续表

高中生物必修 1 实验开设情况	学校 1	学校 2	学校 3	学校 4	学校 5	学校 6	学校 7	学校 8
探究酵母菌呼吸方式	0	0	0	0	0	0	0	0
探究影响酶活性的条件	0	0	+	0	+	0	0	0
体验制备细胞膜方法	0	0	0	0	0	0	0	0
比较过氧化氢在不同条件下的分解	0	0	+	0	+	0	+	0
探究环境因素对光合作用强度的影响	0	0	0	0	0	0	0	0
实验开出率 /%	14.3	28.6	71.4	50.0	57.1	28.6	50.0	14.3

从以上调查表可看出，有 1 所学校实验的开出率达到 71.4%，还有 3 所学校实验的开出率在 50.0% 左右，2 所学校实验开出率为 28.6%，另外，2 所学校实验开出率仅为 14.3%。

表 6-14 所列是被调查的 8 所学校，人教版普通高中生物必修 2 实验的开设情况（+ 表示开设，0 表示没有开设）以及各学校实验开出率。

表 6-14　高中生物必修 2 实验开设情况

高中生物必修 2 实验开设情况	学校 1	学校 2	学校 3	学校 4	学校 5	学校 6	学校 7	学校 8
制作 DNA 双螺旋结构模型	0	+	+	+	+	+	+	0
性状分离比的模拟	0	+	+	+	+	0	+	0
建立减数分裂中染色体变化的模型	+	+	+	+	0	+	+	+
观察细胞减数分裂固定装片	+	+	+	+	+	+	+	+
探究脱氧核苷酸序列与遗传信息的多样性	0	0	0	0	0	0	0	0
低温诱导植物染色体数目变化	0	0	0	0	0	0	0	0
调查人群中的遗传病	0	0	0	0	0	0	0	0
自然选择对种群基因频率变化的影响	0	0	0	0	0	0	0	0
实验开出率 /%	25	50	50	50	37.5	37.5	50	25

从调查表中可看出，有 4 所学校实验的开出率达 50.0%，4 所学校实验开出率为 30% 左右。根据调查，一些生物实验无法开展的原因有，85.5% 的教师认为开设生物实验课太麻烦了，耗费时间精力。实验课前需要准备材料和用具，学生在实验前要预习实验原理及步骤。62.9% 的教师认为，即使花费了大量的时间去做实验，对教学效果也没多大影响，换句话说，就是不去做实验，学生书面实验试题也能取得很好的成绩。51.6% 的教师认为学校不重视生物实验，

33.9% 的教师认为学校的实验条件薄弱，课程标准上要求的实验无法开展。

《高中生物课程标准》对生物实验的功能和作用有准确的表述：生物实验和其他实践活动，可以帮助学生更好地理解和掌握相关的知识，促进学生观察、实验操作、科学思维、识图和绘图、语言表达等方面能力的发展，也能促进学生尊重事实、坚持真理的科学态度的形成。① 课标在能力目标方面提出，学生要能够正确使用实验器具，掌握采集和处理实验材料、具备生物学实验操作、绘图等技能。① 从科学探究的角度来讲，要求学生能够客观地观察和描述现象，提出问题、辨别变量、做出假设、进行实验设计、实施实验、收集和处理数据、得出结论、表达交流等。从生物实验在生物教学中的重要作用和学生发展的角度来看，学校和教师都应端正认识。学校要尽可能改善生物实验教学条件，支持教师开足开好实验。教师要根据实际情况，尽可能采用比较规范的实验仪器设备完成实验，条件不具备时，要充分利用当地常见的材料或废弃材料设计低成本实验，提高实验或其他实践活动的开出率。①

4. 生物实验教学方法

由表 6-15 中可以看出，教师在生物实验教学中，最常采用口头讲述实验过程，围绕高考考点讲解；其次是采用多媒体课件给学生演示实验过程，就重点进行讲解；再次是一边演示实验，一边进行讲解；排在第四位的是教师组织学生动手实验；排在最后的是教师让学生自学实验内容并完成实验测试题，教师通过讲解实验试题来达到使学生掌握实验知识点的目的。可见，在实验教学中教师多采用讲解实验、演示实验（课件演示或真实演示）的方式，较少组织学生动手实验，生物实验教学的价值没有得到体现，实验课的作用大打折扣。

表 6-15　生物实验教学常用的方法

生物教师实验教学常用方法	选择人数 / 人	比例 /%	排序
口头讲述，内容侧重考点	98	79.0	1
利用多媒体课件讲述	82	66.1	2
一边演示实验，一边进行讲解	74	59.7	3
组织学生动手进行实验	66	53.2	4
不讲实验，学生自学并完成实验试题	43	34.7	5

① 中华人民共和国教育部 .2003. 普通高中生物课程标准（实验）. 北京：人民教育出版社 .

调查可知，按照课程标准的要求组织学生进行动手实验的教师仅占 33.9%，在学校组织公开课时开展实验的教师占 35.4%，19.4% 的教师在学生临考前为加深印象、取得高分才开展实验，11.3% 的教师认为重要的实验才组织学生动手做。调查可知，学生动手实验开展较少主要是学校不重视和教师对实验教学认识不到位所致。在具体生物实验教学中，近一半的教师最在意学生实验操作的规范性，以及能否出现清晰的实验现象，得到实验结果。22.6% 的教师最在意实验教学时课堂秩序是否良好，而对学生解决问题能力以及合作探究能力培养最在意的教师仅占 16.1% 和 13.7%。可见，该地区高中生物实验教学与课程标准的要求有差距，教师对生物实验在培养学生实践能力和创新能力方面的作用认识不足。

5. 生物实验教学评价

有效的实验教学评价不仅能评价学生的实验知识与技能、还能评价学生的实验能力、对实验的态度与科学探究精神，从而使学生正确认识自我，建立自信，激发实验的兴趣。实验教学评价能使教师及时获得教学反馈，发现实验教学的不足，从而更好地改进实验教学。

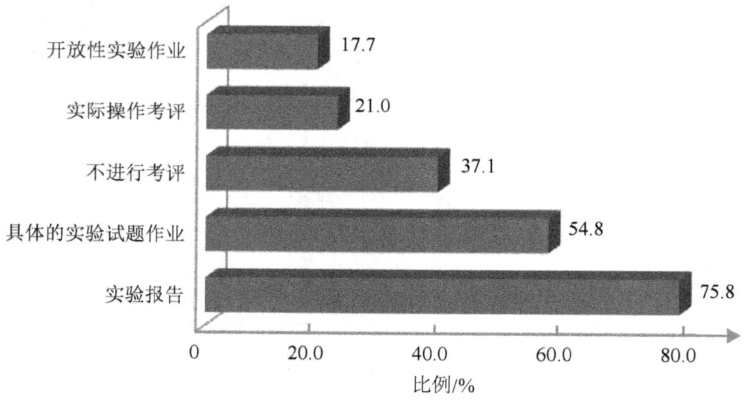

图 6-5　生物实验教学评价方式

图 6-5 显示，实验报告是教师用来检测学生实验情况的主要指标，以此指标进行评价的教师占 75.8%，另有 54.8% 的教师认同采用具体的实验试题来检查学生的实验学习情况，21.0% 的教师认同采用对学生实验操作技能进行考评，认同用开放性实验作业对学生进行考评的教师占 17.7%，不进行考评的教师占到了 37.1%。通过访谈了解到大多数教师很赞同进行实验操作考核，但是认为比较

花费时间和精力。该地区生物教师实验教学评价还是比较倾向于书面形式的考核，既简单又省时，但是这样对学生实验技能、实验态度与习惯，以及实验能力等不能客观地进行评价，不利于调动学生实验的积极性。生物实验教学评价机制需要改进。

6. 影响教师实验教学的因素

由图 6-6 可以看到，影响教师实验教学的因素首先是培训机会比较少，其次是没有实验员协助，再次是教师的课程一般安排得都比较满，用于实验教学的时间很少，排在第四的是缺少合作探究氛围，第五是没有设备开展实验，第六是自身实验基础差。学校给予教师实验培训的机会很少，教师的实验教学能力达不到新课标的要求。此外，生物教师普遍工作量较大，用于开展生物实验的时间很少，生物实验仪器材料用具的准备还需要花费时间精力，且有些学校实验设备条件差，实验教学的情况不容乐观。

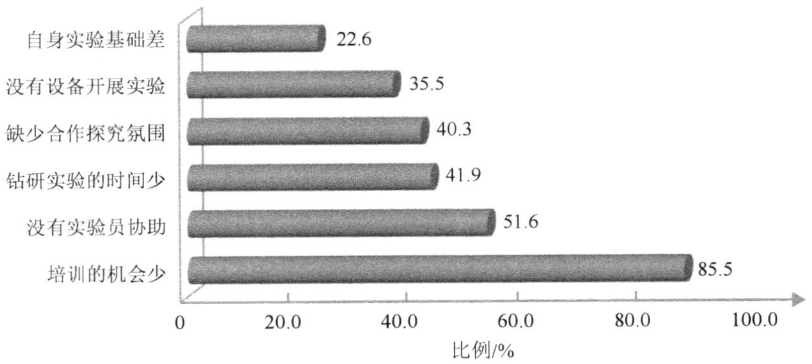

图 6-6　影响教师实验教学的因素

三、研究结论与建议

1. 研究结论

（1）生物实验教学不受重视，实验教学条件有限，实验开出率普遍不高

上级教育主管部门和学校对生物实验教学方面的投入普遍较少，学校及教

师对高中生物实验教学的重视程度不够，他们更看重书面成绩，对实验操作技能和实验能力的培养不够重视。一些学校领导为了测评可以达标，只在实验硬件上投入，不重视生物教师的实验培训和专职生物实验员的配备。1/4 的学校没有专职实验员，应付检查或偶尔需要时，就用一些后勤人员临时充当。有的学校实验材料不能及时采购，破旧或损坏的器材不能及时更新，很多实验不能按时开出，影响了实验教学的正常进行。

（2）生物课时安排少，影响实验课的有效开展

生物课时少，没有充足的时间开设实验。高一年级平均每周生物课时数为 2 节，多的为 3 节，生物教师在利用有限课时完成教学任务时，优先上理论课，有剩余时间才会开设实验。多数学校只在上实验课时，实验室才开放，实验室大多数时间都处于闲置状态，不能充分发挥应有的作用。

（3）多数教师对实验教学的价值认识不到位，讲实验和演示实验过多

教师多采用口头讲述实验过程及实验知识；教师喜欢利用多媒体课件演示实验；还有部分教师根本就不组织学生动手实验，只重点讲解学生不容易理解的和实验试卷中的共性问题。在实验过程中，较多教师最在意的还是学生的实验操作是否规范，实验现象是否明显，能否得到实验结果，真正重视学生实验能力培养的教师很少。

（4）实验教学评价多采用书面评价，评价体系不完善

该地区生物实验教学评价制度不完善，教师主要采用实验报告来检测学生实验情况，其次是采用具体的实验试题来测评，对学生进行具体操作测评的教师仅有 21.0%，还有少部分教师对学生实验就不进行评价。

（5）生物教师实验教学培训不足，实验教学能力有待提高

生物教师主要依赖大学本科阶段的专业学习以及工作后的自我摸索，开展实验教学。大多数教师认为影响实验教学的主要因素是培训机会太少，其次是教师课程安排较满，教学任务重，再次是学校和教师本人对实验教学不够重视，学校实验条件有限，且有的学校没有专职实验员。生物实验教学达不到课程标准的要求。

2. 建议

（1）更新观念，重视生物实验教学，加强探究性实验

区域教育部门和学校领导首先应该转变观念，切实把实验教学放在重要地

位，从资金投入、实验仪器设备的配置、师资培训、实验课的安排等方面给予支持。教师在实验教学中是主导地位，只有先提高教师的认识，转变教师观念，学生才能从教学中受益。教师应认识到生物实验教学有助于学生巩固知识、培养多方面的能力并提高学科学素养。因此，教师应创造条件开足开好生物实验，注意加强探究性实验教学，使学生掌握科学探究的方法，了解体验科学探究的过程，培养科学探究的一系列能力，从而促进学生的发展。

（2）合理安排生物实验课，优化实验教学

①合理安排实验课和理论课的时间比例，教师应按照教学实际，精心设计实验，将理论课和实验课有机结合，合理分配时间，从而让学生充分体验科学实验的过程。②实验课实行小班教学。确保班级内每个学生都有独立参与实验的机会，有效提高教学质量。③为了确保实验课顺利开展，在条件允许的情况下，可以适时开放生物实验室，充分发挥实验室的资源优势。拓展生物课外活动，利用学生的课外时间，保质保量地完成实验，从而很好地补充和延伸课堂教学。④不断探索实验方法的改进。针对教材中那些步骤较多、用时较长且操作繁杂和成功率较低的实验，可以引导学生优化实验方法，争取好的效果。充分利用信息技术优化实验教学。一方面，运用多媒体辅助实验教学，不仅可节约成本，还降低了实验的错误发生率，同时还克服了时间和空间的限制。但是教师在采用多媒体辅助实验教学时要有选择性，对于一些实验条件达不到、实验危险性较高，现象不明显，不易观察的，方可用课件等辅助教学，而对于那些能在实验室操作的实验，还是要尽量组织学生动手实验，培养学生的实践能力。另一方面，利用网络平台辅助实验教学便捷有效，把音、文、图、动画等汇于一体，增强实验课表现力，提高学生学习兴趣。

（3）加强生物实验室建设，开发实验教学资源

建设合格的实验室、营造良好的实验环境是开展生物实验的前提。高中生物课程标准在实施建议部分提出[①]，学校应逐步完善生物实验室建设、仪器设备和用具的配置等，保证实验教学经费的投入。生物学教师应创造条件，因地制宜，充分利用本地资源，提高实验的开出率和教学效率。①实验材料的优化。注重挖掘和利用本地资源来完成实验。对于那些难买的或价格昂贵的生物材料，可选择容易找到且现象明显的材料来替代。可带领学生制作教具，采集一些动植物标本；带领学生利用废旧材料制作简易教具。②资源共享。可整合学校物理

① 教育部 .2003. 普通高中生物课程标准（实验）. 北京：人民教育出版社 .

或化学实验室资源为生物实验教学服务，缓解仪器药品和设备缺乏的问题。通过多种资源的整合和共享，力求利用有限的资源多开实验，同时制定严格有序的实验室管理制度加以保障。

（4）完善生物实验教学评价体系

课程标准中提出[①]，对实验操作技能的评价可利用实验操作检核表等工具，对需要检核的项目及操作行为要点进行考察并予以记录。对实验探究能力的评价，从提出问题、做出假设、设计实验、实施实验、得出结论、撰写实验报告、交流与反思评价方面，划分出具体指标，对学生做出具体的客观的评价。根据课标的要求，评价的内容和评价方法应该多样化、评价主体应多元化。

评价内容多样化。评价内容不仅聚焦在学生对实验原理的理解、实验用具的使用、实验操作的规范性、实验报告的书写和实验结果能否得出，还应评价学生的实验态度、实验习惯、实验能力以及实验过程中的言谈举止、合作交流、勇于创新等综合素质。

评价主体的多元化。改变单一评价，增加多角度、全方位评价：学生自我测评、互评，以及师评生、生评师和师师互评相结合。

评价方法与形式多样化。评价方法包括定性评价和定量评价相结合、形成性评价和终结性评价相结合，可采用考试、考查、评估等形式，具体可分为：口试、笔试；实际操作、实验报告、个人实验记录、成果展示等，对学生进行全面评价。

（5）加强生物教师队伍建设

教师应树立终身学习的理念，不断加强学习，掌握生物学最新知识，改进实验教学方法，提高教学水平。学校应注重对生物教师进行全方位的培训。①注重对生物教师实验教学技能的培训。组织教师开展实验教学探究活动，教师实验操作应规范到位，方法步骤应科学严谨。②加强信息技术培训，使教师掌握先进的教学手段，将信息技术与生物实验教学有效整合，提高实验教学质量。③加强生物实验员队伍建设。实验员应具备生物学背景，实验技能要过硬，能够担任相应的辅助教学和科研工作，实验员也应参加相关培训。

参考文献

安富海 . 2010. 教学反思：内涵、影响因素与问题 . 河北师范大学学报（教育科学版），（10）：80-84.

安秀堂 . 2012. 山西“组组通”建设工作经验分享 . 中国电化教育，（11）：145.

彼得 · 圣吉 .2004. 如何管理：影响世界经济进程的 28 种管理工具 . 北京：机械工业出版社：143.

步进 . 2013. 学案教学：内涵、程序与成就 . 教育发展研究，（2）：64-67.

操太圣 . 2007. 在实践场域中发现学校变革能力 . 教育发展研究，（8）：1-5.

曹培杰 .2016. 未来学校的变革路径——“互联网 + 教育”的定位与持续发展 . 教育研究，（10）：46-51.

陈龙翔，张伟平 . 2014. 透视当前中小学的合作学习：异化与超越 . 教育理论与实践，（26）：6-8.

陈惠芳 . 2012. 基于生态课堂的小组合作学习的意义、问题与对策 . 上海教育科研，（3）：70-72.

陈建华 . 2011. 试论“合作学习的有效组织”. 教学与管理，（8）：19-20.

陈康金 .2010. 从“讲学稿”到“合融教育”—— 江苏东庐中学提升学校特色建设水平的经验与反思 . 中小学管理，（8）：14-16.

陈如平 . 2004. 校长教学领导：提高学校效能和促进学校变革的策略 . 当代教育科学，（20）：30-32

陈曦 .2008.“少教多学”新加坡教育改革新视角 . 外国中小学教育，（7）：39-42.

陈永明 . 2003. 教师教育研究 . 上海：华东师范大学出版社 .

陈有瑛 . 2008. 构建螺旋式发展通道创设可持续发展空间 —— 泽州一中教师专业发展的实践与探索 . 山西教育，（4）：29-31.

陈玉琨，田爱丽 .2014. 慕课与翻转课堂导论 . 上海：华东师范大学出版社：13-14，23，24，108，129.

程永超 . 2009. 合作学习中的“不合作”. 教学与管理，（29）：20-21.
崔惠萍，傅钢善 .2014. 新技术与电子书包融合构建智慧学习环境的研究 . 现代远距离教育，（6）：55.
戴宁，曹辉 .2016 翻转课堂的冷思考：价值与限度 . 内蒙古师范大学学报，29（6）：13-18.
戴维 · W. 约翰逊，罗杰 · T. 约翰逊 .2003. 领导合作型学校 . 唐宗清等译，上海：上海教育出版社：4.
邓木辉 . 2013. 真语文应摒弃的四种教学形式 . 语文建设，（7）：31-32.
丁钢 . 2010. 中国中小学教师专业发展状况调查与政策分析报告 . 上海：华东师范大学出版社 .
丁敏 . 2010. 小组合作学习的有效实施 . 现代教育科学，（6）：72-73.
丁文龙 . 2016.“少教多学”课堂教学模式的现实困境及其破解之道 . 中小学教师培训，（8）：37-40.
丁证霖，赵中健等 .1992. 当代西方教学模式 . 太原：山西教育出版社 .
窦福良 . 2013. 农村教师培训的原则探析 . 中国成人教育，（5）：188-190.
杜芳芳 . 2010. 教师领导力：学校变革的重要力量 . 教育发展研究，（18）：47-51.
杜金山 . 2013-12-25. 专家眼中的泽州一中 . 中国教师报，（第 7 版）.
段作章 . 2004. 课程改革与教学模式转变 . 教育研究，（6）：67-71.
范永丽 . 2011.“生本学案”四环节课堂教学模式构建的理性思考 . 教育理论与实践，（11）：61-64.
冯伯虎 . 2007. 追求形神兼备的网络教研 . 中小学信息技术教育，（5）：13-15.
冯家传 . 2006. 优化师徒结对的实施策略 . 教学与管理，（29）：11-13.
冯玲娟，王海燕 . 2015. 从生态学视角解读翻转课堂教学 . 中国远程教育，（12）：27-31，48.
付海燕 . 2009. 关于学案教学的一点思考 . 山西师大学报（社会科学版）研究生专刊，11.
付兰敏 . 2014. 基于翻转课堂理念的初中信息技术教学模式的应用研究 . 山东师范大学硕士论文 .
耿新锁 .2007. 信息技术与课程整合的含义、层次及整合点 . 山西师大学报（社会科学版），（9）：127-130.
龚道敏 . 2008. 区域性教研机构开展网络教研的模式探索与实践，中国远程教育，（3）：57-60，64.
顾长明 . 2011. 小学科学合作学习的困境与消解 . 教学与管理，（17）：39-40.
关士伟，臧淑梅 . 2005. 学案设计的理论研究 . 教育探索，（8）：28-30.
管珏琪，苏小兵，郭毅等 . 2015. 电子书包环境下小学数学复习课教学模式的设计 . 中国电化教育，（3）：103-109.
郭学锐 . 2012. 对课堂小组合作学习中弱势群体现象的审视 . 现代中小学教育，（3）：19-22.
郭央松 . 2006. 构建区域性网络教研的实践与研究 . 上海教育科研，（7）：70-71.

郭要红 . 2009. 有效合作学习的学习任务设计策略 . 教育理论与实践，（23）：53-54.
国务院 .2015. 国务院关于积极推进“互联网 +”行动的指导意见 .http：//www.gov.cn/zhengce/content/2015-07/04/content_10002.htm.
韩立福 . 2009. 小组合作学习概念重构及其有效策略 . 教学与管理，（10）：3-5.
韩永丽 . 2012. 合作学习在我国教学运用中的问题及对策研究 . 内蒙古师范大学学报（教育科学版），（4）：79-81.
韩立福 . 2012. 论学案教学的利弊及改进建议 . 教学与管理，（10）：7-8.
韩立福 . 2014. 学本教育视野下的课堂文化特征及创建策略 . 教学与管理，（9）：1-4.
韩淼 . 2011. 网络教研：引领教研的新模式 . 现代中小学教育，（9）：54-55.
郝琦蕾 .2010-3-19. 初中科学课从理想到现实 . 中国教育报，第 6 版 .
郝琦蕾 .2008. 国内综合课程研究述评 . 西北师大学报（社会科学版），（2）：54-60.
郝琦蕾 .2010. 国外综合课程实施的研究述评 . 外国中小学教育，(10)：34-37.
郝琦蕾 .2014. 发达地区科学课教师教育观念的调查研究——基于上海和杭州科学课教师的调查比较 . 当代教育与文化，(2)：93-98.
郝琦蕾 .2014 .“学案导学”模式的理论与实践研究 . 当代教育与文化 ,(6)：55-60.
郝琦蕾 .2014. 综合科学课教师队伍建设研究 . 继续教育研究 ,(5)：66-68.
郝琦蕾 .2015. 对农村中学教师培训现状的调查研究——以山西省农村中学为例 . 教育探索 ,(7)：139-142.
郝琦蕾 .2015. 中小学教育信息化发展现状的调查研究——以山西高平市为例 . 教学与管理 ,(2)：35-37.
郝琦蕾 .2016. 信息技术与学案教学模式整合研究——以山西课堂教学改革先进学校的经验为例 . 教育理论与实践，(4)：61-64.
郝琦蕾 .2017.“互联网 + 教育”时代的学校教育发展研究 . 西北师大学报（社会科学版），（5）：105-111.
郝琦蕾 , 郭彩利 , 王建保 .2017. 中学教师教学反思现状的质性研究 . 教学与管理，(1)：21-24.
郝琦蕾 , 姜晋国 , 张秋伟 .2006. 来自课改实验区的报告——山西省初中《科学》课程教学情况调查与分析 . 现代中小学教育 ,(1)：14-16.［被人大复印报刊资料中心全文转载于《中学政治及其他各科教与学》2006（5）］
郝琦蕾 , 李佳宁 .2016 .“双平台”问题导学模式课堂教学文化研究 . 当代教育与文化 ,(3)：49-53.
郝琦蕾，李佳宁 . 2016. 信息技术与教学模式的有效整合：基于“双平台”的学案导学模式 . 教育评论，（4）：136-140.
郝琦蕾 , 李妙娜 .2016. 高中生物实验教学现状的调查研究 . 教学与管理 , (2)：30-34.
郝琦蕾 , 刘阳阳 , 化文青 . 2016. 小学教师 TPACK 现状的调查研究——以天津滨海新区小学为

例 . 基础教育 ,(5) : 91-100.

郝琦蕾 , 姜凌娟 , 王建保 .2016. 合作学习理论与实践研究的回顾与反思 . 天津师范大学学报(基础教育版),(4) : 21-25.

郝琦蕾 , 王丽 .2017. 新世纪网络教研研究的回顾与反思 . 天津师范大学学报(基础教育版),(2) : 16-20 .

郝琦蕾，赵金凤 .2017. 中小学教师信息技术应用能力探讨——基于山西 J 县的调查 . 山西师大学报（社会科学版），（3）：102-106.

郝志军，徐继存 . 2003. 教学模式研究 20 年 ：历程、问题与方向 . 教育理论与实践，（23）：51-55.

何传杰，刘栋梁 . 2013. 少教多学 ：理念与策略 . 教育理论与实践，（2）：6-8.

何基生 . 2009. 学生自主学习能力的内涵、构成及动态分析 . 教育评论，（2）：81-83.

何克抗 . 2004. 从 Blending Learning 看教育技术理论的新发展（上）. 电化教育研究，（3）：1-6.

何克抗 . 2006. 信息技术与课程深层次整合的理论与方法 . 中国信息界，（2）：47-56 ，（4）：47-56.

何克抗 . 2012.TPACK—— 美国“信息技术与课程整合”途径与方法研究的新发展（上）. 电化教育研究，（5）：5-10.

何克抗 . 2012. 学习“教育信息化十年发展规划”—— 对“信息技术与教育深度融合”的解读 . 电化教育研究，（12）：19-23.

何克抗 . 2014. 如何实现信息技术与教育“深度融合”. 课程 • 教材 • 教法，（2）：59.

何克抗，曹晓明 . 2008. 信息技术与课程整合的教学模式研究之五 ——“ WebQuest”教学模式 . 现代教育技术，（11）：6-7.

何克抗，刘春萱 . 2008. 信息技术与课程整合的教学模式研究之六 ——“适时教学（JiTT）”模式 . 现代教育技术，（12）：11-12.

何克抗，吴娟 . 2008. 信息技术与课程整合的教学模式研究之二 ——“传递 — 接受”教学模式 . 现代教育技术，（8）：9.

何克抗，吴娟 .2008. 信息技术与课程整合的教学模式研究之三 ——“探究性”教学模式 . 现代教育技术，（9）：6-7

何克抗，吴娟 .2008. 信息技术与课程整合的教学模式研究之四 ——“研究性学习”教学模式 . 现代教育技术，（10）：10-11.

核心素养研究课题组 .2016. 中国学生发展核心素养 . 中国教育学刊，（10）：1-3.

胡继飞 . 2008. 分科教师对推行综合理科课程看法的调查研究 . 上海教育科研，（4）：30-33.

胡杰辉，伍忠杰 . 2014. 基于 MOOC 的大学英语翻转课堂教学模式研究 . 外语电化教学，（6）：40-45.

胡小勇，张瑞芳，冯智慧 . 2016. 翻转课堂中的问题导学策略研究 . 中国电化教育，（7）：93-

98.
胡晓军 . 2010. 网络听评课，给教研插上自由的翅膀 . 教育科学研究，（10）：72-73.
黄德群 .2009. 十年来我国信息技术与课程整合研究的回顾与反思 . 电化教育研究，（8）：86-89，94.
黄冬明，高莉娜，王海燕 .2013. 高中教师 TPACK 现状调查与分析 —— 来自 N 市的报告 . 现代教育技术，23（2）：37-42.
黄甫全，王本陆 . 2003 现代教学论学程（修订版）. 北京：教育科学出版社：443.
黄桦 . 2016.TPACK 视角下的高中物理翻转课堂实践探索 . 现代教育技术，（2）：77-83.
黄利发 .2011. 信息技术与课程整合中全面的教师培训、巩固与支援计划 . 现代教育技术，（5）：43-47.
黄荣怀，胡永斌 . 2012. 信息化领导力与学校信息化建设 . 开放教育研究，（5）：11-16.
黄荣怀，杨俊锋，胡永斌 . 2012. 从数字学习环境到智慧学习环境 —— 学习环境的变革与趋势 . 开放教育研究，（1）：76.
黄晓学，张海涛 . 2013. “少教多学” 理念下的教学策略探究 . 江苏师范大学学报，（1）：76-79.
黄忠敬 . 2009. 学校领导如何引领学校变革 . 教育发展研究，（18）：70-73.
霍秉坤，徐慧璇，黄显华 .2012. 学生自主学习的概念及其培养 . 全球教育展望，（7）：18-25.
简斌 . 2016. 翻转课堂教学模式的认识误区及对策研究 . 教育探索，（2）：134-136.
江佩，雷体南 .2016. 基于电子书包的“学案导学”教学模式研究 . 中国教育信息化，（2）：21-22.
蒋波 .2009. 谈合作学习小组的组建 . 教学与管理，（35）：17-20.
蒋波 .2011. 合作学习低效性的多维因素分析 . 教育学术月刊，（8）：98-99.
蒋波，谭顶良 . 2011. 论合作学习理论的困惑 . 教育导刊，（11）：9-11.
教育部 . 2001. 基础教育课程改革纲要（试行）. 人民教育，（9）：6-8.
教育部 . 2003. 普通高中生物课程标准：实验 . 北京：人民教育出版社 .
教育部 .2010. 国家中长期教育改革和发展规划纲要（2010—2020 年）. http：//www.moe.edu.cn/publicfiles/business/htmlfiles/moe/moe_838/201008/93704.html. 2010-7-29.
教育部 . 2010-7-30. 国家中长期教育改革和发展规划纲要(2010—2020 年). 人民日报，第 13 版 .
教育部 .2012. 教育部关于印发《教育信息化十年发展规划（2011—2020 年）》的通知 .http：//www.moe.edu.cn/publicfiles/business/htmlfiles/moe/s3342/201203/133322.html，2012-03-13.
教育部 .2013-10-25. 关于实施全国中小学教师信息技术应用能力提升工程的意见 .
教育部 .2014. 中小学教师信息技术应用能力标准（试行）. http：//www.moe.edu.cn/publicfiles/business/htmlfiles/moe/s6991/201406/170123.html.
教育部 .2016-09-14. 中国学生发展核心素养基本要点 . 中国教育报，第 9 版 .

金晋，金华 .2015. 现代信息技术与教学方式的转变 . 内蒙古师范大学学报(教育科学版)，(11)：134-136.

靳玉乐 . 2006. 反思教学 . 成都：四川教育出版社 .

具春林，贾楠 . 2013. 投入学习理论视域下学案导学的问题和对策 . 教育理论与实践，(2)：47-49.

夸美纽斯 .1999. 大教学论 . 傅任敢译，北京：人民教育出版社 .

李定仁 . 2004. 教学思想发展史略 . 兰州：甘肃教育出版社：199.

李国 . 2009. 语文课堂教学中的三个不等式 . 当代教育科学，(2)：60.

李海峰 .2013.TPACK 框架下的教师专业素养研究 . 现代教育技术，(5)：25-30.

李海龙 .2013. 基于任务的翻转课堂教学模式设计与应用 . 现代教育技术，(9)：46-51.

李海勇 .2012. 我们的课改向太阳 . 中小学管理，(3)：20-22.

李海勇 .2012-12-26. 学导螺旋发展大课堂 . 中国教师报，(第 6 版).

李海勇 .2014. “人人通”让“新课堂”如虎添翼 . 中小学管理，(12)：10-12.

李海勇 .2014. 泽州一中“学导螺旋发展大课堂”的推进策略 . 山西教育，(12)：42-44.

李华，刘明霞 .2013. 混合式网络协同教研模型研究 . 电化教育研究，(6)：98-103.

李华，赵鹏德，贺相春 .2011. 网络协作教研的问题与对策研究 . 电化教育研究，(12)：110-114.

李佳 . 2012. 合作学习在初级 EFL 学习中的问题及对策 . 西南民族大学学报(人文社会科学版)，(S1)：269-272.

李克东 . 2012. 提升网络教师实践社区活动绩效研究 . 中国电化教育，(1)：55-60.

李丽美，徐晓雄 .2012 生态学视角下中小学信息技术与课程整合的误区及对策探究 . 中国远程教育，(2)：81-86.

李龙 .2007. 信息技术与课程整合的理论与方法 . 电化教育研究，(5)：73-78.

李鹏 .2012-12-05. 心中有朝阳，脚下有力量 . 中国教师报，第 10 版 .

李叶峰 .2013. 小组合作学习中的“边缘人”现象探析 . 当代教育科学，(16)：29-31.

李拥军 .2010. 浅谈中小学网络教研的现状 . 中小学电教，(11)：15-16.

李志华，王科明 .2010. 网络教研，让校本教研精彩纷呈 . 教育科学研究，(10)：73-74.

李智晔 . 2015. 论信息技术与课程整合的基本问题 . 教育研究，(11)：91-97.

梁平，武常宏 .2007. 信息技术与课程整合的新视点 . 中国成人教育，(10)：27-28.

梁素清 .2011. 草根学案是这样成长的——反思灵石二中课改历程 . 山西教育，(4).

梁素清 .2012. 破茧：课改攻坚战中的“问题”与“问题解决”. 中小学管理，(7)：15-17.

林良富 .2012. 学教模式的理论与实践 . 课程 · 教材 · 教法，(4)：32-36.

林毓锜 . 2006. 学生自主学习与相关教学思想 . 高等教育研究，(12).

林智中，陈健生，张爽 . 课程组织 . 2006. 北京：教育科学出版社，134.

刘冬岩，魏为燚 .2010. 新加坡“少教多学”教育改革及其启示 . 全球教育展望，（5）：31-35.
刘繁华，于会娟，谭芳 . 2013. 电子书包及其教育应用研究 . 电化教育研究，（1）：74.
刘吉林 . 2009. 从外显趋于内蕴 —— 我国合作学习研究 20 年的回顾与反思 . 教育理论与实践，（16）：50-53.
刘坚，余文森，徐友礼 .2010. 深化课程教学改革深度调研报告 . 人民教育，（17）.
刘军 .2015. 实证探析翻转课堂实施的关键 . 现代教育技术，（12）：66-71.
刘荣 .2012. 翻转课堂：学与教的革命 . 基础教育课程，（12）：28.
刘儒德 .2004. 对信息技术与课程整合问题的思考 . 教育研究，（2）：71.
刘世清 .2008. 信息技术与学科整合存在的问题与发展路径 . 中国教育信息化，（14）：37-39.
刘同萍 .2010. 高中化学导学案的编写和运用 . 教学与管理，（5）：56-57.
刘艳丽 .2015. 翻转课堂：应如何实现有效翻转 . 中国高等教育，（19）：57-59.
吕渭源 .2000. 教学模式 · 教学个性 · 教学艺术 . 中国教育学刊，（1）：29.
吕晓娟 .2015. 基于学生学习力的翻转课堂教学设计 . 电化教育研究，（12）：98-102.
马惠超，乜勇，徐青青 .2014. 云环境下基于电子书包的“双课堂”教学模式研究 . 中国教育信息化，（14）：22-24.
马红霞 . 2015. 泽州一中教师信息技术应用能力现状及策略研究 . 山西师范大学硕士论文 .
马兰 . 2004. 合作学习的价值内涵 . 课程 · 教材 · 教法，（4）：14-17.
马斯洛 . 2007. 动机与人格 . 许金声等译 . 北京：中国人民大学出版社 .
马维和 .2012. 以学习活动为中心的信息技术与课程整合 . 哈尔滨：黑龙江教育出版社：147，152，156.
马卫民，张玉芹 .2009. 网络教研文献内容分析 . 电化教育研究，（9）：65-69.
马文杰 . 2012. 教学反思：教师专业成长的应然选择 . 教育探索，（10）：87-89.
马玉玺 . 2012.“问题导学”教学模式实践操作指南 . 太原：山西教育出版社 .
马玉玺 . 2013. 学案教学实践研究 . 太原：山西教育出版社：129，130，132.
迈克尔 · 富兰 . 2004. 变革的力量 —— 透视教育改革 . 北京：教育科学出版社：8，9，19.
迈克尔 · 富兰 . 2005. 教育变革新意义 . 北京：教育科学出版社 .
迈克尔 · 富兰 . 2013. 变革的挑战 —— 学校改进的路径与策略 . 北京：北京大学出版社：51-55.
奥苏贝尔 D. P. 等 . 1994. 教育心理学——认知观点 . 北京：人民教育出版社 .
潘超 . 2014. 学科教学认知视野下的“教学反思表”. 教学与管理，（6）：114-116.
庞红卫 . 2016. 信息技术如何变革学校教育 —— 基于生态学视角的分析 . 中国教育学刊，（5）：42-46.
庞敬文，王梦雪，唐烨等 .2015. 电子书包环境下小学英语智慧课堂构建及案例研究 . 中国电化教育，（9）：66.

庞维国，薛庆国 .2001. 中国古代的自主学习思想探析 . 心理科学，（1）：59-62，127.
卜彩丽，孔素珍 .2016. 现状与反思：国内翻转课堂研究述评 . 中国远程教育，（2）：26-33.
秦伟，李海峰 .2013. 信息技术与课程整合存在的问题及对策 . 教育探索，（11）：30-31.
全美教师教育学院协会创新与技术委员会 .2011. 任友群，詹艺译 . 整合技术的学科教学知识：教育者手册 . 北京：教育科学出版社：35-40.
全晓洁 . 2015.U-G-I-S 合作框架下的内源式学校改进个案研究 . 重庆：西南大学 .
冉红升 .2012.“问题导学”教学模式实践操作指南 . 太原：山西教育出版社：7-9，11，12，14，15-16，17，19-21，65-69，71-73.
任建登 . 信息技术助力学案教学（学校变革研究报告）.
任建登 . 2015.“人人通”助力学案教学升级版 . 山西电教，（5）：21-22.
容中逵 . 2014. 学案导学的三重判读 . 课程 · 教材 · 教法，34（8）.
三牌战略的生动实践（灵石二中课堂教学改革研究报告）.
桑新民，潘华东 .2001. 虚拟教研模式的构想与实践 . 人民教育，（8）：17-20.
山西省灵石县第二中学 .2015. 学案教学的“升级换代”. 中小学管理，（3）：41-43.
上海市教育委员会 .2004. 上海市初中科学课程标准（试行稿）. 上海：上海教育出版社：66.
沈书生等 . 2013. 一种基于电子书包的翻转课堂教学模式 . 中国电化教育，（12）：107-111.
盛群力 . 1992. 小组互助合作学习革新评述 . 外国教育资料，（2）：1-7.
施良方 . 1994. 学习论 —— 学习心理学的理论与原理 . 北京：人民教育出版社 .
石琴，陈冠玉 .2011. 农村中学教师信息技术能力现状调查分析 —— 以湖北省英山县农村中学教师为例 . 中国教育信息化，（16）：4-6.
史文魁，牛小兵，李鹏 . 2012-12-05. 泽州一中：“二次革命”进行时 . 中国教师报，第 1 版 .
苏芮 .2015. 小组合作学习中常见的八大心理效应 . 教学与管理，（1）：118-120.
苏亚平 .2014. 构建初中语文阅读教学中的“少教多学”模式 . 中国校外教育，（11）：23-24.
孙翠香 .2014. 学校变革中的校长角色：反思与重构 . 教育科学研究，（5）：45-53.
孙翠香 .2010. 学校变革主体动力研究 . 上海：华东师范大学 .
孙月圣 .2009. 重新认识和理解信息技术与课程整合 . 当代教育科学，（7）：29-31，（14）：29-31.
谭瑞军 .2013. 数学“导学案”教学的再思考 . 教学与管理，（1）：49-51.
唐筱玲 .2011.“学案教学法”存在的问题及应对的策略 . 思想战线，（37）：390-392.
陶静 .2011-06-07. 浅析初中语文教学中的少教多学模式 . 湛江日报，第 8 版 .
特别报道 .2013-12-25. 教师眼中的泽州一中 . 中国教师报，第 6 版 .
田爱丽 .2015. 翻转课堂中实施探究式教学的应用研究 . 教育发展研究，（20）：39-43.
田富鹏，焦道利 .2005. 信息化环境下高校混合教学模式的实践探索 . 电化教育研究，（4）：63-65.

屠锦红，李如密 .2013.“先学后教”教学模式：学理分析、价值透视及实践反思 . 课程 • 教材 • 教法，（3）：21-29.
万伟 .2015. 三十年来教学模式研究的现状、问题与发展趋势 . 中国教育学刊，（1）：60-67.
王海 .2016. 新课改背景下网络教研的不足及对策 . 教学与管理，（5）：32-34.
王惠来 . 2011. 奥苏伯尔的有意义学习理论对教学的指导意义 . 天津师范大学学报（社科版），（2）：67-70.
王鉴 . 2004. 合作学习的形式、实质与问题反思 —— 关于合作学习的课堂志研究 . 课程 · 教材 · 教法，（8）：30-36.
王鉴 .2016. 论翻转课堂的本质 . 高等教育研究，（8）：53-59.
王鉴，郝琦蕾 .2008. 课堂教学中信息技术与课程整合的误区分析与方法反思 . 现代教育技术，（1）：62-65.
王建平，虞美燕 .2015. 教研共同体网络教研深化策略探微 . 浙江教育技术，（4）.31-34.
王洁，顾泠沅 .2007. 行动教育：教师在职学习的范式革新 . 上海：华东师范大学出版社 .
王继民 .2013. 基于网络与课堂“双平台”教学模式实践探索 . 教育理论与实践，（5）：10-12.
王璟琼 .2012. 区域内开展网络教研的研究与实践 . 课程教育研究，（29）：244.
王军，散国伟 .2011.“好看簿”网络平台的教学功能与教学应用分析 . 中国电化教育，（3）：92-95.
王凯 .2003. 论合作学习的局限性 . 河北师范大学学报（教育科学版），（6）：100-103.
王磊等 . 2014.Blackboard 网络平台支持下混合教学模式探索 . 实验技术与管理，（11）：195-197.
王丽珍 .2016. 教育大数据对网络教研的影响 . 中国电化教育，（11）：51-55.
王坦 .2002. 合作学习的理念与实施 . 北京：中国人事出版社：5.
王坦 .2002. 论合作学习的基本理念 . 教育研究，（2）：68-72.
王坦，吉标 .2016.“翻转课堂”模式的理性审思 . 课程 • 教材 • 教法，（6）：55-61.
王世曾 .2012. 基于网络教研备课平台的教师个人空间建设研究 . 中国电化教育，（11）：140-142.
王亚萍 .2010. 关于中小学网络教研的分析与反思 . 中国教育信息化，（4）：19-21.
王耀村 .2010. 综合科学课程的认识问题与实施策略探讨 . 全球教育展望，（2）：84-88.
魏本亚 .2011. 语文“学案”教学实验的教育学阐释 . 课程 · 教材 · 教法，31（2）：46-50.
魏晓彤 .2011.“同课异构”网络教研模式的探索 . 中国电化教育，（2）：110-113.
温梅，温禹 .2015. 信息技术与课程整合的策略研究 . 中国成人教育，（11）：126-128.
闻亚兰，赵冬梅 . 2015. 从教育信息化看翻转课堂变革的精神要旨，当代教育科学，（24）：50-52.
邬依林等 .2007. 网络教研实践模式研究 . 广东教育学院学报，（5）.

吴殿更 . 2009. 新课程背景下学案导学教学模式研究 . 当代教育科学，（18）.
吴军其，罗攀，沈红云 .2016. 中小学教师信息技术能力培训策略研究综述 . 电化教育研究，(1)：123-128.
吴琳婕 . 2012. 浅谈少教多学模式在小学英语教学中的应用 . 教学实践与研究，（5）：39-40.
吴筱萌 . 2011. 交互式电子白板课堂教学应用研究 . 中国电化教育，（3）：1-7.
吴筱萌，雍文静，何政权等 .2015. 区域网络教研改进教师专业发展公平感的效能研究——以重庆市某区为案例 . 现代教育技术，（5）：65-71.
吴向东 .2005. 质变与重构——信息时代的科学教育探索 . 广州：中山大学出版社：170-172.
吴永和，祝智庭等 .2012. 电子课本与电子书包技术标准体系框架的研究 . 华东师范大学学报（自然科学版），（2）：73.
夏征农 .2002. 辞海（缩印版）. 上海：上海辞书出版社：1185.
晓莎 .2010.e 网融通力促均衡——北京东城区开通“学习 e 网通”网络平台 . 中小学管理，(6)：48.
谢彩云 .2015. 小学教学中“少教多学”教学模式分析 . 教育科学，（6）：63.
谢幼如，柯清超 .2005. 网络课程的开发与应用 . 北京：电子工业出版社 .
肖增英 .2013-12-25. 专家眼中的泽州一中 . 中国教师报，第 7 版 .
肖增英，薛红霞 .2012. 山西“问题导学”教学模式：系统审视与精细建构 . 中小学管理，(7)：4-8.
肖正德 . 2007. 网络教研：一种促进教师专业发展的新型教研模式 . 现代远距离教育，（1）：34-36.
肖正德 . 2011. 教师教学行为转变的文化学思考 . 课程 · 教材 · 教法，31（4）：35.
肖正德 . 2012. 教学习惯的意蕴、物质与改变路向：教学文化变革的视角 . 华东师范大学学报（教育科学版），30（3）：15.
肖正德 . 2012. 教学习惯的文化意蕴及改变路向 . 当代教育与文化，4（3）：99-104.
熊川武 .1999. 反思性教学 . 上海：华东师范大学出版社 .
徐斌 .2014.“电子书包”挑战教师信息素养 . 上海教育科研，（6）：52.
徐国华 .2004. 江苏省教育信息化目标、要求及重点的研究 . http：//www.jssghb.cn/ndlw/2004-4.html.
许爱红，刘延梅，刘吉林 .2005. 农村中学课堂教学模式的重大变革——解读杜郎口中学“三三六”自主学习模式 . 当代教育科学，（11）：18-26.
许多，孙荣丽 .2014.“合作学习”切入点的恰当选择 . 现代中小学教育，（4）：123.
薛红霞 .2011. 山西课堂教学模式改革：课堂中的教育革命 . 中小学管理，（6）：15-19.
薛红霞 .2013-12-25. 专家眼中的泽州一中 . 中国教师报，（第 7 版）.
薛红霞，肖增英 . 2014. 创建基于“双平台”的“无界课堂”. 中小学管理，（12）：7-9.
学道—e 道—生长之课道（泽州一中研究报告）.

严育洪.2006.新课程教学问题讨论与案例分析.北京：首都师范大学出版社：162，166.
杨春梅.2016.高等教育翻转课堂研究综述.江苏高教，(1)：59-63.
杨殿清.2016.初中语文阅读教学“少教多学”模式的构建.中国校外教育，(7)：76.
杨二兵.2012.学生合作学习中存在的问题及改进对策.教育理论与实践，(20)：63-64.
杨卉，王陆，冯红.2008.移动通信和计算机网络技术环境支持下的松散型半离线网络教研模式研究.电化教育研究，(10).
杨建军，焦中明.2012.赣南农村中小学教师信息技术能力现状调查.中国教育信息化，(22)：7-11.
杨俊锋，龚朝花，余慧菊，Kinshuk.2015.智慧学习环境的研究热点和发展趋势——对话ET & S主编Kinshuk（金沙克）教授.电化教育研究，(5)：87.
杨威，史春秀，巩进生.2003.信息技术教学导论.北京：电子工业出版社：192.
杨晓峰.2016.翻转课堂教学模式的价值追求与实施策略.教育评论，(3)：20-24.
杨小微.1990.中小学教学模式.武汉：湖北教育出版社：4.
叶波.2014.翻转课堂颠覆了什么——论翻转课堂的价值与限度.课程•教材•教法.(10)：29-33.
叶澜.2006.“新基础教育”论——关于当代中国学校变革的探究与认识.北京：教育科学出版社：38，239，240.
佚名.2014.泽州一中.中小学校长，(12)：73.
尹晓红，张淑萍.2002.奋力拼搏争创一流——泽州一中教育教学改革纪实.山西教育，(2)：6-7.
原林生.2012.“自己选择的路，跪着也要走完”：“深水区”课改的难与惑.中小学管理，(7).
余飞.2016.“案例载体——活动导向”的翻转课堂模式研究.现代教育技术，(8)：96-101.
余清臣，徐苹.2014.当代课堂教学模式改革的实践内涵：一种反思的视角.教育科学研究，(1)：15-18.
余文森.2004.论自主、合作、探究学习.教育研究，(11)：27-30.
余自强.1998.浙江省初中自然科学课程改革探索.教育研究与实验，(4)：32-37.
袁智强，李士锜.2013.数学师范生整合技术的学科教学知识（TPACK）发展研究——以正态分布为例.电化教育研究，(3)：107-113.
袁爱国.2013.深度学习：提升基于学案的阅读教学品质.教学与管理，(8)：49-51.
曾妮，田晓红.2014.国内课堂合作学习研究文献综述.教学与管理，(6)：20-24.
曾智新.2014.浅谈网络教研模式的研究与实践.中小学电教，(6)：55.
张宝辉，张静.2013.技术应用于学科教学的新视点——访美国密歇根州立大学马修.凯勒教授.开放教育研究，(2)：4-11.
张贝贝，李玉斌.2014.农村中学教师利用信息技术优化教学信息能力的调查研究.中国教育信息化，(16)：63-66.

张波，陈治国，余国源等 .2016. 区域网络教研实践与探索 —— 以重庆市渝北区为例 . 教育理论与实践，(20)：16-19.
张超 . 2012. 基于网络环境下教研方式的变革 . 河北师范大学学报，(7)：90-92.
张迪梅 . 2011.“电子书包”的发展现状及推进策略 . 中国电化教育，(9)：88.
张国荣 . 2016. 基于深度学习的翻转课堂教学模式实践 . 高教探索，(3)：87-92.
张海，肖瑞雪，王以宁等 . 2015. 基于技术接受模型的师范生 TPACK 发展研究 . 中国电化教育，(5)：111-117.
张海晨，李炳亭 . 2010. 高效课堂导学案设计 . 济南：山东文艺出版社 .
张建伟，陈琦 . 1996. 从认知主义到建构主义 . 北京师范大学学报（社会科学版)，(4)：75-82，108.
张金磊，王颖，张宝辉 . 2012. 翻转课堂教学模式研究 . 远程教育杂志，(4)：46-51.
张洁 .2010. 基于静脉感知的泛在学习环境模型构建 . 中国电化教育，(2)：18-19.
张静，蒋立兵 . 2015. 中小学教师融合技术的学科教学知识现状调查与对策研究 . 教育学术月刊，(5)：105-111.
张莉 .2013. 课堂中合作学习的误区 . 当代教育科学，(7)：18-19.
张璞 .2014. 建构主义视角下的“学导螺旋发展大课堂”教学模式研究 . 宁夏大学硕士论文 .
张荣伟 .2012. 论“教”与“学”的五种关系范型 . 教育发展研究，(10)：50-56.
张瑞玲，赵秀英，甘文丽 .2014. 面向教师专业化发展的网络教研实施策略研究 . 洛阳师范学院学报，(5)：109-112.
张生虎 .2016. 翻转课堂实践忧思：偏误与矫正 . 教育理论与实践，(8)：48-50.
张松元 .2011. 初中语文学案教学的问题与策略 . 教学与管理，(4)：62-64.
张素兰，李景龙 .2009. 突破课堂合作学习四大瓶颈 . 中国教育学刊，(8)：66-68.
张伟，陈琳 .2010. 面向教师专业发展的网络教研支持服务探讨 . 继续教育研究，(3)：94-96.
张文兰 .2012. 信息技术与课程整合 . 西安：陕西师范大学出版社：87，258，261.
张文兰，成小娟，夏小刚 . 2016. 中学生基于电子书包学习的动机现状及其归因分析 . 中国电化教育，(7)：80-86.
张文宇，李岩 .2013. 基于学习活动类型的教师 TPACK 培养策略研究 . 电化教育研究，(10)：116-120.
张小菊 . 2008. 新加坡“少教多学”教学理念的启示 . 中国成人教育，(8)：120-121.
张晓燕 . 2003. 中学生物多媒体教学存在的问题分析及应对措施 . 扬州教育学院学报，(3)：71-73.
张亚兰 . 2011. 苏州农民工子弟小学教育信息化水平调查研究 . 中国教育信息化，(4)：8-10.
张旸，蒙泽察 .2013. “导学案教学”与“翻转课堂”的价值、限度与共生 . 全球教育展望，(7)：10-17.

张屹，马静思，周平红等 .2015. 中小学教师信息技术应用能力现状及培训建议 . 中国电化教育，（1）：104-110.
张育桂 .2011. 小学数学教师整合技术的学科教学知识（TPACK）研究 . 信阳师范学院硕士论文 .
张志勇 .1996. 对教学模式的若干理论思考 . 中国教育学刊，（4）：35-38.
张忠华 . 2015. 互联网 + 背景下的教育变革 . 教育学术月刊，（12）：39-43.
赵波等 .2015. 信息技术与教学融合 . 北京：科学出版社：84-85，86-87，96.
赵昆 .2008. 区域网络教研平台的功能框架研究 . 中国电化教育，（11）：57-60.
赵呈领，杨琳，刘清堂 . 2015. 信息技术与课程整合 . 北京：北京大学出版社：264，6，3-5.
赵建华，徐旭辉，彭红光等 .2010. 以信息化促进城乡学校协同发展的案例研究 . 电化教育研究，（11）：10-18.
赵兴龙 . 2014. 翻转课堂中知识内化过程及教学模式设计 . 现代远程教育研究，（2）：55-61.
赵艳，赵蔚，李绿山等 .2015. 学习分析视域下小学教师整合技术的学科教学知识（TPACK）研究 . 现代远距离教育，（5）：42-48.
赵永彬，曹金梅 .2009. 合作学习中的评价 . 中国成人教育，（16）：99.
赵云建 .2015. 网络教研中的活动设计策略研究 . 中国电化教育，（10）：133-138.
甄德山 .1984. 教学模式及其管理浅议 . 天津师范大学学报，（5）：35-40.
郑娟，贺平 . 2013. 电子书包环境下小学英语教学模式和行为分析 . 中国电化教育，（12）：112-117.
郑世忠，张德利 . 2016. 继承与超越：从网络教研到互联网 + 教研 . 中小学教师培训，（10）：22-25.
郑向荣 .2008. 构建“教学合一”模式探索“改薄创优”之路——东庐中学教学改革经验述评 . 教育导刊，（8）：19-21.
钟秉林 . 2016.“翻转课堂”颠覆了什么 . 中国教育学刊，（3）：3.
钟启泉，崔允漷，张华 . 2003.《基础教育课程改革纲要（试行）》解读 . 上海：华东师范大学出版社：20.
周洪宇 . 2014. 信息技术与教育深度融合的政策建议 . 人民教育，（7）：11.
周茜 . 2009.“动物和人体生命活动的调节”一章学案教学的点滴思考 . 生物学通报，（4）：41-43.
周贤波 . 2016. 基于微课的翻转课堂在项目课程中的教学模式研究 . 电化教育研究，（1）：97-102.
朱丹 . 2013. 合作学习模式的理论视域及其教学实践 . 中国成人教育，（1）：134-136.
朱宏洁，朱赟 . 2013. 翻转课堂及其有效实施策略刍议 . 电化教育研究，（8）：79-83.
朱文焕 .2012. 教育信息化“组组通”的探索与实践 . 教育理论与实践，（11）：20-22.
朱旭东 .2011. 论我国农村教师培训系统的重建 . 教师教育研究，（6）：1-8.

朱亚南 . 2013. 语文课堂教学需要少教多学的教学理念 . 教学研究，（11）：67.

邹琴，朱弘扬 . 2014. 基于网络教研中的学习共同体构建的思考 . 中国教育技术装备，（16）：39-40.

左屯生 .2014. 浅谈新课程标准下的教学反思——以高中地理课程为例 . 教育理论与实践，（29）：53-55.

S. 沙伦，王坦，高艳 . 1996. 合作学习论 . 山东教育科研，（5）：59-61.

Drake S. 1993. Planning Integrated Curriculum：The Call to Adventure. Alexandria，VA：Association for Supervision and Curriculum Development.

Judith H S，Cathy R，David C D .2004. 信息技术与学生为中心的课堂 . 宋融冰译 . 北京：中国轻工业出版社：178-180.

Marsh C J. 1995. How achievable is curriculum integration? Practices and issues.Curriculum Forum, 4(1)：27-43.

Mishra P，Koehler M J. 2006. Technological pedagogical content knowledge：A framework for teacher knowledge.Teachers College Record，（6）：1017-1054.

Pultorak E. 1996. Following the developmental process of reflection in novice teachers：Three years of investigation.Journal of Teacher Education，47（4）：283-291.

附　　录

附录 1　教师信息技术能力及培训的调查问卷

尊敬的老师：

您好！非常感谢您在百忙中填写此问卷！本问卷旨在调查教师信息技术能力现状与培训情况，这项调查可为教师信息技术应用能力的研究提供基本依据。本问卷采用不记名方式，调查结果仅作为研究数据使用，对您和您所在学校不带有任何评价意义，因此您不必有顾虑，请如实填写，您的回答将直接影响我们的分析结果，非常感谢您的支持与帮助！

一、基本信息（请在符合您情况的选项上画√）

1. 性别：○男　○女

2. 年龄：○ 20 ～ 30 岁　○ 31 ～ 40 岁　○ 41 ～ 50 岁　○ 50 岁以上

3. 所在学段：○高中　○初中　○小学

4. 学校位置：○县城　○乡镇　○农村

5. 学历：○中师（或高中）○专科　○本科　○研究生

6. 职称：○无（新入职教师）○二级教师　○一级教师　○高级教师　○特级教师

7. 教龄：○ 1 ～ 3 年　○ 3 ～ 5 年　○ 6 ～ 10 年　○ 11 ～ 19 年　○ 20 年以上

8. 工作学校性质：○省重点　○市重点　○普通学校

9. 主教学科：

○语文　○数学　○英语　○物理　○化学　○生物　○政治　○历史　○地理　○信息技术　○其他

二、选择题（请在您的选项上画√，没有提示的，都为单选题）

1. 您运用计算机的基本情况

收集、管理资料（　）A. 经常　B. 偶尔　C. 很少　D. 从不　E. 有时
备课、编写教案（　）A. 经常　B. 偶尔　C. 很少　D. 从不　E. 有时
课件制作（　　）　A. 经常　B. 偶尔　C. 很少　D. 从不　E. 有时
教学演示（　　）　A. 经常　B. 偶尔　C. 很少　D. 从不　E. 有时
写教研论文、总结等（　　）
A. 经常　B. 偶尔　C. 很少　D. 从不　E. 有时
指导学生活动（　）　A. 经常　B. 偶尔　C. 很少　D. 从不　E. 有时
对付职称或其他考试（　）
A. 经常　B. 偶尔　C. 很少　D. 从不　E. 有时

2. 运用因特网的基本情况

收发电子邮件（　　）A. 经常　B. 偶尔　C. 很少　D. 从不　E. 有时
查询、下载资料（　）A. 经常　B. 偶尔　C. 很少　D. 从不　E. 有时
运用网络进行教学（　）
A. 经常　B. 偶尔　C. 很少　D. 从不　E. 有时
和学生交流（　）　A. 经常　B. 偶尔　C. 很少　D. 从不　E. 有时
个人扩大信息量及娱乐（　）
A. 经常　B. 偶尔　C. 很少　D. 从不　E. 有时

3. 对以下计算机操作技能的掌握程度（在对应的空格画√）：

项目	熟练掌握	基本掌握	一般	基本不会	完全不会
Windows 操作系统					
Word/WPS 文字处理					
Excel 表格制作					
PowerPoint 演示文稿					
网络检索					
网页制作					
课件制作					

4．您对参加信息技术培训的态度是（　　）。

A．非常愿意　　B．比较愿意　　C．无所谓
D．不太愿意　　E．完全不愿意

5．您在教学中运用现代信息技术的情况是（　　）。

A．经常用　　B．有时用　　C．偶尔用
D．每天都用　　E．从来不用

6．您认为信息技术与自己教学工作的关系是（　　）。

A．非常密切　　B．较密切　　C．一般
D．关系不大　　E．没有关系

7．您觉得信息技术对促进自己的教学是否起到了应有的作用？（　　）

A．效果明显　　B．效果一般　　C．有点儿效果
D．没有效果　　E．适得其反

8．您的信息技术知识主要源自何种形式的学习或培训？（　　）（可多选）

A．自学　　B．校本培训（学校组织的培训）
C．脱产进修　　D．上大学期间学习的信息技术课程
E．网上远程培训（即网上课程）

9．您在学科教学中应用信息技术的目的是（　　）。（可多选）

A．替代自己上课　B．创设教学情境　C．优化教学效果、促进学生学习
D．培养学生的信息素养　E．应付检查或参加示范观摩课

10．您在课堂教学中应用信息技术的形式有（　　）。（可多选）

A．播放幻灯片、展示教学内容　B．播放录像资料　C．欣赏音乐、画面
D．辅助探究性学习活动　E．模拟演示实验　F．指导学生利用计算机网络查资料　G．进行人机交互练习　H．处理实验数据

11．您参加过的信息技术培训有（　　）。（可多选）

A．脱产培训（一周以上）　　B．脱产培训（一周以下）

C．校本培训　　D．网上远程培训（即网上课程）

12．您需要以下哪些内容的培训？（　）（可多选）

A．信息技术理论　　B．计算机网络基础
C．课件设计与制作　　D．教学系统设计
E．网页设计与制作　　F．信息技术与课程教学整合的理论与实践
G．微课制作

13．您所参加的信息技术培训，对您在教学中更好地运用信息技术有帮助吗？（　）

A．很有帮助　B．比较有帮助　C．一般　D．没多大帮助　E．完全没帮助

14．您最希望参加的信息技术能力培训是（　）。

A．面对面集中培训　　B．网络远程培训
C．校本培训　　D．面授＋远程的混合培训模式
E．远程教育＋校本培训

15．您比较喜欢哪些信息技术能力培训的教学模式？（　）（可多选）

A．系统课堂讲授　B．专家讲座　C．案例教学　D．研讨模式
E．实际操作、实地考察　F．任务驱动　G．网络教学

16．下面哪类培训课程对您提高教育、教学水平起到了明显的帮助作用？请按照重要性程度递减依次排序选择（　）（可多选）

A．师德教育　B．最新教育教学理论　C．教学方法与教学策略
D．名师成功教学经验　E．现代教育技术　F．教育科学研究方法
G．心理类

17．您在学科教学中应用信息技术最直接的感受是（　）。

A．有利于教师的备课和教学，有利于提高教学效率和教学质量
B．由于习惯了传统的教学方法，感觉利用信息技术不方便，很费劲
C．利用传统的教学方式完全能够获得理想的效果

三、简略回答

1．您希望通过信息技术培训解决哪些问题？

2．请简要谈谈您理解的信息技术与学科教学整合的含义。

附录2　小学教师TPACK调查问卷

尊敬的老师：

您好！首先对您在百忙中填写本问卷表示感谢！本问卷旨在调查和了解小学教师基于教育技术的学科知识现状，从而探索提高小学教师教育技术及学科教学能力的对策和方法。问卷不需要填写姓名和学校名称，调查数据仅用于研究，请您尽可能客观、真实地填写，您的回答对我们的研究很重要，再次感谢您的支持和帮助！

一、请您对以下信息进行选择，直接画√

1. 您的性别：○男○女

2. 您的年龄：○ 20～30岁　○ 31～40岁　○ 41～50岁　○ 50岁以上

3. 您的教龄：○ 1～3年　○ 3～5年　○ 6～10年　○ 11～19年　○ 20年以上

4. 您所教的学科（　）。

A. 语文　B. 数学　C. 英语　D. 思想品德　E. 科学

F. 信息技术　G. 体育　H. 音乐　I. 美术　J. 其他

5. 您的学历是（　）。

A. 中师（高中）　B. 专科　C. 本科　D. 研究生

6. 您的职称是（　）。

A. 初聘　B. 小学二级　C. 小学一级　D. 小学高级　E. 其他

7. 您所在学校在（　）。

A. 市区　B. 市郊

二、选择题，请直接在选项上画√

1. 您所在学校的现代教育教学设备配置情况是（　）。（单选题）

A. 很好，完全能满足教学要求　B. 较好，基本能满足教学要求　C. 一般

D. 较差，只能部分满足教学要求　E. 很差，不能满足教学要求

2. 您在日常教学过程中经常使用哪些类型的信息化教学资源？（　）。（多选题）

A. 常规软件（如 PowerPoint 课件、Word）　B. 视频资源

C. 交互式电子白板　D. 网络资源　E. 微课

3. 您认为教学中使用技术是为了（　）。（多选题）

A. 辅助教师的教学，节省授课时间

B. 丰富教学内容的表现形式，帮助学生对抽象难懂知识的理解

C. 使学生在富含技术的环境中自主探究

D. 创造和谐的课堂气氛，利于学生的学习

E. 教会学生使用技术进行学习

三、请根据实际情况选择，以下每题只有一个答案，请在表格中相应的选择处画√

1. 您对教学资源的获取与加工工具的掌握情况怎样？

基本技能	精通	会用	了解	入门	不会
思维导图制作软件 Mindmanager					
录屏软件 Camtasia Studio					

续表

基本技能	精通	会用	了解	入门	不会
SMART 的 Notebook 软件					
音视频处理工具（PowerVideoMaker、QQ 影音、Premiere、Vegas 等）					
音视频获取工具（Windows 录音机、屏幕录像专家）					
图片获取工具（360 截图、QQ 截图、键盘截图）					
图片处理工具（美图秀秀、Photoshop）					
电子邮件、QQ、博客、微博、微信					
网络搜索技术					
PowerPoint、Excel、Access、Flash					

2. 请在表格中相应的选择处画√。（如果您对自己的答案不太确定或保持中立，请选择“不能确定”。）

序号	选项	完全符合	比较符合	不能确定	不太符合	完全不符合
1	在教学设计时，您总是考虑将信息技术运用到教学中					
2	您能恰当地将信息技术和教学方法整合到学科教学中					
3	您能够选择一项信息技术，来促进您所教内容以及学生的学习					
4	您常使用合适的表征技术呈现学科概念，强化学生的理解，如多媒体、可视化等					
5	您时常使用搜索引擎和各类型网站来获取教育资源					
6	您能够尽力找到适合展示本学科内容的视频、图片或者其他多媒体素材					
7	您有能力解决遇到的一些常见技术问题（如计算机屏幕无法投影，网络无法连接等）					
8	您能与同事分享并帮助同事协调使用学科内容、技术和教学法					
9	您时常鼓励学生们利用网络平台等技术进行合作学习					
10	您常利用信息技术促进师生之间的教学互动					
11	您能够选择适当的信息技术，针对学科内容设计合适的学习活动					

续表

序号	选项	完全符合	比较符合	不能确定	不太符合	完全不符合
12	您能够采用合适的技术，促进学生由错误概念向科学概念转变					
13	您在信息技术与课程教学整合中提高了课堂教学效率，促进了自身专业发展					

3. 每题只有一个答案，请在表格中相应的选择处画√。（如果您对自己的答案不太确定或保持中立，请选择“不能确定”。）

序号	选项	完全符合	比较符合	不能确定	不太符合	完全不符合
1	您能根据课程标准和学生的学习情况，选用恰当的方法和手段进行教学					
2	您会留意进行课堂教学观察，捕捉学生反馈信息，及时对自己的教学做出调整					
3	对不同的教学主题，您会采用不同的教学方法					
4	您能够帮助学生注意到本学科中不同概念之间的联系					
5	您熟悉学生对本学科概念或其他内容的常见错误理解					

4. 每题只有一个答案，请在表格中相应的选择处画√。（如果您对自己的答案不太确定或保持中立，请选择“不能确定”。）

序号	选项	完全符合	比较符合	不能确定	不太符合	完全不符合
1	您了解并熟悉本学科的课程标准					
2	您拥有充足的与学科内容相关的知识					
3	您关注本学科内容的重点、难点，并能采用合适的教学方法突破难点，突出重点					
4	您关注本学科知识点之间的联系					
5	您了解本学科各单元内容在教材体系中的地位及作用					
6	您所设计的教学内容满足课程目标需要					
7.	您能用多种方式综合评价学生学习的过程和结果					

附录 3　科学课教师调查问卷

尊敬的老师：

您好！非常感谢您在百忙之中抽出时间填写这份问卷！本问卷旨在了解科学教师观念以及课程决策等，为科学课程有效实施提供科学依据。问卷采用匿名的方式，不涉及对教师个人业务能力和工作情况的评价，我们所关注的是您个人的观点和立场。敬请各位老师根据实际情况作答，衷心感谢您的支持与合作！

一、您的基本情况（请在符合您实际情况的选项前画√）

1. 性别：○男　○女
2. 教龄：○ 1 ～ 3 年　○ 3 ～ 5 年　○ 5 ～ 10 年
　　○ 10 ～ 20 年　○ 20 年以上
3. 职称：○中教二级　○中教一级　○中教高级　○特级　○其他
4. 学历水平：○中师（高中）　○大专　○大学本科　○硕士及以上
5. 任教学校类型：○市区中学　○郊区中学　○农村中学
6. 所学专业：○物理　○化学　○生物　○地理　○数学　○其他
7. 现在所教年级：○六年级　○七年级

二、请在符合您情况的选项字母上画√，注意个别题目需要您将选项填在括号中

1. 制定每节课教学目标的依据是（ ）。

A. 根据课程标准规定的目标　　B. 依据教参定好的教学目标

C. 分析教材上的教学内容　　D. 依据学生已有的知识基础与经验

2. 具体落实课堂教学目标时，您首先关注的是（ ）。

A. 科学知识与技能目标　　B. 科学探究（过程、方法与能力）
C. 科学态度、情感与价值观　　D. 科学、技术与社会的关系

3. 在您的教学中，是否有跨越节或单元的教学内容调整？（ ）

A. 是　　B. 否

4. 对每单元内容中设计的几个常见模块，您在教学时是否做出顺序上的调整？（ ）

A. 是　　B. 否

5. 做出内容顺序调整的频率是（ ）。

A. 偶尔　　B. 有时　　C. 经常

6. 做出内容顺序调整的依据是（ ）。

A. 依据学生的已有基础与思维特点
B. 依据教学内容由简单到复杂，由具体到抽象，由一般到特殊等逻辑顺序
其他 ________________

7. 您在教学时针对教材，补充一些相关内容的频率是（ ）。

A. 偶尔　　B. 有时　　C. 经常

8. 您在教学时补充的相关内容有哪些？（ ）

A. 相关的科学知识内容　　B. 科学史内容　　C. 练习题
D. 对学生进行情感、态度、价值观教育的相关内容
E. 与生活实际相联系的内容　　其他 ________________

9. 在科学课教学中，您常采用什么教学方式？（ ）

A. 讲授为主，启发引导，学生讨论，练习实践
B. 讲授，演示实验，作业练习

C. 在教师组织引导下，小组合作开展探究活动
D. 以学生自学为主，并适当解答疑难问题，作业练习
E. 讲授，利用多媒体课件等辅助教学，进行部分探究学习

10.“教师应尽可能创造机会让学生动手、动脑，在此过程中掌握知识、学会方法、发展能力。想法较好，但往往因为课时限制与实验条件限制，难以实现”，对此您的看法是（ ）。

A. 完全同意　B. 基本同意　C. 不能确定　D. 不太同意　E. 不同意

11.“我偶尔和其他老师讨论、交流科学课教学的经验”对此，您的认识是（ ）。

A. 完全同意　B. 基本同意　C. 不能确定　D. 不太同意　E. 不同意

12. 在综合科学课教学中，您参与过的教师合作的形式有（ ）。

A. 科学教师教研组内集体备课，由各学科骨干教师负责自己学科内容的教学设计，重点、难点分化教学等，鼓励教师之间的合作
B. 各章节重点内容的组内说课及研讨活动
C. 能者为师，开设讲座
D. 开展校本教研活动，教研组确定研究专题，组织开展同伴互助和案例研究，解决实践中遇到的问题

13. 您与同事合作交流的内容主要有（ ）。

A. 知识点的澄清　B. 重点、难点突破　C. 使教学设计较理想
D. 交流好的教学方法或策略　E. 交流备课资料、课件、练习题、测试题

14. 您对于自己科学教学的反思内容，主要有（ ）。

A. 教学设计是否合理　B. 教学方法（或策略）运用是否恰当
C. 教学目标是否达成，教学效果是否较好　D. 学生的反应
E. 其他 ________________

15. 您教学反思的频率是（ ）。

A. 几乎不反思　B. 偶尔为之　C. 有时进行
D. 较多　E. 几乎每节课后都反思

16．“教师不应该使用同一标准来评价所有学生”对此您的认识是（ ）。

A. 完全同意　B. 基本同意　C. 不能确定　D. 不太同意　E. 不同意

17. 您认为评价学生科学学习的成效应看（ ）。

A. 学生平时作业与考试成绩

B. 综合地考虑学生的科学学习情况，除考试成绩外，还应考查学生上课回答问题的情况，做实验时的态度，习惯，动手能力等方面

18．“对学生知识与技能的评价容易进行，但情感、态度和价值观，科学探究的评价难以落实，有时凭感觉做出大致估计”对此，您的认识是（ ）。

A. 完全同意　B. 基本同意　C. 不能确定　D. 不太同意　E. 不同意

三、教师课程观 请在符合您情况的选项字母上画√，有的题目可多选

1. 您对课程的看法是（ ）。(注意此题单选）

A. 课程即教学科目，强调向学生传授学科的知识体系，是一种典型的教程

B. 课程即学习者经验，是学生主体有意义的活动，课程的学习活动方式以理解、体验、反思、探究和创造为根本

2. 您对课程实施的看法是（ ）。(注意此题单选）

A. 课程实施是把新的课程计划付诸实践的过程。在实施过程中根据具体情况，教师可以对课程内容进行增减与加工，自主地、创造性地使用教材

B. 课程实施是指具体课程方案的执行，是指课程方案的落实程度。课程方案是固定的、不可变更的，实施就是一个执行的过程

3. 您对综合课程的理解是（ ）。(注意此题单选）

A. 综合课程是一种课程组织形式，通过连接同一学科的不同部分，更经常的是两个甚至更多学科的内容、技能，寻求打破传统学科教学的壁垒

B. 综合课程是一种课程设计，以重大问题或议题为核心，来组织课程，以

便促成个人和社会的统整，而不考虑学科的界限，即实现知识的统整、经验的统整、社会的统整

4. 您认为在目前开设综合课程的情况下，有助于实现课程综合化目标的有利措施是（ ）。

A. 不同学科教师之间的合作与交流
B. 以科学教研组为单位开展的校本教研活动
C. 教师对自己教学实践的反思
D. 区里组织的相关培训

5. 您认为哪种方式更有利于实现课程综合化的目标呢？（ ）

A. 开设综合课程　　　　B. 开展综合实践活动课程
C. 在学科教学中，有意识地加强不同学科知识之间的联系，加强教学与学生的联系，加强教学与社会的联系

四、请在表格相应部分勾选答案，注意每项只能勾选一个答案

教师知识观

序号	观　　点	完全肯定	基本肯定	基本否定	完全否定	难以判断
1	知识是人类的主观认识，是对于事物的合理假说					
2	物理、化学、生物、地理等各科知识有密切联系					
3	“只可意会，不可言传”的个体经验、技艺不属于知识					
4	学科知识是由系列固定的概念、原理构成的封闭体系。					
5	备课时我主要考虑的是书本上的基本知识					
6	课堂上应允许学生发表不同意见，因为答案常常不是唯一的					
7	知识是一种动态的过程，也会随时代的发展而变化					
8	在我看来，学生的学习主要是掌握课本知识					
9	“只可意会，不可言传”的知识不及书本知识重要					

续表

序号	观　点	完全肯定	基本肯定	基本否定	完全否定	难以判断
10	学生应参加多种活动，在活动中获得多方面的知识					
11	知识是人类认识的结晶、经验的总结，不会有误					
12	数、理、化知识比历史、地理、文学等人文知识更有用					
13	课堂上教师应花更多的时间向学生传授新知识					
14	学习知识主要是记住一些基本概念、原理和结论					
15	基础知识的学习主要是接受现有知识而不是创造新知					
16	课堂上应尽可能创造机会让学生提问与讨论					

五、请在表格相应部分勾选答案，注意每项只能勾选一个答案

教师教学观

序号	观　点	完全同意	基本同意	不太同意	不同意	不能确定
1	我认为好的教学就是根据课程标准、教学参考用书讲授教材的内容					
2	教学首要任务是传授知识而不是发展能力					
3	我觉得许多课如果师生互动，就会完不成教学任务					
4	教师在课堂上最像一名导游，给学生的学习带好路					
5	我觉得教师的主要职责是提高学生知识和技能掌握的程度，而培养学生道德感等主要是家长的事					
6	“有些教师教学比较注意与学生的生活经验相联系，从生活中取材”对此做法，您的态度是怎样的					
7	教学主要应该增进学生学习动机，我最愿意与其他老师一起探讨如何提高学生学习的主动性					
8	学生的学习多是教师引导下的接受式学习，调动学习兴趣的主动学习、建构式学习很少					
9	“有些教师以学生为中心，尊重与鼓励学生，成为学生的朋友”对此做法，您的态度是怎样的					
10	教学前精心准备教案，但在教学过程中要适当调整					

续表

序号	观　点	完全同意	基本同意	不太同意	不同意	不能确定
11	教学方法应以灌输为主，启发为辅，给学生提供大量材料让学生练习					
12	学生的学习应是体验、探究，动手、动脑的过程					

六、请您就以下问题做出简要回答：

1. 您认为本校科学课程实施中，存在的问题主要有哪些？导致问题的原因主要有哪些？

问题：

原因：

2. 在科学课教学中，您的困惑有哪些？

3. 在科学课教学中，您所遭遇的困境（两难情况）是什么？您的对策（权宜之计）是什么？

附录4　农村中小学教师专业发展与培训现状调查问卷

尊敬的老师：

您好！非常感谢您在百忙之中抽出时间填写调查问卷。该问卷主要调查农村中小学教师专业发展现状及培训情况，为研究“农村中小学教师专业发展”提供现实研究依据。调查采取匿名的方式进行，不需要署名，调查结果仅供研究使用，请您放心填答。

感谢您的帮助！山西师大教师教育学院

请您在相应的选项上画“√”，在相应的横线上简答。专门标出的为单选题，其余可多选。

一、基本信息

1. 年龄：A.20～30岁　B.31～40岁　C.41～50岁　D.50岁以上

2. 教龄：A.1～5年　B.6～10年　C.11～15年
 D.15～20年　E.20年以上

3. 学历：A. 中专　B. 大专　C. 本科　D. 研究生

4. 任教学科：A. 语文　B. 数学　C. 英语　D. 物理　E. 化学　F. 生物
 G. 政治　H. 历史　I. 地理　J. 品德与生活　K. 信息技术
 L. 综合实践　M. 美术　N. 音乐　O. 体育

5. 任教学段：A. 小学　B. 初中　C. 高中

6. 任教学校所在地：A. 县城　B. 镇　C. 乡

二、专业发展

1. 在教学工作中您最重视的是（ ）。（单选题）

A. 学生掌握知识的情况　B. 学生学习能力的提高　C. 学生思想品德的培养
D. 学生的全面发展　E. 学生特长的培养

2. 您在安排教学内容时（ ）。（单选题）

A. 紧扣教材，根据考试内容定教学内容
B. 从教学实际出发，经常补充相关内容

3. 您在备课时主要考虑的是（ ）。（单选题）

A. 教师如何教　B. 学生如何学

C. 先考虑教后考虑学　D. 先考虑学后考虑教

4. 您在教学过程中是否根据实际需要对教学计划进行调整？（　）（单选题）

A. 是　　　B. 否

5. 您上课经常使用的教学用具有（　）。

A. 模型　B. 挂图　C. 实物　D. 自制模具
E. 其他（请说明）________________

6. 您经常使用的现代教学手段有（　）。

A. 电视　　B. 录音机　　C. 录像或 VCD
D. 电脑、多媒体课件　　E. 都从未使用

7. 您最需要补充哪些方面的知识？（　）（单选题）

A. 一般的文化基础知识　　B. 学科专业知识
C. 教育理论知识　　D. 相关学科知识

8. 您最想提高自己哪方面的能力？（　）（单选题）

A. 教学能力　B. 班主任工作能力　C. 信息技术运用能力　D. 教育研究能力

9. 您认为现有的教育教学能力得益于（　）。

A. 师范院校的理论学习　B. 参与教育教学研究实践　C. 继续教育培训
D. 教学中的自我摸索与反思　E. 同事交流　F. 校内外公开课经验交流
G. 其他 ________________

10. 您对我国当前教育学改革目标和现状（　）。（单选题）

A. 非常了解　　B. 比较了解　　C. 了解一点儿
D. 不太了解　　E. 完全不了解

11. 您认为农村教师在专业发展上与城市教师相比（　）（单选题）

A. 不如城市教师培训机会多　　B. 发展的关键在个人
C. 教学的软硬件条件太差　　D. 其他 ________________

12. 对于农村教师，您认为上级部门应该做些什么？

A. 提高待遇　　B. 改善学校办学条件
C. 给予更多的培训机会　　D. 其他 ________________

13. 您觉得现在的工作压力大吗？（ ）（单选题）

A. 无压力　　B. 有一定压力　　C. 压力很大

14. 压力主要来自于（ ）

A. 升学率与考试排名的要求　B. 社会地位及受重视程度低
C. 学校管理僵化生硬　D. 同事关系满意度低　E. 其他 ________________

15. 如果有机会重新选择职业，你愿意选择（单选题）

A. 继续做教师　　B. 收入更好的工作　　C. 社会地位更高的工作

16. 请谈谈农村教师专业发展存在的问题。

____

____

____

17. 请谈谈您对促进农村教师专业发展的建议。

____

____

____

____

三、教师培训

1. 您在近三年内接受过哪些培训？（ ）

A. 假期的短期培训　　B. 提高学历的培训
C. 国培计划中小学教师培训　　D. 没有培训过

2. 您对参加培训的需求（ ）。（单选题）

A. 非常强烈　B. 较强烈　C. 一般
D. 无所谓　E. 不需要

3. 您参加培训的主要原因（ ）。（单选题）

A. 教育局或学校要求　B. 晋级评职称需要
C. 与同行切磋教学经验，提高教育学能力　D. 为获得学科和教改前沿知识
E. 增强社会交往

4. 您认为培训对您教学水平的提高作用如何？（ ）（单选题）

A. 作用很大　B. 比较有用　C. 一般　D. 有点作用　E. 根本没用

5. 您认为培训内容的针对性如何？（ ）（单选题）

A. 非常具有针对性　B. 较有针对性　C. 一般
D. 略有针对性　E. 安排的内容很随意，完全没有针对性

6. 如果有接受培训的机会，您最想提高或完善哪个方面？（ ）（单选题）

A. 教育理论知识　B. 教育管理策略　C. 教学及研究能力
D. 现代教育技术　E. 相关的学科知识　F. 组织学生活动的技能知识

7. 您参加培训的主要障碍是（ ）。

A. 缺少经费　B. 缺少培训机会　C. 工作时间与培训时间冲突
D. 培训效果不明显，缺乏实用性　E. 缺乏相应的激励考评机制
F. 学校领导不重视

8. 您认为影响教师参加培训的主要原因是（ ）。

A. 培训内容不合适　B. 培训方式僵化　C. 培训老师水平一般
D. 学校领导不重视　E. 缺少经费　F. 其他 ____________________

9.“对不同教师的培训，方法和内容应该不同”的观点，您如何看待？（ ）（单选题）

A. 非常同意　B. 比较同意　C. 一般　D. 不太同意　E. 不同意

10. 您参加过的培训，一般采用哪些形式？（ ）

A. 专题讲座　B. 案例分析　C. 教学示范　D. 合作探究
E. 回访指导　F. 远程培训　G. 面授与远程培训相结合

11. 您希望培训采用哪些形式？（ ）

A. 专题讲座　B. 案例分析　C. 教学示范　D. 合作探究
E. 回访指导　F. 远程培训　G. 面授与远程培训相结合

12. 您认为目前教师培训考评制度怎样？（ ）（单选题）

A. 非常好　B. 很好　C. 一般　D. 不太好　E. 很不好

13. 您所在学校组织的培训（校本培训）多吗？（ ）（单选题）

A. 很多　B. 比较多　C. 一般　D. 很少　E. 没有

14. 您所在学校组织的培训（校本培训）主要有哪些形式？（ ）

A. 教学中的疑难问题的研讨　B. 教育教学改革的课题研讨
C. 教学方法的探讨　D. 组织公开课及评课
E. 还有 ____________________

15. 对于您参加过的教师培训，您认为哪些方面存在问题？（ ）

A. 培训组织安排不到位　B. 培训时间不够，培训不能满足个人需要
C. 培训内容与实际需要脱节　D. 培训形式、方法单一陈旧
E. 培训考核制度不健全

16. 请谈谈您对提高农村教师培训有效性的建议。

____

____

17. 请谈谈您对校本培训（学校组织的培训）的建议。

后　　记

2012年本人申请的教育部人文社会学研究规划项目：基于“伙伴合作共同体”的农村高中少教多学模式的发展研究（12YJA880040）获得批准立项，这是自己多年潜心科研，不断努力的回报。感谢教育部社会科学司给予批准立项，这对我是极大的肯定和激励！

2011年，我跟随山西师范大学卫建国校长去山西新绛中学参观学习。新绛中学实施“问题解决式课堂”模式，进行课堂教学改革，再造了教师的教学流程和学生的学习流程，即后半天学生自主学习，前半天学生展示学习成果。一行人进入课堂观课，看到了教师乐教、学生乐学的精神风貌。教师创设课堂情境，学生积极踊跃展示学习成果，小组合作学习深入进行，学生大胆质疑，教师精讲点拨，思维不断碰撞。这种教学模式充分调动了学生的积极性和主动性，很好地培养了学生的自主学习、合作与探究学习能力，同时促进了教师素质的提升，体现了新课改的理念。看到新绛中学课堂中发生的变化，我的心情久久不能平静，新绛中学的教学模式引起我极大的兴趣。之后，我查阅了相关资料，对近年来基础教育课堂教学改革有了较全面的了解。我发现新课改以来，中小学课堂教学模式有很多，但是这些模式有共同的特点：问题导学、先学后教、少教多学。在多年研究课堂教学的基础上，我确立了“基于伙伴合作共同体的农村高中少教多学模式的发展研究”这一课题，很庆幸课题得到了教育部社会科学司的批准。现在经过了几年系统而深入的理论和实践研究，课题研究任务终于完成了，这是课题组成员共同努力的结果。

课题研究和书稿编撰依赖于多方面的支持和帮助，在书稿即将付梓之际，有许多人需要感谢！本书能够出版得益于2012年教育部人文社科研究规划项目（基于“伙伴合作共同体”的农村高中少教多学模式的发展研究，12YJA880040）的资助。感谢教育部社会科学司、山西省教育厅和山西省教育科学研究院，感谢山西师范大学卫建国校长，感谢山西省教育科学研究院卢红书记，感谢山西师范大学教育科学学院院董新良教授、副院长李志河教授，感谢教师教育学院院长闫建璋教授。

感谢课题合作单位山西省教育科学研究院、山西新绛中学、泽州一中、灵石二中、太谷二中、怀仁一中、左权宏远学校、太钢尖草坪一中等多家单位的大力支持。

硕士研究生姜凌娟、王丽、赵金凤、温倩玉、李妙娜、郭彩利、化文青，以及本科生李佳宁、刘阳阳，均参与了本课题的研究。本科生崔久欢、王新祺参与了书稿的校对工作，在此一并感谢！

感谢科学出版社教育与心理分社长付艳及崔文燕编辑对本书提出的宝贵意见，感谢她们给予的热情帮助！

感谢我的父母，不断地督促我并给予我深切的关爱，感谢我的丈夫和女儿给予我极大的支持！

郝琦蕾

2017年春夏交替之际于山西师范大学